RE: formation thoughts

Re:framing our minds, **re:questing** actions and **re:shaping** the church life

是與非以外

基督教的倫理想像

龔立人 著

教會倫理系列

基道出版社

▼

Re: 教會倫理系列

是與非以外

基督教的倫理想像

Toward a Christian Moral Imagination

作者

龔立人

責任編輯

梁冠霆

裝幀設計

奇文雲海 · 設計顧問

■

出版 / 發行

基道出版社

香港沙田火炭坳背灣街 26 號富騰工業中心 1011 室

LOGOS PUBLISHERS

Unit 1011, Fo Tan Ind. Centre, 26 Au Pui Wan St., Shatin, Hong Kong

電話：(852) 2687-0331　傳真：(852) 2687-0281

網址：http://www.logos.com.hk

承印

海洋印務有限公司

●

9/2010 初版

Cat. No. LP926A

ISBN: 978-962-457-405-0

刷次	11	10	9	8	7	6	5	4	3	2
年份	2024	2023	2022	2021	2020	2019	2018	2017	2016	2015

陳序

筆者跟龔立人博士本來是不認識的。他來崇基學院神學院教書時，筆者剛退休離院。二〇〇一年，筆者忝為湯清基督教文藝獎評審委員之一。閱讀龔博士著作《眼淚並未抹乾——一個受苦者的聲音》(基道，2000；當年得獎作品)深受感動。書中的人性經歷和神學思維，彼此交纏貫中，引發讀者共鳴之多，非一般只重思維邏輯之作品所能及。

之後，再有機會拜讀其《解放神學與香港困境》(香港基督徒學會，1999)一書，深覺龔博士非常重視解放神學的獨特性，反對將它不合理地「普世化」，但卻嘗試把它的普世向度，作為探討建構本土解放神學的可能性。筆者深受這種治學方向感動：神學與處境恆常互動，經歷與思維並行不悖。閱讀龔博士的著作，使筆者常常聯想到約翰福音一章51節的陳述：「我實實在在地告訴你們，你們將要看見天開了，上帝的使者上去下來在人子身上。」筆者是牧範學的教師，牧養的精髓，就是在傳遞信仰羣體的普世規範時，絕不忽視個體的需要。《牧範學導言》(*Preface to Pastoral Theology*)的作者喜爾得納(Seward Hiltner)用了一個非常合適的例子去闡述這個觀點：雖然一個旅遊狩獵的嚮導能提供有關這方面的上佳指導，甚至預備了最佳的睡袋，但是當有個別旅行者對睡袋物料產生敏感時，嚮導不能不理會他的獨特困難。

龔博士作為神學工作者，思維中當然少不了一籃子的普世規範，但他著作之吸引處，卻正是他絕不忽略個別處境的獨特困難。《不正常的信仰——身體、身分與政治》(香港基督徒學生福音團契，2008；二○○九年湯清基督教文藝獎得獎作品)一書所關心就是一羣被社會，甚至教會所邊緣化的人：同性戀者、性工作者、精神病患者、殘障者、貧窮者、婦女和臨終病人。這一切的獨特處境，正是華人神學工作者最忽略之處。

教會常高舉道成肉身的神學，但所顯示的肉身是蒼白無血的；在二分化的神學架構下，更是次等的。龔博士的作品重視深入「肉身」，沒有逃避它的多元性，更通過它發掘出道所涵蓋的那份多姿多采的豐盛。

筆者覺得這本新書《是與非以外——基督教的倫理想像》也是循著他對道成肉身神學的理解而寫成的。倫理學不能單從書本思考而來，它應該受日常生活環境的啟廸。它的重點不在於產生一套與現實生活格格不入的判斷、是非善惡的標準，而在於激發對他者的承擔，為他人及自己在倫理困境中行出有意義的路。龔博士認為「在耶穌裏，真理是生活的態度和價值的投放，而非一套標準和教義。道成肉身的上主，說出上主是走出自身以外的上主，祂進入他者的世界，並將自己的命運與他者結連。祂的目的不是要吸納他者，而是讓他者也可以實現他們生命的召喚」(頁 57)。

這論說反映出作者高尚的心境，怪不得筆者讀完這本書之後，覺得這是一本深富人味，親切誠摯，溫暖感人的倫理著作。在基督教倫理困境中的人要讀，自以為傳統基督教倫理足以主宰信徒或世界的人要細讀，而涉及公共倫理的人，更加要詳讀。

陳佐才法政牧師
香港中文大學崇基學院神學院榮休主任

蘇序

「周公恐懼流言日，王莽謙恭未篡時。向使當初身便死，一生真偽復誰知？」這是唐朝詩人白居易《放言》的千古名句，放在當今的社會與教會各種情境中，不難檢測出諸多光鮮外表背後所隱藏的矛盾與不堪。

受到大學時「求真、篤信、力行」校訓的深刻影響，三十多年來我無論從事建築專業或文字出版，甚或深度參與在台灣社會與政治轉型的各項運動中，無時無刻都不敢忘卻作一個基督徒（平信徒）的角色與本分，也就是在進退行止間應當如何言所當言？為何當為？

曾經，我以為向神學院取經請益，便可以獲得神學上及聖經上的資源，結果卻是一次又一次的失望；我又以為在宗派建制裏進行溫和改革是值得嘗試的信仰實踐，但換來的卻是一身的纍纍傷痕；正思藏劍回山之際，卻喜見崇基學院神學院的龔教授立人兄著書立說，為在前線作戰的基督徒提供許多困難情境中的倫理原則、思考路徑與空間，其內容的議題與方法正是我在台灣多年來遍地苦覓不著的良品。

從書中內容的案例與討論可見，立人兄並非那種躲在層層保護的神學巨塔裏，有如那從環繞地球卻不降落的人造衛星中發出神諭的天外聖人；也並非那種從不進場賽球，卻喜歡坐在指揮台上指導信徒如何在世上作光作鹽的教頭大牧；以我有限的隔海觀察，立人兄也是經常出入前線的戰士，而這本倫理新書不只是給並肩作戰的同志看的，也應是他在困知勉行當中的信仰實踐心得。

就神學院而言，倫理學在神學院裏往往是最難教難學的，不像新約神學、舊約神學、系統神學或教會歷史等領域，有一定的框架，所能爭辯的也有一定的局限；而倫理學就是必須進入情境，幫助人以聖經的教導安身立命，其中有較個人性的私人領域範疇，也有較社會性的公共領域範疇；小至個人誠信及家庭情感問題，大至社經政教以及全球文化與環境問題，都是倫理學必須面對及處理的議題。

由於教會在本質上的特殊性，其領導人或神職人員往往是集立法、行政、司法於一身的人，既是家規的立法者，又是施政者，也是裁決者，甚至是聖經的詮釋者，他們在面對日新月異的倫理議題時，若是缺乏全面而長遠的觀點時，不免會將絕對的相對化，又將相對的絕對化，甚至嘴上說一套、手下做一套，心裏想一套，卻取巧地根據自己的利益提出有違基督精神的說法，例如耶穌對於「墮胎」、「同性戀」、「為執政者禱告」等議題並未採取絕對性的看法，面對「偽善」、「維護教會聖潔」等問題則直言指責甚至不惜怒目翻桌，顯然當今教會所在意的與耶穌所在意的，其間存在著相當大的落差，常害得天性缺乏方向感的羣羊昏頭轉向，何時會跌下深崖而不可知。

我不敢說這些年來在《曠野》的受、想、行、識中所有抉擇都是對的，然而信仰心智的反省與前進必須是勇於精進而自強不息的，若是想錯了，說錯了，做錯了就要有所交代，然後繼續前進，即便是公開道歉又何妨？一九九五年李登輝為「二二八」公開道歉甚至還為自己和台灣博得美名呢！若是真自以為已位列仙班，以聖品自居，以絕對客觀、無誤自況，那恐怕只是國王新衣自欺自誤而已。

台灣曾以民主成就自豪於華人世界，誰知政黨輪替之後，先前那些民主鬥士就自動站到人民的對立面，享受特權不盡。其吃相之難看，實在教人看不下去，固然權力使人腐化，但嚴重缺乏倫理一致性的信念恐怕才是要命的原因。

就一個小弟兄如我者，不識太多神學大道理，只能簡化耶穌一生最執著於「關懷弱勢」及「維護教會尊嚴」等關於天父榮耀的基業，決不與「偽善」妥協，而貫之其中的則是倫理的一致性，這也是基督教信仰者的立足地。

若是論到倫理的想像，我以為耶穌和祂的十字架是惟一也是所有基督徒想像與眺望的泉源，而這想像並非對二千年前的考古，而是將其精義轉化為此時此地、關乎萬民前景的想像，這需要一點勇氣和智慧。

二十多年前，我們一小羣基督徒在地下室查經，思想十字架原是羅馬官府將人處死的恐怖刑具，我主耶穌卻上去將其轉化成天父的祝福；而倫理的類比，讓我們看到「二二八」是台灣政府大屠殺的多年禁忌，我們也發願效法基督能在化苦難為祝福的苦路上略盡心意，更感謝上帝的垂憐與介入，才能如此逢凶化吉。

我可以用《曠野》一路舉目望著天邊的雲柱與火柱、摸索前進的日子為見證，靠著主的憐憫與所加添的力量，是夠用的。也靠著主加添給立人兄的力量，讓我們在守望中薪火不斷。

華人神學家當中以實況倫理為範疇的系統性寫作是難得的，願意發行的出版社也不多見，一方面，當下議題總是縱看成嶺側成峯，得到一致好評不易，這種書不易賣好；另一方面，實例討論大多會隨時空移轉而失去關注，這種書高壽難求；但對於盼望在生活中擁有一點安身立命的自在與在生命中找尋價值與意義的芸芸眾生而言，這本書會是可以隨身與之對話的良師益友。我們都需要一些倫理的想像，因此也要給龔立人這種神學家和基道出版社中這麼努力進行倫理想像的工作者，多一點鼓勵與肯定，那我們以後就會有更多的良師益友了。

蘇南洲

台灣雅歌出版社社長

江序

初中時接觸到歐西流行音樂，我便迅速迷上。聽到彼得、保羅和瑪莉（Peter, Paul & Mary）的民歌，驚為天籟。一曲《隨風而逝》（*Blowin' in the Wind*），令我百聽不厭。他們純樸的音色、女中音與男高低音完美的配合、和諧的和聲，容易入耳。後來注意到這首歌由卜戴倫（Bob Dylon）所撰，而卜戴倫為一眾樂手所推崇、欣賞，被稱為「行家中的樂手、詩人」。好不容易覓到他的唱片，借來一聽，大失所望。他的嗓子粗燥、單調，拍子音準都怪怪的，將一首美麗的歌曲糟蹋。真不明白他怎能得到他的樂壇地位，難怪香港的唱片店都不肯入貨。日後年紀漸長，生命的閱歷豐富了，聽音樂的造詣也有進步，開始學會欣賞卜戴倫。他演唱的版本才能承載了歌曲的滄桑、無奈，並帶領聽眾進入屬靈的境界。彼得、保羅和瑪莉的版本像塗上糖衣，較適合入門的聽眾品嘗。

在崇基神學組（今稱崇基學院神學院）及宗教系任教基督教倫理學科目達二十載，我面對的多是本科生，他們大部分都未受過哲學訓練。我自己是修讀哲學出身的，故十分著重「清晰」，於是便選擇以「規範倫理學」(normative ethics)為教授核心。「規範倫理學」有清晰、狹窄的範圍，局限了能處理的課題。「規範倫理學」就是企圖建立一套「規範」、一套「理」來應付具體的倫理課題、判別是非黑白。規範倫理學有其實用性，學了能幫助我們直接處理具體的倫理課題。它主要是回答三類問題：行為是非對錯的問題、價值的問題及品德的問題。這種知性的探討適合大學的環境，可以提升學生的分析能力。學會了義務論與目的論的倫理分析、論證，道德推理能力便會提高，雖然道德推理能力並不保證能使學員的品德修養提升。不過倫理的分析和論證易於評核，能較公平地評出學生的成績。期間亦參與考試局(今稱考評局)的中學會考、高等程度會考、高級程度會考有關倫理學的評核工作。為了達到公開試評核公平及客觀的要求，必須將模稜兩可的答案，還原為可分出高低優劣的相關論點，而非隨意發表意見。基本上，規範倫理學可以滿足公開試的要求，代價是戴上規範倫理學的眼鏡，將活生生有血有肉的生命課題簡化、標準化，摒除不附合規範倫理學框框的內容，且簡化、平面化、縮窄，以至窒息倫理課題的思想空間。

規範倫理學可以領人入門，滿足初學者的要求，但不能承載複雜的生命課題。現實生活及具體生命充滿模稜兩可的矛盾、左右為難的張力，這並非「是非題」、「選擇題」可以涵蓋的。

龔兄提出的將類比、敍事的思考注入基督教倫理，確實拓寬基督教倫理的想像空間。將倫理思考與社會人生時事、聖經解讀、靈性修養連結一起，打破個人倫理與社會倫理的二分、倫理學與神學的對立，並引用古今中外的事例加以説明。這反映龔兄不單熟讀神學、聖經、倫理學的理論，融會貫通，並游刃有餘地應用在探討現代的課題上。

我極之享受閱讀本書，對我而言，惟一美中不足的是我倆的觀點太接近，碰撞不出火花。譬如我曾在婚禮的訓勉中，將創世記三章上帝對始祖的説話解讀為訓勉：上帝發現始祖吃了分辨善惡樹既果子，於是咒詛蛇（14 節）、咒詛大地（17 節），但並沒有使用「咒詛」字眼向始祖講話。16 節記載上帝説：女人懷胎多苦楚、生養更痛。夫妻關係不易處理。17、19 節記載上帝對男人説：你必終身勞苦工作、汗流滿面，才得糊口。女人懷胎生育多苦楚，男人為工作勞心勞力，這些不是懲罰！這是成年人人生的實況。我認識不少女士有生育的打算，明知生養多苦楚，都要嘗試一次，女性沒有生育的經驗，她們總有些遺憾。夏娃本來沒有名字，到吃了分辨善惡樹的果子、成年後的亞當才替她取名夏娃，意思即眾生之母。夏娃從此有了角色身分，不再是無名的「雌性動物」，而是有生養的人類母親。男人工作辛苦令男子漢值得誇口，引以為傲；失業才是懲罰，失業人士無法在工作上發揮自己。既然有生養、有工作事業為光榮，上帝對亞當夏娃講的兩段説話怎會是懲罰咒詛？這是訓勉，對他們進入人生成年新階段的訓勉。這種觀點與龔兄的論點十分接近。

二十世紀六十年代佛烈釆（Joseph Fletcher）出版了《處境倫理學》（*Situation Ethics*，1966 年）一書，被稱為是「成年人的倫理學」（“ethics for men / women come of age”），龔兄本書肯定可稱為「為成熟基督徒而撰的倫理學」，一般基督徒或神學生必須花點工夫才能讀明白。這不是彼得、保羅和瑪莉的作品，而是行家亦能欣賞具深度的卜戴倫傑作。

龔兄，謝謝你的作品。我不單要向人推薦本書，還可以告訴人，我及早退休，不再佔據崇基學院神學院基督教倫理學的教席亦可算作我的貢獻。

江大惠

二〇一〇年庚寅夏於安大略湖畔

導讀

「講倫理道德的基督教會」之「非」

甚麼是「基督教倫理」?

據説，中國教會或海內外的華人教會，都是「講倫理道德的基督教會」。看那些牧師在主日講台上口若懸河地援引聖經經文，同時又隱諱地訴諸於道德化的生活，他們以為就此闡明了基督教倫理。若我們追根究柢就會發現，他們絕大部分的倫理道德的教誨，都是信口開河居多，或是以充斥著抽象的屬靈語言來迴避倫理反思，即表面看起來是「根據聖經的原則」，但大多數都經不起聖經或神學的推敲，並與整個俗世主流價值一同起舞卻不自知。

有時，我們寧可聽到那些抽象地、思辯地談論著基督教的形而上學思想，而比較不願聽到無反思性、非實踐性的基督教倫理道德；前者是誠實的，後者往往不是虛偽就是近乎欺騙。每當我聽到那些看來偉大的牧者口若懸河、自以為虔誠地說著「基督教倫理」時，我會感到不寒而慄，他們口中所說的「基督教倫理」，若不是使人「屬靈地」自大、自以為是，就是使人「屬靈地」逃避、不負責任，因為除了空洞以外，就是「偽生命」。

「講倫理道德」的華人教會真的在乎「基督教倫理」嗎？或者，他們把「基督教倫理」掛在嘴邊，實為一種幌子。從這麼多年來華人教會及出版界尚未有具價值性、適切性的基督教倫理書籍看來，我們真的還未好好的「反思」甚麼是「基督教倫理」，當然更遑論我們正在「實踐」基督教倫理了。這種做足表面工夫的教會文化，正是華人教會「（儒教）文化生產」的真實寫照，我們不僅不承認對於倫理的反思仍有不足之處，而且更是不去正視於倫理實踐上的無力與無知。

向「基督教倫理」說「是」

首先，基督教必須承認，「世界充滿著混亂，不是因為沒有道德標準，而是太多」，這是目前社會生活形態的真實寫照，如社會學家韋伯（Max Weber）所形容的「諸神之爭」，即每個人可以按自己的喜好或想法來決定其道德行為。由於自由主義所採取的道德前提是個體先於社會而存在的，所以，他們不去考慮個人的歷史，以及個人所隸屬的羣體；然而，也正是在自由主義的道德哲學立場之下，不同的選擇便成了「選擇的困難」，因此在以個體為前提之下，人們在道德判斷上更為感到無所適從。正是在這個前提和背景之下，「基督教倫理」的反思和實踐就格外有意義了，當然，也同時必須更加要小心翼翼。

龔立人教授本書可以說是在這個前提和背景之下，以敘事倫理來反思和建構那基於基督教聖經信仰及其傳統的「故事」所表現出對於「是」與「非」之問題的理解和反應。所以，這本書有意走出傳統（基要主義）和現代（自由主義）的思想困窘，並置身於華人教會（特別是香港教會）與社會的實踐氛圍和脈絡中，反思地引導我們進入「基督教倫理」，並導引我們實踐地進入信仰的靈性造就之中。

依一般學術的理解，倫理道德的反思主要由以下幾種成分構成：「道德認識的能力」，指人們對客觀存在的道德關係及處理這種關係的道德原則和規範進行認識的能力；「道德判斷的能力」，指人們運用道德概念對他人或自己的行為進行道德評價的能力；「道德行為的能力」，指人們在一定道德意識支配下，自覺履行某種道德義務和選擇行為的能力；「道德意志的能力」，指人們在道德活動過程中克服困難和阻力、控制行為方面的能力。總之，道德反思即將認知、判斷、行為、意志等各方面整合起來。然而，我們是如何培養倫理道德的能力呢？

截至目前為止，學界把道德能力的培養分為三種進路，一是以權威性理論思想為主的規範倫理，其次是以理性論證為主的義務倫理，再者是以描述性為主的敍事倫理；它們又恰好代表了傳統、現代和（後）現代的三種倫理觀。

傳統的權威性道德教育，極易淪為道德說教或道德灌輸，在自由主義的立場看來，傳統的權威性道德教育所教授的內容，多集中於道德原則及道德規範「是甚麼」，其所針對的都是道德的普遍狀況，因而缺少對個體所遭遇的具體道德困境的關照。在前現代的社會，規範倫理主要是由宗教提供的，但經歷啟蒙時代的理性主義之後，隨著宗教的退隱，規範倫理再也起不到太大的作用了，而且往往這些倫理的主張，還被視之為一種教條或意識形態。

進入現代，倫理被設想為人面對不同的道德之兩難困境，於是人的問題即是如何在不同的選擇下做出正確的選擇；有別於傳統倫理訴諸於權威，現代倫理以理性論證尋找道德的正確判斷。現代倫理學基本上即是如柯爾柏格（Lawrence Kohlberg）的道德發展理論所勾畫出的典型，即按自由主義倫理學的主張：人基本上具有一種解釋道德的能力，人們普遍會從他律逐漸學會自律，最終會按照原則來決定行為選擇的問題。然而，敘事倫理正是從對現代倫理所作出的挑戰開始，即反對把倫理學理解為一種針對行為選擇的對與錯的問題，尤其現代倫理極為忽略行為與自我的關係。敘事倫理強調自我不是空洞無內容的，相反，道德自我與行為乃息息相關，並且，個體往往是經由那塑造他的社羣性中認識到「我們應該成為怎樣的人」，而非僅僅是「我們應該怎樣做」的問題。

當然，敘事倫理絕非否定選擇，問題是：人們往往過於沉思兩難困境，而無視於生活中已然存在的倫理價值，有德性的人並不把情境視為我們不得不踏進的泥沼，而是把情境及如何理解它們視為我們是怎樣的人的一種功能。換言之，我們必須正視自我的存在，以及自我與其隸屬的社羣所主張的德性或品格有絕對的關係。

如果說現代倫理為原則作論證，並認為這種方法能在道德中保證客觀性的話，那麼，敘事倫理則是以情境作為論證，並認為原則只能帶來虛假的安全，人們不可能忽略自己存在於與他者所建立的關係中，正如古老聖經的誡命並不能視為原則而已；相反的，它更多是突出了人們對之做出的回應，並且顯示出自我與社羣的依賴性而非對立性。以基督教為例，它通過敘事來揭示人與世界的關係，所以倫理學之於基督教，不先涉及「你應該」、「你不應該」這類問題，它首要的任務是幫助人們正確地看待這個世界。

基督教的敘事倫理認為，人是一位「代理者」（agent），人對自我確切的把握即是看它如何作用於這個世界，因此人可以將自己放在進行的歷史時間中，與其所隸屬的社羣共同分享其信念，並且將那些發生在我們身上的事，理解為我們共有的故事的一部分，正是依賴於這樣的關係，人們可以通過與社羣的敍事相適應而學習這種能力。

因為在現實生活中，每個生命個體所遭遇的都是具體的道德問題，敍事倫理學的目標則是非教條化的，它僅讓人們面對存在的疑難，搞清楚存在的各種要素，並展現出生命中各種選擇之間那不可避免的矛盾和衝突，讓人自己從中摸索倫理選擇的根據，且讓人通過敍事意識到自己想成為一個怎樣的人；人乃是行動者，而不是「擁有行動」。

敍事倫理即是：講述個人經歷的生命故事，通過個人經歷的敍事提出關於生命感覺的問題，並形構具體的道德意識和倫理訴求。講述故事並不是解釋（如同用理論來説明那樣），它所涉及的，卻是一種生活方式，以及對於行為主體而言的一行動，往往，故事也正是塑造我們品格的重要元素。換言之，道德教育不能單單討論決定，而應該考慮我們該成為何等樣的人，敍事即是塑造品格不可或缺的要素。

敍事倫理主要是以某種價值觀念為經脈的生命感受，一種生命感受就是一種倫理；有多少種生命感受，就有多少種倫理。倫理學是關於生命感受的知識，以及考究各種生命感受的真實意義，所以基督徒社羣的歷史和敍事提供了極為豐富的行動意義。然而，這卻是現代自由主義的倫理學所忽略的。

基督教敍事倫理在表現形式上的多樣性，豐富了倫理的內化途徑，使個體對倫理問題的思考在傾聽或觀看中得以完成，而且共同社羣所講的故事，不僅有助於我們明朗自己面臨的道德困境，也有助於我們搞清楚自己的生存信念。作為敍事的傾聽者，則可能將自己設想為故事中的某個角色，並將其作為理想去追求，有時候也可能會將這種可能的生活轉化為自己的現實生活。這也就意味著，人所做的行為，代理者是規定其所做的權威，正如將自己置於故事的角色中，這之所以能對其行動做出正確的説明，乃是因為代理者對其所作所為有直接的知識，所以敍事不僅是處境，它也是行動：「我是甚麼」或「我將應該是甚麼」。

因此，在此觀點之下，十誡不是教條而是敍事。聖經裏的誡命，嚴格説來，即是以一種敍事的方式來呈現的，其中心不在於作為未來行動的準則，而是基於擁有一份與上帝的關係，為當下做出回應；所謂當下的回應，即是讓生命成為這一敍事中的一部分。於是，同樣的，十誡的倫理就不是有關「我們應該這麼做」，而是「我們要成為怎樣的人」。總之，倫理價值是無法在誡命中找到的，如果倫理被看為是一套原則而非敍事時，十誡可能成了一種意識形態，而非生命的一部分。

在這本書中，龔立人教授即是以上述的思想框架來勾勒基督教倫理的問題，並列舉了非常多感人和生動的「故事」，尤其是置於基督教的敍事之中，一方面把握聖經及信仰傳統的敍事，另一方面也顧及現代社會的個體敍事，在此交叉辯證或交會的過程中，迫使我們與故事中的人相遇，一同面對掙扎，一同分享信仰的智慧。

導讀「之外」

這篇導讀可以説是在一種被時間催逼的狀態下寫出來的。

原來我已向編輯先生説明實在抽不出時間來寫，儘管我對於龔立人教授的著作向來非常地推崇，這本書更是我非常喜歡的著作之一；也正因為我格外的重視這本書，因而想以一種「不作為」(放棄)的方式來向作者表示敬意，以免胡亂的湊足幾個字充作導讀，出賣自己的學術名譽是事小，對這麼一本引頸期盼已久之書的污蔑則是事大。但是，就因為想到本文開篇時我所描繪的華人教會及出版界的「慘狀」，突然使我感到責無旁貸，必須為這本書的出版加油打氣，為多年來華人基督教界難得一見的好書說幾句好話，當然，更是為華人教會屬靈般地「蔑視」反思基督教倫理問題藉機批評幾句。

值得補充一句：由於本書引人入勝的寫作方式和精彩的倫理故事或例證，令人愛不釋手，使我在感到「沒有時間」的壓力之下，卻不斷提升我的閱讀興趣和動力，因而意外地使我反倒變得「有時間」來完成這篇導讀，足見本書絕對是一本不可多得的好書，竟為我奇迹般地創造了時間。

我誠摯地邀請「屬靈」且「誠實」的華人教會牧者，要負責任地思考或教導信徒甚麼是「基督教倫理」，以及邀請神學院老師引導神學生「嚴肅」且「無偏見」地學習「基督教倫理」課程，並以本書作為一本必備的參考書或課本。當然，對於不滿當前教會主日講台只有「漂亮的屬靈口號」而沒有「活潑生命體驗」的「教條化了的基督教」的言論的人，你將會發現，這本書不僅深化了我們對聖經的解讀，也不斷地開拓我們的信仰視野，同時更是塑造與基督教敍事相合宜的倫理反思，通過敍事性結構並敍事性地反思「甚麼是做基督徒的身分」。

對於那些先天抗拒閱讀本書的人，我願在此向你提出一個忠告：**一個具有「好靈性」(屬靈)的基督徒，是必須在倫理的生活中具備了類比和想像的能力的，我們不能再容忍長期在「偽屬靈」(不負責任的假單純、迴避式的安全、潔身自愛的袖手旁觀)的狀況中形成一種自欺欺人的偽裝或表面生活，用本書的一句話來期勉我們：「承認道德世界的複雜性，並願意冒險，甚**

至不介意沾染自己的手」(頁13),這樣才能真正回答「甚麼是做基督徒的身分」。

曾慶豹

稿於暑期返鄉(新邦令金)旅次中

二〇一〇年八月十六日

前言

一九九九年，我出版了第一本有關基督教倫理的書——《人際社會的建立——基督教社會倫理》(香港基督徒學會，1999)。十一年後，我再以基督教倫理為題寫了這本書。這兩本書有何分別？相對於本書，《人際社會的建立》有一個很清楚的社會願景，並從中產生不同的批判原則。至於本書，卻充滿含混、不同的可能性，以及糾纏。這不同的側重點，反映了我在這十年間的人生體驗，即一個從理念思考基督教倫理到在日常生活(everyday life)中思考基督教倫理的過程。日常生活的特徵是個人敍事的、情境的、對話的、多元的和變化的。其實，激發起我寫這本書的，不是基於自己在學術上的發現，而是基於記載於本書中的人物。例如，第六章提及的阿明、第七章提及的志文、第十六章提及的緬甸的欽族和其他沒有被記下來的人或社羣。他們的遭遇迫使我思考基督教信仰對他們可以有的有意義性(meaningfulness)。事實上，二〇〇八年出版的《不正常的信仰——身體、身分與政治》(香港基督徒學生福音團契，2008）已見端倪。要達至這目標，我認為基督教倫理先需要走出一種整整齊齊的「是」與「非」思維，並尋回信仰的活潑性、生命性和冒險性。就此，我就開始探索一個在是與非以外的基督教倫理。

宗教對倫理的貢獻，不在於宗教比非宗教提出更高的價值或理想，而在於它引導我們進入道德想像，並走出習以為常的道德限制和社會規範。這種道德想像，絕對可以為更高的價值或理想開拓新的想像空間，正如第一章提到利未記二十五章有關禧年的象徵，業已成為全球「禧年二千免債運動」的基礎。當大部分人都認為免債的要求太不切實際而只講減債時，聖經所開拓的想像，卻鼓勵我們不將信心放在人的可能之上。又當我們習慣以某幾段聖經經文來集中討論同性戀的道德性時，第二章便提到使徒行傳十一章彼得的經歷，這經歷改變了討論的議程。意即，重點不是同性戀是否合乎道德，而是我們應抱持甚麼態度，進入與同性戀者的相遇和討論之中。

按以上所說，宗教的道德想像似乎是從外面而來，並衝擊著人當下的生活和思考。基督教神學稱此為啟示神學。基督教的上主（聖子）是道成肉身的上主。一方面，祂進入人的生活；另一方面，人的生活進入上主的生命。聖子耶穌是完全的上主和完全的人。那麼，人的生活絕不只是一個應用的場景，更是一處產生道德想像的空間。當我們仰望上主的啟示時，上主的啟示已在人的生活經驗之中。道德想像與人的生活經驗是分不開的。然而，人的生活經驗也是一種靈性經驗，並在宗教禮儀中孕育和體驗。這是第三和第四章所關注的課題。

若基督教倫理是關乎道德想像、而人的經驗又如此重要的話，基督教倫理是否為一種道德非實在論（moral anti-realism）？我對這問題沒有特別的立場，反而認為，在現實世界中，無論實在論者與非實在論者，他們都要懂得面對多元的生活世界。在第五章，我特別提到以承認政治而出現的寬容，而不是一種不受打擾和漠不關心的寬容。

由第六章開始，我以不同個案形式探討倫理生活的複雜性或豐富性。其中，我特別探討道德判斷的懸置、道德運氣、情感、常理、妥協、道德資本等課題。在第七章，我討論到約翰福音八章，即有關在行淫時被拿的婦人的故事。一方面，這故事被理解為上主的恩典；另一方面，這故事也反映上主對人的道德要求，即「不要再犯罪」。不要再犯罪是指著甚麼來說的呢？最直接的觀察，那罪就是指行淫。但正如本書第三章對人的經驗的理解，「不要再犯罪」不只是針對某一種行為，更是針對一種比行為更深層的罪，就是人拒絕做道德人。在這理解下，「不要再犯罪」就是對自我負責任，活出生命的呼召，不怨天尤人。

基督教倫理的關心，絕不只是以沒有行差踏錯的思維活出上主的旨意，更是要承擔對他者的責任。所以，我分別以「看守我的兄弟姊妹」和「正義是對他者的虧欠」為題，指出教會對他者的責任。有別於憐憫，虧欠是一份感恩，並由此產生一份回報心態。虧欠的對象是可跨越時空的人際關係。虧欠不是要製造內疚，而是要肯定人是在關係之中，彼此倚賴，互相虧欠。這是第十二和十三章的關注。然而，教會要絕對小心，留意它對人的看守和照顧會否反成為對他者的監控。這是第十一章中我對「反公共的基督教倫理」和「反神學的基督教倫理」之批評。

本書最後以和平的福音作為對基督教倫理的一種詮釋。我選擇以國際關係、以巴衝突和緬甸的種族衝突等課題作為討論點。一方面，我想指出基督教倫理不只限於在個人道德生活的範疇，更包括政治生活；另一方面，我想透過這三個個案，展示出對和平福音之不同詮釋的可能。這不同詮釋是一個處境性的考慮，也關乎道德想像。

本以為完成本書後，我可以鬆一口氣，但重讀時，總發現有很多遺漏，討論得不夠全面，對其他著作的參考也不足。筆者只有以此為一個藉口，下一本書當要寫得好一點。

最後，我特別多謝陳佐才法政牧師、蘇南洲社長和江大惠先生賜序，並曾慶豹教授的導讀。陳法政讓我明白到牧養的核心，就是「給人一條路走」。蘇社長讓我欣賞良知、勇氣和信仰忠誠的寶貴。江 Sir 讓我有衝動去探索信仰的多樣性和豐富性。慶豹的導讀理清了我的混亂，讓我更認識自己的觀點。他們比其他人更明白我的想像，因為他們就是那些有勇氣和有胸襟去想像的人。這書之所以順利出版，不得不多謝基道出版社的編輯梁冠霆博士及其他同工在出版此書上所給予的寶貴意見和幫忙。最後，還要多謝在不同場合中曾上我基督教倫理課的學生，因為你們是我寫作的對話羣體。

目錄

陳序 iii
蘇序 vii
江序 xi
導讀 xv
前言 xxiii

第一部　想像、類比與倫理

第 1 章　道德、想像與類比　3
第 2 章　想像、敘事與倫理　15
第 3 章　生活、經驗與道德　27
第 4 章　靈性、禮儀與道德　39
第 5 章　真理、多元與寬容　53

第二部　是與非以外

第 6 章　道德判斷的懸置　69
第 7 章　道德運氣　79
第 8 章　情感與德性　89

第 9 章　常理與日常生活　103
第 10 章　妥協與堅持　113

第三部　社會想像

第 11 章　在公共中的基督教倫理　127
第 12 章　看守我的兄弟姊妹　143
第 13 章　正義是對他者的虧欠　167

第四部　和平的福音

第 14 章　在國際關係中的和平使者　189
第 15 章　和平即共存　203
第 16 章　愛你的仇敵　217

註釋　237

第一部

想像、類比與倫理

1
道德、想像與類比

■ ■ ■

道德與類比

大致上，倫理學理論可分為義務論（deontology）和目的論（teleology）。義務論倫理強調原則與標準，不受人和處境的影響，即所謂「是與非」、「對與錯」。目的論倫理則強調倫理的選擇，其所關注的是該選擇是否達到倫理已定下的目的，即所謂「好與壞」。所以，目的論倫理往往與結果主義和效益主義有密切關係（德性倫理〔virtue ethics〕也可以被視為目的論倫理）。義務論和目的論各有優點與缺點。至於教會，則普遍傾向以義務論作為對基督教倫理的理解。這可能因為這有助於鞏固基督教的罪觀（人沒有可能滿足絕對的道德要求，所以，義務論倫理有助反映人的罪性），也可能因為這有助於體現基督教的真理觀（真理被理解為普世的和不變的）。其實，聖經中的故事亦充滿目的論的思維。例如，上主沒有因為祂不認同奴隸制，便要求以色列人在出埃及後廢除它，反而容許以色列人繼續保留奴隸制，但卻為奴隸設下安息日和最終重獲自由的安排(禧年的要求之一)。類似的情況，也在使徒保羅對腓利門和他的奴隸——阿尼西謀——的教導中反映出來。以上對奴隸的安排，不是對奴隸制的認同，而是在當時的社會環境下，這是一個相對地好的安排。

本書不打算從義務論或目的論來探討基督教倫理，因為無論哪一種理論，都窒息基督教倫理的想像空間(因這些理論均強調以選擇為主的倫理)。相反，筆者認為基督教倫理關乎想像和類比(analogy)，而這思維則可以讓基督徒自由地運用義務論和目的論。類比不是討論「真與假」，而是關乎一種「是」與「不是」同時存在的狀態。例如，基督教對上主的描述是「是」，但也是「不是」。「是，因為這類比的描述，與其所指向的事物相似；「不是」，因為這類比的描述，不是其所指向的事物。只有如此，我們才不會將「聖經是上主的話」，當作偶像崇拜。類比的「是」與「不是」，容許我們有更充裕的空間認識上主，而沒有將上主限於某一類比之內。

宗教的類比所帶來的第二個含義，就是在某一段歷史中呈現的類比，不可不按著歷史的變化而移植至另一場景，因為類比之所以有意義，乃是與其所屬的處境息息相關的。例如，「耶和華是我的牧者」是與畜牧社會有關的，但這類比對於金融社會而言，則似乎有點勉強了。奇怪的是，教會仍津津樂道地唱「耶和華是我的牧者」這首詩歌。提出類比的局限性，不等於昔日的類比已被淘汰，而是要透過想像，將昔日的類比為當下的遭遇重構新的願景與可能性。宗教的類比要求人要有智性和創意地在其處境下作出道德想像。這能力不純是一種學術考慮，更關乎人對生命的認識和投入。所以，即使面對同一事件，不同人亦會有不同的想像。這些不同的想像，不是一個相對的問題，也不需要存有一種非此即彼的態度，反而，這些不同的想像，能激發我們有更深邃和更寬廣的想像力，因為道德想像是持續性的、而非完成式的。從這角度來看，基要主義（fundamentalism）不是沒有想像，而是限制想像。自由主義（liberalism）不是有過於豐富的想像，而是遠離想像所倚賴的類比。

以下，讓筆者引用聖經「以斯帖的經驗」，作為一個運用和濫用類比的例子，以說明道德的想像。

作為類比的以斯帖

簡單來說，「以斯帖的經驗」就是以美貌贏取王后身分，而她王后的身分，後來則成為拯救猶大人免被殺戮的一個很重要的原因。但這故事是否就說明了美貌有它的價值，而其價值可以為當事人帶來權力，從而改變不公義的環境並造福人民呢？還是，這一切與美貌無關？

事實上，有一位朋友曾以「以斯帖的經驗」，作為她個人有意參加香港小姐選美的聖經基礎，因為上主曾藉著選美而成就祂的計劃。有趣的是，她的教會不但為她禱告，更差派她參加香港小姐選美會。我最關心的不是她參加選美一事，而是參加者將美貌與權力拉上關係。意即，她認為香港小姐的身分，能使她更有效地實踐上主的使命，因為香港小姐的身分意含權力。然而，這是一種對權力的迷思，缺乏了對權力背後之霸權的批判。例如，將美貌等於「三圍數字」和以某種泳裝示人、展現所謂「身體」時，這可能已經是一種對女性的界定和操縱了。可惜的是，在「以斯帖的經驗」的類比下，參加者沒有質疑這種對女性的界定，反而相信這是對女性合理的理解，並以此贏取男性賦予的權力。我這樣說，並不是反對一切選美會（因為對某些人來說，這可能是一種對壓抑女性的解放），而是對於那以為「透過美貌贏取權力，就可以做許多很有價值的事情」之論述，表示懷疑。不錯，香港小姐也關懷貧窮人和推動社會公益事業，但那真正影響社會的，卻是那些像德蘭修女般的、沒有社會地位的人。再者，我沒有看見香港小姐站出來，為居港權人士爭取人權，卻看見甘浩望神父為他們削髮。同樣，我也沒有看見香港小姐參加六四晚會。原來，所謂「香港小姐的影響力」，只是在維護某種權力下，才可以彰顯出來的。

若以斯帖並不是為了藉參與選美會而取得合法性的話，這經驗則說明甚麼？在回答這問題之先，讓我多解釋為何我不認為直接應用是合適的。第一，「以斯帖的經驗」是女性於不公平和王權至上的背景下發生的。倘若沒有對父權意識作出批判，重複「以斯帖的經驗」只會讓悲劇延續，即女性要倚仗樣貌和身材，成為男性的附屬品。第二，人不一定需要透過成為王后，才可以為自己的民族、甚至為上主做「大事」。「以斯帖的經驗」受制於她的時代，但現代社會已經不同了，女性不一定需要以身體和樣貌贏取機會，而是靠其實際的辦事能力。否則，我們也可以用「以斯帖的經驗」，把「嚫模」現象合理化。第三，現代社會的特色之一就是商品化，選美就是一例。女性只是被包裝，她沒有個性。例如，年齡限制、未婚和穿某種泳裝示人等要求，已是選美商品的標準。因此，我不但會說「以斯帖的經驗」與今日的選美無關，更會指出以斯帖是選美的受害者，因為她要倚賴父權才可以出人頭地。

話說回來，當我們不將以斯帖的美貌放在首要考慮時，我們反而可以著眼於以斯帖是一個有情有義的人（斯四 4）。當她知道末底改和猶大人的遭遇時，她的反應是憂愁。又即使她懷疑末底改建議的可行性（四 8～11），但最後仍聽從末底改的建議。或許，我們會質疑她的聽從是因害怕被上主懲罰而非心甘情願的，但若然她連上主也不害怕的話，這才是人的悲哀。因此，以斯帖不是因為害怕自己受害才去見王，反而是出於對上主的敬畏，使她有勇氣作出一個她願意、但卻缺乏勇氣承擔的決定。

隨著故事的發展，以斯帖不再停留在一個無知少女或空有美貌的角色，反而她主動吩咐末底改（斯四 16～17），並有預謀地邀請哈曼赴其筵席，以減輕他的疑心（斯五章）。再者，末底改反而被以斯帖吩咐了。聖經沒有交代為何王會睡不著、為何他想要讀歷史書解悶、為何他會讀到末底改的事、為何哈曼剛經過和為何王覺得需要在此刻立即為末底改做一些事等等（六 1～3）。這一切太巧合了。若非有上主的參與，猶大人的遭遇並不容易改變。然而，若沒有以斯帖安排哈曼入宮、安排人取歷史書，並把末底改的事讀給王聽的話，上主的工作也可能難以成全。或許，「以斯帖的經驗」說出上主與人同工。

「以斯帖的經驗」說出一個女人可以改變一個民族的命運。此外，她是一個有勇氣，也有外交能力和謀略的人。但只有在敬畏上主的大前提下，人才不會只為自己的利益著想。以斯帖的付出並沒有為她贏取猶大人的讚揚。猶大人所擁護的卻是末底改。雖然如此，但以斯帖就是這樣一個不計較名聲的女性。「以斯帖的經驗」不是要求女性要跟隨她，退居二線，讓男性作帶領，反而要考慮以斯帖當時因受處境的影響，以致她不能夠在公共空間承擔更重要的角色。當下的時代已經改變了，所以，「以斯帖的經驗」提醒我們要平等地對待女性。

類比與倫理

以上有關對以斯帖作類比的運用，又豈只限於上述有關參加香港小姐選美會一事。例如，有美容公司以「以斯帖」為公司名稱，因為以斯帖代表樣貌美麗。有人甚至可能因「以斯帖的經驗」，而萌生開設美容院的念頭。也有人利用以斯帖作為類比，要求那些有社會地位或身居要職的人為教會求方便，因為他們今日所得的成就，都是上主的恩典。例如，今日很多基督教的活動，常常邀請基督徒高官出席，而他們也樂意出席。面對眾多可能的解釋，這帶出類比與倫理幾個層面的關係。

首先，沒有兩個經驗是完全一樣的，但並不因此，我們需要重新思考每一次的經驗，反而透過相似的昔日經驗，而嘗試明白當下的經驗。這種關係不但表達出歷史的延續性，更表達出一種類比的思想。簡單來說，類比的思想就是以一個明顯的經驗套用在另一個經驗之上。雖然這是兩個不同處境，但卻有同一個基本模式，以致類比可以發生。例子之一：以斯帖（A）在猶大人的背景下（B）有的表現，如同陳美麗（C）在香港小姐選美會（D）有的表現。當然，真正的類比思考會更為複雜（例如，為何A與C是相似的），但它帶出了一個很基本的類比思考模式，就是A與C、B與D是相似的，但不一樣。所以，C只可以A作為參考，而不是作為標準或模範。因這是參考，C需要在其處境下作出相關想像和對想像負責任。類比思考模式跟普世思考模式不同。後者只要求重複，因為所謂不同的處境，其實都是一樣的。至於前者，它雖不認為每一個處境都是一樣的，但不因此而認為每一個處境都是獨立而沒有關連的。誰是誰非？我不認為基督教信仰屬於一種普世倫理（容後說明），所以，基督徒需要不斷思考基督教倫理在其處境下的意義，而不是不經思考的複製。這經驗帶出幾個與基督教倫理相關的問題。第一，認識基督教的核心類比；第二，以想像模式運用基督教的經驗；第三，因採用類比想像模式，基督教倫理傾向一種敍事倫理；第四，想像可以是羣體的想像和個人的想像，所以，這是一個甚麼樣的羣體和甚麼樣的個人就很重要了，而德性倫理為此提供了一個重要的參考。這幾個關注將會在本書各章以不同形式表達和討論。

類比倫理思考需要想像或聯想，以致我們可以從表面看似沒有關係的兩件事物上，看見它們的關係。類比是藉著具體事件、故事和對象出現的，而不是一種抽象理論。所以，類比的思考不是一種應用性和思辯性的思考，而是一種創意的思考。透過對某一事件的認識和分析，以想像與另一處境作關聯，並建立其在當下的意義。所以，同一個類比可以在不同的處境下有不同的想像意義。當然，在同一處境下也可以有不同的想像。此外，因類比思考不屬於普世思考，所以，我們要承認沒有單一的類比，足以完全捕捉當下的經驗。相反，類比的思考歡迎多於一個類比，從而帶出現實世界的複雜性和多樣性。義務論倫理的不足，正在於它將人類不同和多樣的經驗，化約成為一條或數條金律，以致人的獨特遭遇被抹殺了。讓我再以參加香港小組選美會為例作解釋。一方面，我們看見以斯帖的故事的豐富性，以致不論讀者是女性與否、是皇后與否、是面對民族命運者與否，也可以類比來運用以斯帖的故事；另一方面，倘若要為香港小姐選美會作基督教倫理的反省，也不一定只從「以斯帖的經驗」出發，我們可以考慮以賽亞書五十三章有關受苦僕人的類比。以上的考慮，又帶出另一個問題：我們應以哪一個故事的經驗作類比？客觀準則在哪裏？我傾向接受多元。所以，所謂「好與壞」只是相對的，但這相對的又不是絕對的，以致我們需要對無限的開放和對話，尋找適當的解釋，而不是故步自封。另一方面，我不排除有欺騙性的類比。它沒有帶來想像空間，而是扮演著馬克思（Karl Marx）所要批判的意識形態。

一個欺騙的類比

在此，我想起史佩爾（Albert Speer）的故事。[1] 史佩爾是德國一位著名的建築師。按他自傳所說，他的人生志向是要成為一位出色的建築師。可以的話，他希望可以參與設計所有德國的建築物。藉著一九三七年在巴黎博覽會出色的設計，以及柏林總統府的設計，他獲得希特勒（Adolf Hitler）賞識，並獲委任為重建柏林的建築師之要職。後來，因國防部部長在一次空難中逝世，史佩爾於一九四二年被委任為國防部部長。在任期間，他主力提高國防生產，包括設計集中營。然而，按他自傳所說，他從來不覺得自己有分於殺害猶太人一事。他只是一個熱愛、並忠誠於設計和建築的人。直至德國戰敗，他被起訴為戰爭罪犯時，他才醒覺他所做的一切，令很多人失去生命。在審訊期間，他沒有掩飾自己的無知，並公開認罪。在其自傳中，他說：「我拒絕去探訪那些有數十萬人被殺害的集中營，我採取一種對納粹黨的邪惡視而不見的態度。」史佩爾在其自傳中的自辯一直存在爭議，但倘若他所說的不是託詞，那麼他的自傳便道出了故事的欺騙性。這欺騙性不只是來自希特勒的納粹主義，更來自他自己「建築的故事」。

第一，史佩爾被他自己所建構的「建築的故事」所欺騙，甚至他甘心被騙。他一心一意想成為出色的建築師，以致當機會來到時，他並沒有考慮，也不理會希特勒的目的。他個人的夢想和他對建築的著迷，使他選擇以視而不見的態度來避開受苦者的呼召。欺騙的故事的成功，不只因其故事動聽，更配合以自我為中心，將自我的故事等同社會的故事。在自我故事的終極化下，史佩爾不再願意聆聽其他故事，也不願意反省他所認同的故事。結果，他被建築的故事所騙，也成為欺騙的故事之一。

第二，沒有希特勒的邀請，史佩爾不可能有機會擔任國防部部長一職。希特勒對史佩爾的欣賞與器重，令他相信希特勒可以讓他夢想成真。在希特勒的納粹主義的故事下，一個為了支援戰爭的國防部被描繪為一項偉大設計，而一個為殘害猶太人的集中營，則被描繪為一項偉大的建築。在納粹主義的故事下，能提高國防生產和進行嚴密監管的設計，就是成功的設計，而不需探問這些設計的目的。欺騙的故事不但使人失去批判力、盲目地聽從和複述，更使人排斥其他故事，將自己隔絕於人民的故事和日常生活。

史佩爾的經驗不是一個獨特的經驗，在當下的生活世界中，屢見不鮮。它可以以宗教的形式出現，也可以以政治和經濟的形態出現。由於人總離不開類比，故重點並不是拒絕類比，而是對類比保持著一種批判性的對話態度。但這又不代表我們需要有一個標準，以審定其他類比。如福柯（Michel Foucault）所理解，標準是歷史的建構多於普世性。反而人需要不同的類比作彼此參照，藉此回復聆聽者自由詮釋的空間。類比本身是一種處於「成為」（becoming）多於「完成」的狀態，所以，類比需要不斷被批評和更新，且拒絕被絕對化。

核心的類比

如上文所說，聖經中有很多類比，但有一個核心的類比，就是在耶穌基督裏所指向和展現的上主國。一方面，我們對上主國的理解，在於我們對耶穌基督的實踐之理解，所以，上主國不是一系列抽象價值的代名詞；另一方面，我們對耶穌基督的理解，也在於祂指向超出祂之外的上主國，所以，基督論的重要性不會淪為基督惟獨主義論（Christomonism）。就此，我們有兩個問題要考慮：第一，耶穌基督如何展現上主國？第二，為何上主國不是一個欺騙的類比？

因第一個問題在本書各章都會出現，所以，我不打算在此交代。就著第二個問題，我們不得不承認，上主國曾被濫用，以致它失去其想像的力量。例如，教會曾將自己等同上主國；二十世紀初的美國社會福音運動（social gospel movement），曾將上主國化約為社會政策；也有教會將上主國放在此世以外，與當下沒有任何關係等等。上述這一切，不是過分詮釋、便是貶抑了對上主國的理解。此外，上主國本身也是一個類比，它以「是」與「不是」的形式出現。「是」，就是它對某些行動的肯定，這些行動就是耶穌基督一生要表達出來的解放與和平、恩典與救贖。因此，那些根據聖經所作出的類比想像，需要在上主國視野的審視下，才算合乎基督教倫理。「不是」，就是上主國拒絕等同於我們對某一價值的理解。例如，上主國是和平，但這不是等同我們對和平所理解的意思，反而是，上主國不斷挑戰我們對和平的理解（參本書第十四至十六章）。事實上，以上的理解，不只是針對非基督教羣體對和平的理解，更是針對教會對和平的態度，因為教會可能已將某歷史片斷固定化和非歷史化，以致上主國失去其超越性。類比的想像，就是透過某段歷史而對上主國進行反省，以重構上主國對當下處境的意涵。

最後，讓我就道德想像和類比作出兩點補充。第一，就是類比的製造或再造。雖然我曾指出沒有兩個經驗是相同的，但類比卻可以以製造或再造的形式出現。所謂製造或再造，就是在另一場景製造或再造同樣的象徵。當然，因著處境的不同，製造或再造的象徵總有點不同。例如，在英國發起的「禧年二千免債運動」（Jubilee 2000 Campaign），就是製造或再造利未記二十五章有關禧年的象徵。禧年象徵的製造或再造，為世界帶來新的想像和可能，因為對世界來說，減債還可以，而免債則未免過於激進了。雖然禧年運動沒有令世界經濟帶來基本的改變，但這象徵卻成功地為欠下巨債的貧窮國家帶來釋放。[2] 雖然聖經中所講的禧年是針對個人，但禧年作為類比後，它竟可以為國際關係提供一個不同的視野。另一個讓我想起的例子，就是信徒與非信徒結婚。大部分教會對此都持否定的態度。我們知道哥林多後書六章 14 至 17 節並不是處理婚姻關係的問題，但在類比想像的思維下，這經文成為反對信徒與非信徒結婚的理據。對於這類比的製造與再造，筆者認為需要將此放置於耶穌基督與上主國的核心類比的視野下理解，而不是不經思考地應用。當婚姻屬於上主創造的秩序時，任何代表忠於婚姻的忠誠與承擔的表現（包括非信徒婚姻、信徒與非信徒的婚姻），都是歡慶上主的創造。

第二，就是類比與辯證的想像。一方面，類比的想像使我們看見事物的相似性；另一方面，辯證的想像卻使我們看見事物的矛盾性。就著相似性，我不用多說。至於矛盾性，它則並不表示，類比於當下處境並不適用，而是提供一種相對性，使聖經的類比能對當下處境提出嚴厲的批判。例如，當聖經提出安息日的象徵時，它不只是要求我們要休息，更要批判當下的工時長、低工資的處境；為了補足生活所需，不少工人需要在假日開工。所以，安息日不是只要求放假作息，更是一種辯證的想像，對當下不正義的社會制度提出批判。

或許，以上的討論會令某些人感到不安，因為道德想像太開放了，沒有一個穩陣的基礎。然而，問題不是開放與否，而是人要承認道德世界的複雜性，並願意冒險，甚至不介意沾污自己的手。

延伸閱讀

Keane, Philip S. *Christian Ethics and Imagination: A Theological Inquiry*. New York: Paulist, 1984.

McFague, Sallie. *Metaphorical Theology*. New York: Seabury, 1983.

McFaul, Thomas R. *Transformation Ethics: Developing the Christian Moral Imagination*. Lanham, MD: University Press of America, 2003.

Tracy, David. *The Analogical Imagination: Christian Theology and the Culture of Pluralism*. New York: Crossroad, 1981.

2

想像、敍事與倫理

■ ■ ■

倫理與敍事

面對社會價值的破碎，於是很多人便嚮往建構普世倫理。在神學方面，天主教神學家孔漢思（Hans Küng）強調倫理的自主性（autonomy）。意即，基督教倫理對道德內容並沒有提出任何獨特的理解，因為一切追求美善的人，也可以得出相同的道德結論。基督教的角色，充其量只是提供一個獨特的處境，以思考倫理和動機而已。同樣，羅爾斯（John Rawls）所提出的公共理性（public reason），乃是一種嘗試分開公與私的方法，為要建立普世原則。然而，我傾向從敍事思維思考基督教倫理。一方面，基督教的敍事性指出，基督教可以直接講述自己的故事，而不需要將不同的敍事，從屬於一種宏大敍事（grand narrative）或普世原則；另一方面，基督教的敍事性不是一種封閉性和自我滿足的神學敍事，而是一個願意繼續聆聽、不斷豐富其自身內容的神學敍事，因為沒有一個故事不是對話。[1]

要認識甚麼是基督教的敘事倫理，我們先要理解甚麼是敘事倫理。簡單來說，敘事倫理的起點不是一個抽象的原則，而是一個故事。這故事乃是具體活現在一個羣體傳統之中的，而非康德式(Kantian)的普世性。敘事倫理的方法是歸納式的，而非推論。在敘事倫理下，基督教所講的道德不屬於普世性，而只屬於基督教羣體。換句話說，基督教所相信的，對於沒有基督教故事的羣體而言，可以是沒有重要性的(請參閱本書第五章)，但不等於沒有參考價值，因為沒有一個敘事是完滿而不需要對話的。就著基督教信仰的敘事性，費度士(Paul Fiddes)說：

> 近年有關對靈性生命本質的神學反省，主要被故事這概念主導著。一個宗教傳統多被視為是一個羣體的一系列故事、而不是一系列的教義。例如，亞伯拉罕與上主的相遇、耶穌基督的生平、死亡與復活等故事，形塑著這羣體的信念和實踐。這洞見與當代批判理論有密切關係，就是說，言語是創造文化多於成為文化存有的工具，即言語創造世界。此外，以敘事的方式閱讀聖經、而不是以教義式的閱讀，能夠克服人為對聖經作為歷史事實與藉著信心的想像解釋聖經之分別……[2]

當肯定敘事倫理優於教義倫理時，劉小楓提出個體倫理敘事與人民倫理敘事之不同，並認為後者的敘事是可以很具壓迫性的。

按劉小楓的理解，敘事倫理不是探究生命的一般法則和人的生活所應遵從的基本道德觀念，而是講述個人經歷的生命故事，即通過個人經歷的敘事，提出關於生命感覺的問題。敘事倫理不是普遍的生命感覺，也不是道德的普遍狀況，反而強調生活的可能性和多樣性。換句話說，因不同的人各有自己的敍事，每個人都可以自由地生活。劉小楓說：「沒有敍事，生活倫理是晦暗的，生命的氣息也是灰濛濛的。」[3] 他繼續說，敍事倫理分為人民倫理的大敍事和自由倫理的個體敍事。在人民倫理的大敍事中，歷史的沉重腳步夾帶個人生命，因為民族、國家和歷史目的比個人命運更重要。自由倫理的個體敍事，只是個體生命的歎息和想像，是某一個人活過的生命痕印。自由倫理不是由某些歷史聖哲設立的戒律或某個國家化的道德設定的生存規範所構成的，而是由一個具體的偶在個體的生活事件所構成的。

至於人民倫理的大敍事，它是規範個人的生命感覺，但自由倫理的個體敍事的教化是抱慰，是伸展個人的生命感覺。自由倫理的個體敍事不提供國家化的道德原則，只提供個體性的道德境況，讓每個人從敍事中形成自己的道德自覺。自由倫理的個體敍事讓人面對生存的疑難，弄清楚生存悖論的各種要素，展現生命中各種價值之間不可避免的矛盾和衝突，讓人自己從中摸索倫理選擇的根據，並通過敍事教人成為自己，而不是藉著說教，發出應該怎樣做的道德指引。自由倫理的個體敍事激發個人的道德反省，但弄清道德困難並不等於道德問題已然解決，每個人終究要面對「我該怎麼辦」這一問題。在他的描述下，自由倫理的個體敍事帶出人的分割性（divided），而這不是人民倫理的大敍事的本質。所謂分割性的自我，就是容許人存在著內在的差異性，甚至是一種混種，但其敍事不因此而失去合一性，反而，這合一性卻在動態中體現出來。往往，這是宏大敍事所不容的。

劉小楓對自由倫理的個體敍事的嚮往，反映他在社會主義政權下對宏大敍事的經驗。所以，他以自由倫理的個體敍事，抗衡人民倫理的大敍事。但問題是，個體敍事是否可以完全獨立於社羣敍事？在人民倫理的大敍事外，是否只有自由倫理的個體敍事？一切社羣敍事是否必然具有壓迫性？自由倫理的個體敍事又是否必然具有解放性？若肯定人是關係性的話，我們就不是在社羣敍事與個體敍事之間任擇其一，而是徘徊在兩者中間。我們需要社羣敍事讓個體自由得以實現（即生命是連繫的），[4] 也需要個體敍事來提醒社羣敍事要成為一個維護個體的社羣。事實上，宏大敍事又不一定是那麼具限制性的，因為人亦有一定的自主性，以致在最受控制的環境下，人仍可以有自我反省能力。更重要的是，了解個體及其發展，必須要從其社羣歷史、文化等背景來理解的。「社羣的人」不必然會導致集體主義，反而「社羣的人」惟有在個人之中、並透過個人達至生命中的責任。此外，社會又豈只有人民倫理的大敍事？又一切社羣倫理是否就是一種人民倫理的大敍事？若不然，我們就不需要認為自由倫理的個體敍事是惟一出路。或許，劉小楓要反抗的，不是宏大敍事，而是一種以封閉和普世原則形式出現的宏大敍事。相反，若宏大敍事可以向無限開放，個體敍事就有更大的存在空間了。這是否可能？在下文討論敍事的多層次性時，我將會論及這問題。話說回來，基督教倫理的敍事性是一個甚麼樣的敍事？

基督教倫理的敍事性，嘗試挑戰一個單以辯論和理性交流而建立的公共論域。縱使公共論域的概念是挑戰一個以社會地位和買賣關係主導的公共論域，但其不足之處，就是將溝通非歷史化和非人化。當下公共論域的困局，就是將日常生活的豐富性和作為事件的存在（being as in event），轉為一個乏味和理論化的抽象物。費特士東（Mike Featherstone）說：

> 科學、藝術、哲學和其他理論知識，起初都是與日常生活

> 連在一起的，但後期卻逐漸分割開來，並由專家發展。後來，它們發展成為另一個階段，反而將生活世界理性化、殖民化和一致化。[5]

基督教倫理的敍事性肯定我們是在故事中的人。我們的經驗不只是關乎我們所承受的傳統，更包括我們的具體生活和在日常生活世界中的不同經驗。可惜的是，公共論域並不歡迎這樣的人，反而將他們從他們的故事和經驗分離開來。為要促進一個客觀和理性的辯論，我們在公共論域所遇見的，是沒有主體性的人。強調個體性的重要不是要否定理性的重要性，但溝通不只屬於理性表達。縱使對個體因素的肯定，可能會使公共論域變得複雜和多樣化，但這才是公共空間的真實，因為理與情是溝通的基本。為了維持所謂有效的溝通，我們社會只強調理性溝通；諷刺的是，這所謂理性溝通，並不是真正的溝通，因為溝通者已模糊了。基督教倫理的敍事性是要確保那些持不同意見的人可以交流，那就是對權力保持批判性，並使溝通方法不受限於某種方式。

除了批評當下公共論域的非人性化外，基督教倫理的敍事性同時也批判一種以意識形態出現的基督教倫理。這意識形態是以正統教義壓制個體信仰體驗、以傳統否定當下的新經歷、以維護建制（教會）多於挑戰建制對個體的壓迫。基督教倫理的敍事性要求教會進到人的生活世界中，與人的遭遇糾纏，體驗信仰的真實性，從而可以成為對個體生命的支持，並批判神學的綑綁性。在近數十年冒起的解放神學（liberation theology）、婦女神學（feminist theology）和不雅神學（indecent theology）等，正挑戰著以正統教義為首的基督教宏大敍事。以下，我再以敍事與道德想像和敍事的片斷性（fragmentary），描述基督教倫理敘事性之特性。

敘事與道德想像

敘事本身存在多層次性。一方面，縱使基督事件只是單一事件，但基督教卻容許有四個對基督事件的不同敘事（指馬太福音、馬可福音、路加福音和約翰福音）。敘事的多層次性不但使基督的故事可以以不同形態參與人的生活世界，更指出基督的故事是動態的。另一方面，以敘事形式出現的聖經，也絕不可能只由一個角度閱讀；相反，敘事總是開放的，並容許多層次閱讀。這多層次閱讀不只是關乎理解，更關乎創造想像的空間。林奇（William F. Lynch）指出，沒有單一的敘事足以解釋現實。相反，我們需要不同的類比，將人類豐富的經驗引帶出來。否則，我們將無法面對生活的現實。[6] 因此，基督教的敘事是多樣的，而非單一的敘事。多層次性要求對話、合作、尊重和想像。要求對話，因為沒有一個敘事完全掌握真理；要求合作，因為只有如此，敘事才會發揮它的貢獻；要求尊重，因為每一個敘事有其獨特性；要求想像，因為它讓我們不受現實所限。事實上，敘事不僅是一種文學體裁，而更是要反映出人的生活經驗與現實。那麼，我們所講的敘事，不應是一個自圓其說的敘事，而是能夠與當下的生活經驗與現實配合的。再者，敘事本身是一種處於「成為」（becoming）多於「完成」的狀態。所以，敘事需要被檢視和批判，但它也同時亦對其他敘事作出批判。

以同性戀議題為例，基督教是否必然反對同性戀？那些認為基督教反對同性戀者，往往是基於數段聖經的敘事（例如：創十九章；利十八 22；羅一 26 ~ 27）。然而，聖經是否有其他敘事，可以幫助我們思考同性戀這一議題？否定其他敘事的價值，只會窒息敘事帶來的想像空間。因此，我認為其中一段可參考的敘事，便是使徒行傳十一章1至18節（《現代中文譯本修訂版》）：

> 使徒和在猶太全境的信徒們聽見了有些外邦人也接受上帝的道這件事。因此，當彼得到了耶路撒冷的時候，主張外邦人也必須領受割禮的人批評他說：「你竟在沒有受割禮的外邦人家裏作客，甚至跟他們一起吃飯！」彼得就把整個事情的經過一一向他們解釋。他說：「在約帕城裏禱告的時候，我得到一個異象。我看見有一件東西從天上降下來，好像一大塊布，布的四角綁住，停落在我身邊；我仔細察看，裏面有飛禽走獸，又有爬蟲。接著，我聽見有聲音對我說：『彼得，起來，宰了吃！』我說：『主啊，絕對不可！任何污穢不潔的東西，我都沒有吃過。』從天上來的聲音又說：『上帝認為潔淨的，你不可當作污穢。』這樣一連三次。最後，那件東西就被收回天上去了。剛好在這時候，奉派從凱撒利亞來找我的三個人到了我居住那家的門口。
>
> 聖靈指示我跟他們一道去，不必猶疑。從約帕來的六個信徒也跟我一道去。我們都到了哥尼流家裏。哥尼流告訴我們，他怎樣看見一個天使站在他的屋子裏，對他說：「你要打發人到約帕去，邀請一個名叫西門．彼得的人來。他有話要對你說，使你和你的全家得救。」當我開始講話的時候，聖靈降臨在他們身上，正如當初降臨在我們身上一樣。於是我記起主曾經說過：「約翰用水施洗，但你們要領受聖靈的洗禮。」很顯然地，上帝把這恩賜也賜給這些外邦人，如同我們信了主耶穌基督時，他賜給我們的

> 一樣。我是誰，能夠阻擋上帝的工作嗎？」他們聽見了這話，就不再批評，都頌讚上帝說：「上帝把因悔改而得生命的機會也賜給外邦人了！」

按一般理解，一個敘事包括四部分，分別為時間、場景、情節和人物。以下，我就按這結構來理解這敘事。

從彼得與哥尼流的對話中，我們看出當時猶太人信徒認為：(1)猶太人不應該與外邦人一同吃飯，因為外邦人的烹調方法極有可能違背了摩西律法（徒十一3）；(2)上主的救恩與外邦人沒有關係，因為彌賽亞是猶太人的彌賽亞（十一18）；(3)與外邦人親近往來都是危險的，因為外邦人的世俗會將猶太人的潔淨污濁了（十28）。要改變猶太信徒對外邦人的偏見並不容易。從故事中，我們得知彼得之所以接納外邦人，並相信上主的救恩也臨到他們身上，並非來自他的自我醒覺，而是來自不同的新接觸經驗，並從中挑戰他既定的思想。第一個挑戰，就是上主以不同活物可作為食物的異象，挑戰彼得對活物的看法。彼得拒絕吃這些活物並沒有錯，因為這是摩西律法的吩咐，而摩西律法就是上主律法。然而，上主在異象中向彼得的吩咐，卻違反了祂曾給摩西的吩咐。對一個謹守摩西律法的人，這挑戰並不容易接受。不但因為吃某些活物並非他的飲食習慣，更因為那一個吩咐是上主的意思。彼得所面對的思想挑戰，就正如當時的人面對耶穌的教訓一樣。例如，每當耶穌說「我實實在在告訴你」時，都存在對摩西律法和上主律法的挑戰。上主藉著聖經向我們說話，但上主不受制於聖經。上主在此時此刻向我們說話，但也要求我們放下對聖經既定的看法。

第二個挑戰，就是他直接與外邦人接觸。只有藉著放下前設，人才可真正認識對方。然而，人不可能沒有前設；否則，人就不可能與人交往、與世界接觸。因此，一顆開放的心靈尤其重要。開放的心靈就是將自己放下，讓自己被接觸和被挑戰。當彼得願意踏出第一步，面對面接觸外邦人時，他才發現在外邦人中有義人、上主藉著天使也向外邦人宣講，以及外邦人的禱告會被上主垂聽。這一接觸令他摒除對外邦人的偏見。事實上，人對其他人的偏見，往往基於人不願意與他者接觸。又縱使接觸過，人也不願意以開放的心靈聆聽。結果，對方仍只是一個由我決定的他者，而不是向我說話的他者。

第三個挑戰，就是他看見上主在外邦人身上的工作。起初，彼得以為聖靈只許降臨在他們這班猶太人身上，但他發現聖靈也降臨在外邦人身上。彼得說：「這些人既受了聖靈，與我們一樣，誰能禁止用水給他們施洗呢？」（徒十 47）或許，在某些人眼中，聖靈不會降臨在同性戀者身上。他們以為聖靈的工作必然按一定規律，但聖靈卻是自由的靈，以致祂的工作超乎人所想。人需要謙卑，為聖靈的工作心存感謝，而非自行決定聖靈的工作。透過這三個層面的挑戰，帶有偏見的彼得，終於放下他對外邦人的固有看法，並接受外邦人也可以成為信徒。

彼得的敘事不是討論同性戀，但這敘事可以幫助我們對同性戀這一議題有更深刻的理解，因為敘事的應用屬於類比。因此，我們可以試想像外邦人換上同性戀者。按摩西律法，同性戀者是被上主拒絕的人。但若頒布律法的上主也修改（甚至違反）祂的律法而吩咐彼得吃不潔之物，上主也可以不遵守祂原初對同性戀者的看法。那麼，上主是基於甚麼理由作出修改？理由之一，也是最重要的原因，就是恩典與愛。外邦人被接納是因上主的恩典與愛；同樣，同性戀者被接納，也是基於同一原則。事實上，敘事看生命是連續的。我們需要在其整體處境下，理解一個人的決定。這是我們對彼得經驗的理解。

敘事倫理的特性之一，就是我們被拋進入一個道德世界。我們不僅沒有既定答案，而且更可能會因而感到混亂，以致我們需要細心聆聽，檢視已存在的敘事的限制，並開拓敘事所帶來的想像空間。雖然以上的看法，不一定可以改變反對者的立場，但這可以視為對話的開始，並就同性戀者不應受歧視一事共同合作。

敘事的片斷性

基督教倫理的敘事性，不是一種自以為對真理完全掌握的神學，這不僅是因為基督教的十字架所代表的更正教原理，乃是一種自我否定的象徵，以抗拒將自己偶像化或絕對化；更是因為在基督教羣體裏，我們已存在著對基督敘事的不同詮釋。因此，敘事的片斷性指出，基督教不但對問題沒有所有答案，即使已有的答案，也是片斷式的。所以，當某人堅持基督敘事的準確性時，敘事者也要對這一敘事存著批判態度。事實上，只有肯定敘事的片斷性，基督教的敘事才足以挑戰一種否定個體的人民倫理的大敘事。基督教倫理面對的誘惑，就是企圖或不自覺地成為大敘事。因敘事都是片斷性的，所以，敘事者更需要對自己所承傳的敘事謙虛，並對無限開放，以致我們可以有空間認識自己所承傳的敘事。這是拉納（Karl Rahner）所說的「那沒有名字的靜默奧祕之臨在」（“the silence mystic presence of the nameless”）。[7] 雖然如此，但敘事的片斷性不等於破碎性（brokeness），反而有點像列維納斯（Emmanuel Levinas）所說：故事是文化的，但它指向那些在文化以前已存在的某些真理。[8] 而就著對非基督教的敘事開放一事，米百（John Milbank）以結束神學與社會學對話為其目的。他認為當人對其他敘事開放時，基督教的敘事將失去其基礎，反被文化所擄。[9] 我並不認同他的看法，因為對其他敘事開放，並不等於將其他敘事加入基督教的敘事之中，而是不要以為基督教的敘事從來不受其他敘事的影響。其實，當純正等同於正統信仰（orthodoxy）時，它只是一種權力論述多於對事實的描述。

另一方面，「片斷性」不只是不完整的意思，更包含一種如「在基督教思想的礦場中發掘出來的碎片」的意涵。科士特（Duncan Forrester）說，這碎片是那些在礦場中的寶石。當它被引入公共領域時，它可以成為一種挑戰，將討論和實踐推向一個新方向。[10] 當下教會提供了不同的社會服務，正發揮礦場中寶石的功能。這是社會學所說的社會資本（social capital）。當然，社會不必然會接受或欣賞教會所扮演的「礦場中的寶石」角色。所以，教會需要學習接受不被發現或不被尊重，甚至被遺忘。雖然如此，但這無損教會對自身的認識。這有點像麥金太爾（Alasdair McIntrye）在其《追隨德性》（*After Virtue*）一書對聖本篤（St. Benedict）在黑暗時期的理解。

對於基督教倫理的敘事性，我們仍要處理其有效性和如何評價哪個敘事才是對或好。坦白說，基督教的敘事倫理可能不是一個很有效的基督教倫理，因為基督自己的故事也不是一個高舉有效性的故事。基督的故事不是反對有效性，但有效性不是基督故事的核心。雖然基督教倫理需要有策略地向世界宣講上主國，但有效性不是量度基督教倫理的主要準則。至於第二個問題，除了要考慮是否忠於其傳統外，一個敘事的對或好，則在於它塑造出來的生命。用亞里士多德（Aristotle）的用語，這是德性。然而，我們知道，不同敘事對德性可以有很不同的理解，但如之前所說，敘事不是為自己所說的提供合理性，而是認識自己的基礎，並願意與其他敘事對話。例如，對某些人來說，自殺式襲擊是一種十分高尚的宗教德性，但在與其他敘事對話時，自殺式襲擊卻是惡行多於德行。至於當事人是否願意接受這對其敘事的挑戰，就要看他所屬敘事的開放性了。

延伸閱讀

Fasching, Darrell J. and Dell Dechant. *Comparative Religious Ethics: A Narrative Approach*. Oxford: Blackwell, 2001.

Hauerwas, Stanley. *The Peaceable Kingdom*. Notre Dame, IN: University of Notre Dame, 1983.（中譯：侯活士：《和平的國度——基督教倫理學獻議》。紀榮智譯。香港：基道，2010。）

Nolan, Paul. *Narrative and Morality: A Theological Enquiry*. University Park, PA: Pennsylvania State University, 1987.

Lucie-Smith, Alexander. *Narrative Theology and Moral Theology*. Aldershot: Ashgate, 2007.

3
生活、經驗與道德

■ ■ ■

個體敘事源自生活和經驗，而非單是一套價值或一個社羣敘事。生活和經驗之所以重要，因為它可以抗衡社羣敘事對個人的壓迫，也可以豐富社羣敘事，讓社羣敘事可以成為對個人的支援。以下，我嘗試從個人經驗、女性經驗和經驗的貧乏等方面，指出生活對倫理思考的重要性，並最後以聖子道成肉身來思考生活與道德。

與生命的相遇

一九八六年，我有機會往丹麥奧胡斯大學（Aarhus University）做交換生。除上課外，我也趁機會參加不同活動，讓我可以對這國家有更深入認識。其中一次，我選擇到一間位於哥本哈根（Copenhagen）紅燈區的教會實習和體驗。因位於紅燈區，教會的主日崇拜是在下午五時舉行。我的角色就是跟牧師探訪在這裏工作和居住的人。當中有吸毒者、「性工作者」、嫖客、酗酒的人、貧窮人等等。我肯定教會在他們當中的重要性，因為這也是耶穌在世上所做的事。

在崇拜那天，出席者包括上述那些人，這應是一幅很漂亮的圖像，但當牧師舉行聖餐、並邀請他們上前領聖餐時，我卻感到十分困擾。因為按我的信仰成長背景，聖餐只可以給受洗的信徒。不但如此，聖餐更是給那些認罪悔改的信徒。所以，犯罪者不應領聖餐，聖餐也不是給他們的。保羅說：

> 所以，無論何人，不按理吃主的餅，喝主的杯，就是干犯主的身、主的血了。人應當自己省察，然後吃這餅、喝這杯。因為人吃喝，若不分辨是主的身體，就是吃喝自己的罪了。因此，在你們中間有好些軟弱的與患病的，死〔原文是睡〕的也不少。我們若是先分辨自己，就不至於受審。我們受審的時候，乃是被主懲治，免得我們和世人一同定罪。（林前十一 27～32）

明顯地，他們領聖餐後，仍會繼續其工作或習慣；那麼，他們是否蔑視聖餐？奇怪的是，他們當中並沒有患病，也不見得有人死。究竟是保羅誇大了聖餐的神聖性，還是這位丹麥牧師扭曲聖經？更重要的是，一個習慣從道德角度理解基督教信仰的我，可如何詮釋這經驗？我是否需要改變對聖餐的看法？於我來說，這不是教義的問題，而是關乎存在的問題，因為若這位牧師的做法是合乎信仰的話，我需要的，就是徹底反省信仰，並改變習以為常的信念與實踐。

聚會完後，我向牧師表達我的疑惑。他跟我說：「人之可以悔改，不是來自人的勇氣，而是來自上主的愛。聖餐就是上主對人的愛那最具體之表達。不但因為耶穌為人死，更因為聖餐是培養我們的靈性。」他繼續説：「所以，罪不應成為拒絕人領受聖餐的理由，反而罪使人更需要領受聖餐。」他的解釋充分反映信義宗傳統對恩典和聖餐的理解。此外，拒絕讓罪人領受聖餐，只是延伸神聖與凡俗對立的思維，但聖餐正打破這二元式的思維（例如：在聖餐中，物質可以承載神聖）。可惜的是，我們不但沒有認識上主的恩典，更以聖餐限制別人經歷上主恩典的機會。經牧師解釋後，我不但明白起初自己對所謂罪人的接納，只是一種有條件的接納，並且明白我們更需要走出聖餐的教義性。聖餐是靈性，不是因為甚麼的變質説（transubstantiation），而是因為在其中，人經驗上主的恩典與接納。在聖餐中，我體驗的，不是宗教儀式，而是生活的經驗，那就是神聖與凡俗的相遇。

女性經驗

若經驗是重要的神學資源，婦女神學所強調的就是女性經驗。甚麼是女性經驗？第一，女性經驗不是一個獨立個體的經驗，而是在關係中的經驗。因此，我們需要在具體的歷史場景下講述女性經驗。第二，女性經驗不可以由某一羣女性經驗決定，而理應包括不同文化的女性經驗。第一世界的女性經驗有別於第三世界的女性經驗。就以歐美婦女神學為例，在傳統的婦女神學之外，還有強調黑人女性的女人神學（womenist theology）和強調西班牙裔（Hispanic）婦女的 mujerista 神學。第三，女性經驗是多元的、而非單一的。它包括性與生育、日常生活、孩子、人與自然關係等等。菲奧倫札（Elisabeth Schüssler Fiorenza）説：「不是多於一個婦女神學存在，而是婦女神學的不同表達。這些不同不但分享著對女性課題不同的假設和觀點，更在不同的神學觀點架構中運作。」[1] 若女性經驗是多樣化的話，是否任何一個出自女性經驗的信仰反省也是婦女神學？這問題牽涉女性經驗是一個生理結果，還是一個社會建構的結果？要補充一點，女性經驗是一個擁有身體的經驗，而非只是一個沒有身體的經驗，因為女性被歧視和排斥是因她們的身體。此外，女性也因著她們身體的變化（例如：經期和懷孕）而可能受到不正義對待。所以，女性經驗是不可以與身體分割的。

波娃（Simone de Beauvoir）說：「一個人不是生下來是女人，而是成為女人。」[2] 婦女神學家如呂特爾（Rosemary Radford Ruether）和菲奧倫札等，皆著重女性在歷史和文化中的經驗，那就是女性在不同社會中，經驗到不同父權意識的壓迫。她們要批判的，就是當下社會將男性的經驗等同普世人類的經驗，而女性只經驗到這種男性主導社會對她們的邊緣化。強調女性經驗的重要性，不是因為女性比男性優勝，而是要把女性經驗視為一種對男性主導社會所作的批判性詮釋。蘿特說：「婦女神學的批判原則是促進女性整全的人性。」[3] 基本的需要不只是倖存，更是對身分和權力關係的重新建構，尤其社會習慣對公與私的分別。只有如此，女性才可以有尊嚴和自由地活出其完整人性。此外，當女性經驗被放於一個歷史文化中考量時，婦女神學才可以以羣體角度來說女性，並包括不同的婦女。然而，強調社會建構的角色，女性獨特的經驗就可能被掩沒了。就此，心理學家姬莉根（Carol Gilligan）以「公義聲音」和「關懷聲音」來分別男與女之不同。[4] 弔詭的是，過分強調婦女生理的經驗，這容易走向一種本質主義，而這只會帶來對不同女性的樣板化。但若不肯定生理的經驗，這是否意味著「女性」一詞可以被挪走？或許，對女性經驗的討論，帶出婦女神學三個關注：第一，婦女神學不否定需要一個合適的普世道德價值；第二，婦女神學關乎一個非個人主義的救贖社羣；第三，婦女神學認同男與女皆是上主的形象。[5] 婦女神學認為父權主義就其本質而言，足以為身處不同文化和宗教處境的女性提供一個共同經驗。[6]

經驗的貧乏

按班雅明（Walter Benjamin）的理解，經驗的貧乏來自人受現代知識論的二元思維所支配。[7] 在二元思維下，理性與感性、科學與藝術、文字與神話、客觀與主觀等等變得對立。當理性和科學往往被賦予更高的價值時，其他不屬於這範疇的知識，就被視為不正常和沒有價值的經驗。這與現代人失落故事有關，因為故事本身容許多樣性。相對於故事，小說和新聞就變得狹窄，因為他們將不同的經驗排斥。這種對知識二元思維的形成，帶來經驗的貧乏（poverty of experience）。[8] 第一，以一個非技術工人為例，班雅明指出這工人只跟著機器工作，他從自己的經驗分割出來。工作只反映那機器的運作，而他是被機器所開動。經驗的貧乏就是人的某一行動與他之前的行動完全分割。

第二，經驗的貧乏基於人將生活世界商品化（commoditization）和物化（objectification）。早前，我在蘇格蘭期間，購了一張足球賽事門券，觀看一場由格拉斯歌流浪（Glasgow Rangers）對赫斯（Hearts）的足球比賽。這是我人生第一次在英國到球場觀看足球賽事，所以，這次經驗是新鮮的。可惜的是，球賽的水準不高，沒有甚麼高潮，只是球來球往，即所謂「高 Q 大腳」。所以，我欣賞場外發生的事多於比賽本身。球賽結束後，心裏有點不甘，因為比賽的質素不值二十五英磅（約港幣三百元）。若果我不入場觀看這比賽，而到任何一間酒吧觀看英格蘭超級足球聯賽的話，我可能會有更大的滿足感。再者，三英磅（約港幣四十元）的消費就可以了，還有一杯啤酒。表面看來，我的不服氣是可理解的，但若細心一想，我的不服氣，不只是因為球賽的水準，更因為我已將球賽商品化，將它看為一件貨品，由價格來界定它的價值。事實上，我愈來愈受後者影響，因為「不值」一詞已經是經濟概念了。但我的想法已變得自然而然，因為生活世界已被經濟系統殖民化了。足球比賽不再是足球比賽，而只淪為一個價格。當我們已習慣用經濟概念來評價經驗和事物時，我們將失去與事物相遇和接觸的其他經驗。

第三，經驗的貧乏基於我們對社會現狀（status quo）的維護。社會避免不了要有秩序，但秩序可以成為對生活世界的限制。我不反對秩序，但當生活世界完全受制於某一種秩序時，生活世界便會變得沉悶和刻板，叫人發呆，甚至失去人的精神。例如，社會主義不但是一種計劃經濟，更是一種生活形態。當眾人都要穿同樣的服裝和顏色，且被等同為「公平」時，生活世界的創意便被扼殺了。試看看當下富中國特色的社會主義，生活世界比昔日更充滿創意和可能。這樣的社會令人雀躍和興奮。然而，資本主義不是社會主義的出路。強調自由市場的資本主義，沒有真正帶來更有創意的生活，因為大家都向錢看，以價格量度價值。試看看各大學皆提供千篇一律的課程，這是扼殺創意。又試看看生活世界充斥著消費文化，我們已失去了其他生活的可能性，因為不同商場都是一樣的。

守秩序的另一面就是「順民文化」。這種生活形態很難為生活創造空間，反而只會壓抑生活空間，使生活成為一種複製品。從妝扮到「瘦身」，從消費模式到工作計劃，從生活安排到教會生活等等，我們的生活都過於安份守己、缺乏創意。在多年守秩序文化的薰陶下，人已失去挑戰秩序的動力。又當我們今日的「成就」，乃是靠多年守秩序的結果，我們便很難不守秩序。為了秩序，我們窒息自己的空間。教育如是，工作如是，教會也不能倖免。

強調經驗和生活的重要，不是要將基督教倫理個人化，而是希望藉此批判社會論述（基督教倫理自身也可能已成為一種論述）。經驗和生活帶來一種詮釋的懷疑，而這就是對權力作出批判的基礎。沒有詮釋的懷疑，我們不會對當下的安排和社會秩序提出質疑，只會強化當下的安排。

拒絕向當下社會秩序妥協的「八十後」

當生活開始窒息時，我們喜見一羣被稱為「八十後」的青年人。於二〇一〇年一月，立法會正就撥款六百多億興建香港段高鐵一事進行討論。當晚，有數千青年人參與「反高鐵」示威，而他們大部分都是三十歲以下的，後被稱為「八十後」。他們是一羣甚麼樣的人？說更具體一點，那些參與不同社會運動的「八十後」是一羣甚麼樣的人？他們是一羣以香港為家的人，沒有想過要移民，也不想前往國內發展。這不一定因為他們沒有資格移民，而是因為他們拒絕以逃避的心態，面對不容易改變的當下；也不一定因為他們瞧不起內地的工作，甚或沒有國家觀念，而是因為他們對香港充滿集體回憶，也充滿憧憬。

他們是一羣相信人民力量、不接受人的無力感的人。可惜的是，示威、抗議和遊行等，已被描述為無力者最後的力量。所以，「八十後」的行動，就被解釋為一羣受剝削者的反抗。「八十後」對社會真的有所不滿，但抗議不是來自無力感和受剝削的經驗，而是來自他們相信社會是可以改變的，且會變得更好。每一次的失望（例如：保留皇后碼頭事件），沒有使他們退縮，反而更令他們肯定人民力量的重要。

他們相信理性討論，也可以參與理性討論，但對現時立法會制度下的假理性討論感到厭倦。一方面，他們厭倦局長們和政府高官們那種沒有誠意、官腔的回應；另一方面，他們也厭倦只有討論，但不會帶來改變的議會討論。反而，擲蕉和擲鞋帶來真正討論的可能性，因為這些行動真實地揭露所謂理性的荒謬。

他們沒有組織，但自發連結；他們不需要「大佬」，但卻十分合作；他們不需要有周詳的計劃，但主題清晰；他們不需要領導，但卻充滿創意。不論政府、政黨和民主團體等都計劃收編他們，但這一切計劃，都只是要改變「八十後」，而不是尊重他們的主體性。所以，這一切計劃都註定失敗。

話說回來，社會對「八十後」的驚訝，基於社會已不相信，在資本主義社會下，竟有一羣以行動講理想和講公義的人。「八十後」不是反社會和反建制，而是拒絕參與社會的荒謬。這使我想起前捷克總統哈維爾（Vaclav Havel）所說的一個故事：在共產政權下，每間店舖都要張貼一張「全球工人團結起來」的海報。沒有店舖不張貼這海報，因為沒有人想自找麻煩。原來，這張海報的重要性，不在於它本身的信息，而是它要求人的順服。誰人有勇氣不張貼這海報？

道成肉身的倫理

就著人生經驗，聖子的道成肉身一事，為我們提供了一個參考。保羅說：

> 你們當以基督耶穌的心為心：他本有上帝的形像，不以自己與上帝同等為強奪的；反倒虛己，取了奴僕的形像，成為人的樣式；既有人的樣子，就自己卑微，存心順服，以

> 至於死，且死在十字架上。所以，上帝將他升為至高，又賜給他那超乎萬名之上的名，叫一切在天上的、地上的，和地底下的，因耶穌的名無不屈膝，無不口稱「耶穌基督為主」，使榮耀歸與父上主。（腓二 5～11）

基本上，道成肉身的倫理是一個打破不同類型的二元論或對立思維的倫理，因為在耶穌基督裏，神性與人性沒有混亂，沒有改變，也沒有分割地同時存在。這是當時猶太人神學所不能明白的，也不是希臘神話能夠接受的。前者強調神性與人性的對立，而後者則強調人性可以成為神性。二元思維最大的問題，就是當我站在其中一方時，另一方就是我的敵人。同樣的邏輯也適用在對方身上，所以，我也成為對方的敵人。正因為他跟我不一樣，我就可以隨意地對待他。然而，有批評者指出，這種打破二元的做法正好代表著後現代性，因為後現代性就是打破界線，混淆事物本相。打破二元思維並不等同後現代性，因為今日很多二元思維和界線本身，已是一種意識形態。那麼，所謂的後現代性不必然混淆事物本相，而是挑戰著，所謂事物本相不必然是事物本身，而只是被建構出來，目的是為要排斥敵人。例如，人有別於動物，但將人與動物對立起來（例如：以畜牲描述那些沒有良知的人），就是二元思維。上主有別於人，但將上主與人對立起來時，我們就否定了上主與人可以同工。神聖有別於凡俗，但將他們對立起來時，我們便看不見在凡俗中有神聖，而所謂神聖，也有最凡俗的行為。只有我們打破既定的框架，才可以感受到思想和生活的空間與自由。事實上，耶穌基督的道成肉身，從來都不是一個理念，而是從祂的生活反映出來。他打破罪人與義人、猶太人與外邦人、律法與恩典的界限。補充一點，打破二元思維不等於真理與謊言之間再沒有分別，只是真理的體驗或建立，並不需要透過將對方視為錯誤；反而，真理的出現，會將那假裝的真理揭露出來。

第二，道成肉身的倫理是一個放下以自己為本位的倫理。放下的意思，不只是不堅持，更是為對方預留空間，容許對方參與。所以，聖子不是暫時不以聖子的身分向我們啟示，而是容許人性參與神性。這參與不是要改變人性或將人性吸納，而是對人性的開放。很多教會過於著重基督徒的身分，以致他們很難向外開放，與其他人對話，以及欣賞和肯定世界。拉納（Karl Rahner）提出世界禮儀（liturgy of the world）的概念。[9] 簡單來說，上主不但創造世界，更支撐著這世界。上主是在世界之中的。所以，對上主創造與救贖的歡慶，不是先在教會裏，而是先在這世界裏。相反，教會對上主的歡慶，只是一個象徵，即象徵世界的歡慶。因此，教會不但需要向世界開放，更要參與世界。然而，所謂參與，就包括願意被世界所改變，即不是自覺高高在上。這才不是一種假裝式的參與。讓我再作一點補充，這世界是一個多樣化的世界，所以，參與世界就包括不同層面，而不是停留在某單一的層面。

最後，道成肉身的倫理是一種在生活張力中的倫理。張力是生活的本相，不但因為人的限制，更因為生活不是完美的。事實上，任何在互動中的生活，都逃不過張力。這正是耶穌基督的生命體驗。祂感受到愛母親與愛上主之間的張力。祂也感受到法利賽人的要求與愛罪人之間的張力。原來，生活經驗是在不逃避張力之下而累積的。在張力之中，耶穌基督仰望著上主國，這沒有減輕祂的張力，但卻使祂沒有失去方向與目標，這是生活需要有的視野。然而，上主國不是以一種意識形態出現，而是以盼望和自由的形式出現。所以，在肯定上主國的同時，也不應透過將上主國等同於某些東西來控制上主國。

總結

強調生活經驗的重要，不但要讓人可以從不同意識形態中釋放出來，以成為自己之所是，更要從中發掘生活的價值和意義。生活經驗不僅是一處應用倫理，更是建構倫理基礎的地方。若採用神學的用語，強調生活經驗的基督教倫理是以經世的三一上帝觀（economic Trinity）作切入點；這不是與內在的三一上帝觀（immanent Trinity）對立，而是上主在基督裏的意思。

延伸閱讀

Killen, P., O'Connell and John De Beer. *The Art of Theological Reflection*. New York: Crossroad, 1994.

Stone, Howard W. and James O. Duke. *How to Think Theologically*. Minneapolis, MN: Fortress Press, 1996.（中譯：霍華德．斯通、詹姆斯．杜克：《基督徒的神學思考》。陳永財譯。香港：基道，2007。）

West, Traci C. *Disruptive Christian Ethics: When Racism and Women's Lives Matter*. Louisville, KY: Westminster John Knox, 2006.

龔立人：《不正常的信仰——身體、身分與政治》。香港：香港基督徒學生福音團契，2008。

4
靈性、禮儀與道德

■ ■ ■

以上三章主要指出基督教倫理不是從一個宏大敘述開始，也不是以一系列的絕對標準作為基礎。那麼，我們可以如何思考基督教倫理？我認為基督教倫理是關乎靈性和宗教活動的。意即，基督教倫理的基礎是一種宗教經驗，有如安瑟倫（Anselm of Canterbury）所說：「信仰尋求理解。」信仰先於理解，而信仰就是宗教經驗。

宗教禮儀節慶與倫理

基督教倫理不純是一種智性活動，更是關乎靈性的。不但因為靈性與基督教有極密切的關係，更因為當下社會漸漸意識到靈性對社會和個人的重要性。麥金太爾指出，任何一種道德哲學已預設了它的社會學，[1] 而宗教生活就是這社會學。因此，認識基督教倫理的場景就是教會生活，而其宗教生活的核心，就是敬拜上主的生活。[2] 以下，我先探討禮儀節慶（ritual life）

與宗教倫理的關係，繼而討論以靈性作為基督教倫理框架的可行性。

要認識宗教，便不能獨立於對宗教生活的認識。涂爾幹（Emile Durkheim）說：「宗教是一個把神聖事物的信念和實踐聯合的系統。意即，宗教以『分別』和『禁止』將神聖從凡俗中建立。信念和實踐聯合成為一個道德羣體，稱為教會。」[3] 然而，這裏所指的宗教生活，不是隨意任何一種宗教實踐，而是宗教的禮儀節慶。事實上，沒有宗教可以沒有禮儀節慶，因為禮儀節慶讓宗教人（*homo religiosus*）進入「神聖時區」（sacred time）。伊利亞德（Mircea Eliade）表示，在宗教禮儀節慶中，生命的神聖幅度被恢復，參與者經驗到人類存在的神聖尊嚴，他們是神聖的受造者。在任何其他的時間裏，總會有忘本的危險；存在，並非現代人所謂自然所賦予的，而是來自「他者」（the Other）的創造。[4] 他繼續說：「（宗教禮儀節慶）乃是神聖者之臨在所聖化了的時間，它被人定期地再實現，我們因而可以說，渴望活在神聖者臨在與圓滿的世界裏，這可說是對『天堂樂園』情境的鄉愁。」[5] 說到底，宗教的核心就是關乎對神聖的體驗和認識，並由此延伸至對遠象與當下互動的反省。然而，宗教禮儀節慶並非只是一種對宗教理念的外在表達，更是一種對宗教內容的塑造、修訂和詮釋。在神聖時區裏，宗教人與神聖相遇，並在其中被神聖改變。人類學家杜格思（Mary Douglas）說：

> 禮儀不只是像一種可見的幫助，來說明言語的教導。若禮儀只是一張地圖或圖表說出那已知的事，它只會跟隨經驗。但禮儀並不扮演這次等的角色。它首先塑造經驗，並容許那不完全知道的知識。它不只將經驗外在化，更修正

> 經驗，並將它表達出來。[6]

因此，只從倫理角度而不從禮儀角度理解宗教，只會帶來將宗教「自然化」、將神聖凡俗化的結果。事實上，從凡俗存在的觀點來看，人除了面對自己及社會之外，他不會有其他的責任感，但宗教人卻將自己置身於宇宙脈絡中，並建立與他者（神聖）的關係，以致只強調倫理、社會、歷史之有效責任感的現代文明，不會完全明白宗教倫理的核心。宗教禮儀反映出，與神聖的關係和對神聖的認識是宗教倫理的基礎。可惜的是，當下的宗教倫理正是要將這種宗教體驗置身於倫理以外。結果是，宗教倫理成為沒有靈魂的宗教倫理，即第二序的活動（second order of activity）獨立於或不需要有第一序的活動（first order of activity）。高拉高域斯基（Leszek Kolakowski）說：

> 宗教並非一系列的信條，而是一個崇拜領域。在其中，理解、知識、參與終極的感受和道德委身，是一個單一的行動，而隨後的分割，則成為形而上學，道德和其他的主張或許有用，但卻扭曲了崇拜行動的原意。[7]

究竟禮儀節慶與宗教倫理的具體關係如何？以下，讓我以基督教每週舉行的崇拜為例作進一步解釋。[8]

簡單來說，基督教的崇拜是一個羣體敬拜上主的活動。在崇拜中，敬拜者意識到自己的罪和有限性，也經驗上主對他們的寬恕與愛，並由此衍生對世界的承擔。[9]這體驗不純是一種智性的活動，更是一種實存與超越的體驗。奧托（Rudolf Otto）稱這種宗教經驗為「令人戰慄，又令人嚮往的經驗」。[10]他進一步解釋說：「由於感受到世界的永恆本質而被深深打動，以致激起諸種情感，像敬虔、畏懼、崇敬，那麼，這樣一種情感狀態便比知識與行為還更有價值。」[11] 這一切之所以發生，乃是因敬拜者與上主（全然的他者）的相遇。[12] 除了垂直面外，基督教崇拜還有橫切面，就是崇拜者彼此的關係和他們與世界的關係。例如，先知阿摩司說：

> 我（上主）厭惡你們的節期，也不喜悅你們的嚴肅會。
> 你們雖然向我獻燔祭和素祭，我卻不悅納，
> 也不顧你們用肥畜獻的平安祭；
> 要使你們歌唱的聲音遠離我，
> 因為我不聽你們彈琴的響聲。
> 惟願公平如大水滾滾，使公義如江河滔滔。
> （摩五 21～24）

耶穌基督也說：

> 所以，你在祭壇上獻禮物的時候，若想起弟兄向你懷怨，
> 就把禮物留在壇前，先去同弟兄和好，然後來獻禮物。
> （太五 23～24）

由此看來，任何將基督教崇拜獨立於社會和經濟的說法，都會失去其可信性，並成為人民的鴉片。然而，這不只等於倫理生活決定宗教生活，也是宗教生活決定倫理生活。後者正是本文的關注。

聖餐禮儀與靈性

在基督教的崇拜中，聖餐是一個很重要的禮儀。[13] 宗教改革

時，馬丁．路德（Martin Luther）以正確宣講上主的道和正確施行聖禮作為對教會的理解。聖禮中，他只提出洗禮和聖餐。聖餐禮儀是透過餅和酒（一種很普通的物質）來施行的。按馬太福音二十六章 26 至 29 節：

> 他們吃飯的時候，耶穌拿起餅，先獻上感謝的禱告，然後擘開，分給門徒，說：「你們拿來吃；這是我的身體。」接著，他拿起杯，向上帝感謝後，遞給他們，說：「你們都喝吧；這是我的血，是印證上帝與人立約的血，為了使眾人的罪得到赦免而流的。我告訴你們，我絕不再喝這酒，直到我與你們在我父親的國度裏喝新酒的那一天。」

聖餐的重要性及其對宗教倫理的含義至少有下述五方面：[14]

1. 聖餐屬於一種獻祭禮儀。[15] 然而，聖餐不是上主對祭物的要求，而是祂親自犧牲讓世界得著拯救。從這宗教經驗來看，基督教不接受不同形式的暴力，例如死刑。這不只是因為死刑的殘忍和不人道，更因為人類的犧牲在基督十字架上已經結束了。一方面，聖餐的經驗使信徒反對一切使人犧牲的權力和制度；另一方面，聖餐使信徒更強調懲罰制度中的改造作用（救贖），過於罪有應得或殺一儆百的作用。
2. 在聖餐中，信徒不但分享著耶穌基督的生命，也被呼喚要與人分享。這是聖餐所代表「開放食桌」（open table）的意思。庫克（Bernard J. Cooke）和梅西（Gary Macy）說：「當分享這筵席時，我們應允如耶穌般生活：幫助需要幫助的人、照顧饑餓者和醫治病患者。」[16] 這體驗使信徒對當下資本主義社會那種對私產權的理解，提出質疑和嚴厲的批判，因為分享已不再是資本主義社會生活的秩序和德性。當然，分享亦不必然等於共產主義。

3. 聖餐禮儀是接受上主所賜予的平安。這份平安使信徒拒絕暴力，也不相信平安可以建立在暴力之上。然而，平安不只是非暴力，更是一種社會關係的建立。從上主而來的平安，使人與上主成為朋友，也使其他人彼此成為朋友。建立友誼成為聖餐重要標誌之一。基於此，聖餐是開放的，而不是限於信徒。
4. 聖餐禮儀要表達神聖在凡俗中、凡俗在神聖中。聖餐所用的餅和酒是普通的餅和酒，而不是甚麼特別的物質，但這極之普通的物質，卻承載（天主教認為是變質）耶穌基督的身體和血。從此來看，聖餐正要打破一種宗教或哲學的二元論，反而肯定物質世界的價值。上主要將世界轉化，而非否定世界。這肯定了信徒對世界的責任。
5. 聖餐意含終末的盼望。聖餐不僅是記念耶穌的死亡和拯救，也意含天國的筵席。正因這份盼望，聖餐禮儀是一個歡喜快樂的節慶，而不是痛苦嚴肅的日子。這是初期教會的體驗：「他們……在家中擘餅，存著歡喜、誠實的心用飯，讚美上帝」（徒二46）。從聖餐中所經驗到的盼望，使基督徒羣體不受制於歷史的限制。在危難中，仍存盼望。

以上對聖餐禮儀與基督教倫理之關係的討論反映出，基督教倫理不可能化約為一系列的「可以」或「不可以」。基督教倫理是基督徒從宗教經驗所產生出來、一種對生命的體會和對世界的感情。這一體會不是始於命令，而是始於恩典；不是始於思辨，而是始於生命感通。此外，聖餐本身所反映對上主的感恩和盼望，並非倫理角度可以包涵在內，但感恩與盼望卻是宗教倫理的基礎。感恩與盼望不但使領受者對世界和人生有一種不同的視野，更賦予他一份執著，以致他相信一個不可能的可能。在倫理範圍下，價值的建立在於理性的討論或共識，但理性的討論並沒有必然為價值提供應然的基礎。在宗教經驗範圍下，人被提升，超越自我的限制，並感受與神聖相遇。這相遇也沒有必然為價值的應然提供基礎，但卻摒除人的偏見與自私，以致讓價值的應然可以自我呈現。海德格（Martin Heidegger）說：「一個被遺忘的人類責任，就是製造一個空間，讓那存有（being）出現。」[17] 宗教對倫理的意義和重要性，就是它對人所作的預備、洗滌和淨化。然而，有一點仍需要補充。按基督教的理解，聖餐代表上主對人的恩典（這是聖禮的意思），而基督徒的道德生活與上主恩典是分不開的。這就是天主教傳統所說的「注入的德性」（infused virtue）。只有在聖餐下，德性才不會只是個人努力的結果（acquired virtue）。

按以上所說，基督教倫理的理性，不只是智性上思辨的結果，更是一種實存宗教經驗的體驗。然而，倫理並不能反映出這宗教倫理的特性。因此，我以靈性（spirituality）來描述基督教倫理的本質。一方面，靈性指出「宗教是整個人類精神的底層」；[18] 另一方面，靈性指到一種有別於道德、但對道德卻有更深體會的生命力。究竟靈性能否為宗教的社會角色提供一個恰當的詮釋？

靈性與道德

要為靈性下一個眾人皆接受的定義，就如要給宗教下一個定義一樣困難。例如，當靈性只等同神聖或超凡的經驗時，一切在平凡經驗中所體驗的「神聖」就被否定了。當靈性只等同個人內在醒覺的提升時，靈性就只不過是現今強調個人主義色彩文化的延伸。當靈性只等同個人的成長和發展時，靈性就成為心理學和心理輔導的代名詞。當靈性只等同非物質世界時，這就將世界二元化，並忽視物質的意義與價值。定義的困難是否就等於靈性一詞是不適切的呢？

雖然在定義靈性一詞上備受困擾，但卻不等於靈性一詞是不適切的。不但因為這容許不同的人可以對靈性的內容作出不同的貢獻，更因為靈性本身就是尋求人生的美善和整全的嚮往與投入。簡單來說，靈性可以被理解為個人與天、人、物、我這四方面建立和諧的關係。舒妮達斯（Sandra Schneiders）指出：「當下所講的靈性是關乎自我的超越，它為生命提供整合和意義，並為個人在終極的視野下，提供導向前進和轉化的方法。」[19] 卡丁漢（John Cottingham）說：「長期以來，靈性被理解為一個概念，但它是活動多於理論，生活多於教義，踐行多於理念。」[20] 在這些理解下，宗教對靈性和靈性對宗教倫理的理解，可以有以下三方面的貢獻。第一，靈性所要反映的就是一種如蒂利希（Paul Tillich；或譯田立克）所表達的「參與性知識」（participating knowledge）。[21] 參與性知識對立於客觀性分析和計算式知識。[22] 參與性知識強調學習者在知識的行動中進行自我改造，而這改造不只是智性的改變，也是生命的改變。在參與性知識下，道德的要求不是外在的，而是內在的。然而，這內在的道德成為一個人實現其人性重要的一環。事實上，倫理學對這種知識的理解並不陌生。例如，安斯甘（Elizabeth Anscombe）早於一九五〇年代便重提德性倫理的重要性，這比麥金太爾還要早。[23] 然而，問題並未因此而得到解決，不但因為德性倫理的討論離不開敘事（narrative），更因為德性倫理沒有解答德性如何形成的問題。此外，當下主流的倫理學，已被

「解決矛盾」的意識決定了其內容，倫理學成為一種工具理性多於參與性知識。由此看來，靈性是對工具理性的抗議。不但如此，靈性為德性倫理提供一個實踐的嚮導。

第二，靈性指出人可以超越歷史對他的限制，而這種超越則是人作為人不可缺少的要素。當然，超越並不必然等同於非物質或一種宗教經驗，但也不需要否定有這指向的可能。否則，這超越只是一種有限制的超越。事實上，社會學家如韋伯（Max Weber）、馬谷斯（Herbert Marcuse）和貝格（Peter Berger）等人已指出，現代化和理性化帶給人類社會的不是解放，而是一種非人性化的生活。[24] 人類被限制於世界和歷史之中，漸漸失去對超越的想像和能力。最後，人活在一個沒有窗戶的世界。然而，一種著重於解決矛盾的倫理學，並沒有使人得著釋放，反而將人限制於計算事物的世界中，使其看不見遠象和想像。近年來，不同學科對靈性的興趣，正正反映現代社會的困局（例如：文學、心理學、醫學、管理學等）。[25] 靈性不再只是宗教人的追求，也是現代人的嚮往。宗教對靈性體會的豐富遺產，正為世界提供一個參考。由此看來，靈性並沒有孤立宗教倫理，反將倫理帶向另一種深度。

第三，以康德（Immanual Kant）為首的倫理學傾向尋找普遍倫理原則。相對地，他拒絕讓個人情感（passion）左右倫理。但人是否可以放下情感而作倫理抉擇呢？後現代的倫理正要凸顯出個人情感的重要性。在拒絕普遍性下，後現代倫理就只好走向相對主義。在此，我認為靈性有它貢獻之處。一方面，靈性照顧到康德式倫理所沒有處理的個人情感。在靈性底下，我們不需要負面地看待個人情感，而且更可以進一步理解、發掘和提升它，以致倫理與情感可以配合，而非對立。另一方面，靈性也照顧到後現代倫理所面對的失控。雖然真理並非可以客觀地認知和描述，但靈性所表達對超越的開放和對美善的追求，為後現代倫理提供一個參照。意即，強調個人情感不必然走向直覺主義（intuitionism）或主觀主義（subjectivism），反而可視為一種對靈性的探索。

以靈性來理解宗教倫理的優勝，在於宗教倫理的宗教性和倫理能獲得恰當的尊重和維護。然而，這不必然導致將宗教倫理孤立起來，因為不同學科已開始留意靈性對人的重要性。雖然如此，但筆者承認靈性有可能傾向非歷史性（ahistorical），以致失去對歷史應有的責任。以台灣的場景為例，林安悟批評說：「不強調公民社會倫理的改善，只一味的強調宗教救贖，這樣的宗教救贖極可能成為精神的掏空轉而成為心靈的墮落；最後，則造成了整個生活世界的漠視，甚至因之而衰頹、瓦解。」[26] 若說靈性漠視社會倫理，道德又何嘗不是呢？例如，那些只強調個人成聖和私德的倫理。話說回來，靈性是否必然導致非歷史的態度？靈性讓人擺脫受歷史和物質的限制，但不等於它否定歷史。例如，近代的天主教會修士梅頓（Thomas Merton）就是一個結合社會公義與宗教靈性的表表者。[27] 事實上，宗教所提出的盼望，不必然是因著對現實的不滿與無奈，而將當下的盼望投射在永恆和來生之上；反而是因著對永恆和來生的盼望，而產生對現實之不公義的不滿，從而投入積極改造歷史。前者是費爾巴哈（Ludwig Feuerbach）對宗教的解釋，而後者則是宗教人對宗教的解釋。莫特曼（Jürgen Moltmann）說：

> 盼望不是製造平靜，而是不平靜；不是忍耐，而是不忍耐。盼望沒有靜止那不靜的心，反而它正是那不靜的心。[28]

布諾（Ernst Bloch）說：「缺乏夢想則帶來嚴重傷害，因為它使我們習慣了被剝削。」[29] 宗教的盼望燃點我們對當下現實的反抗意志。惟有能想像那與當下生活世界所不同的，人類才會有能力拒絕接受當下的現實。宗教為人類提供這向度，而具體地在人身上生發的，就是靈性。靈性並不否定歷史責任，但又不被歷史所限，以致在不可能之中，仍讓人看見「可能」。

最後，對靈性一詞的運用，仍避不開要回答「哪一個靈性」這問題。以上，我只用了聖餐來勾畫基督教的靈性。其他非基督教的靈性又如何？如何處理他們彼此間的矛盾？特雷西（David Tracy）提出宗教經驗需要符合兩個原則，分別為「足夠準則」（criteria of adequacy）和「合適準則」（criteria of appropriateness）。[30] 前者是關乎符合現代知識的基本基礎，後者是關乎其本身的宗教傳統。就著「足夠準則」，特雷西提出宗教經驗需要生發意義，而人類經驗則是一可分享的經驗；宗教經驗需要一致性，符合知識的要求；宗教經驗需要對人存在的基本提出洞見。就著「合適準則」，特雷西認為個別信仰系統的宗教經驗需要符合該信仰傳統，並由此帶來完全的改變。從特雷西的論點來看，靈性（或宗教經驗）不可能自圓其說。它需要開放，並面對人類經驗，但人類經驗又絕非靈性最後的判決者，因為靈性也開拓了人類經驗。靈性需要接受批判，但現代社會也需接受靈性的批判。靈性並非否定人類經驗，而是將人類經驗帶向完美。

靈性不是用來解釋

費爾巴哈在其著作《基督教的本質》（*The Essence of Christianity*）中，認為宗教和宗教理性之所以出現，是因為世俗理性的限制，它不足以解答人類面對生活世界的無奈。宗教答案的重要性，在於它可以將生活世界的無奈轉變為有意義的。

縱使不然，宗教答案也可以代表一種抗議和不服氣。所以，當生活世界回復秩序時，宗教和宗教理性就隱退了。這解釋了為何當人面對困難時，就會尋求宗教。當然，人的投射與那所謂被投射的對象之真確性，不存在等同關係。宗教如何為生活世界的無奈提供答案，乃是一個值得探討的課題。以基督教為例，二千多年來對神義論（theodicy）的討論，已成為一個神學上的重要課題。[31] 雖然神義論的討論有其吸引之處，但我認為宗教的角色不在於提供以邏輯和辯證理性為主的解釋，而是在於其非解釋性身分，即愛的行動、宗教禮儀和靈性。所以，我不會在基礎論與反基礎論的框架下討論宗教理性，也不會以林貝克（George Lindbeck）的文化語言模式（cultural linguistic）和經驗表達模式（experiential expressive）討論宗教理性，[32] 因為這一切模式均企圖以理性規範宗教。當宗教人尋求要滿足這些理性要求時，他們忘記宗教不是以解釋為核心，而是以社羣生活來吸納那由悲劇所產生的震盪，從而使個人有面對生活世界之無奈的能力。

聖經的約伯記是一個家喻戶曉的故事。約伯記是關於一個義人不幸的遭遇，而這故事亦成為基督教對人理解和面對苦難的典範。雖然如此，但我傾向不選擇以這故事作為人面對不幸遭遇的類比，因為約伯記是在神義論的框架下來作討論的。雖然它有助挑戰一種「義人不應受苦」的神義論，但它卻沒有走出以提供答案來理解信仰的思維。我對約伯記的批評，不是否定其重要性，而是當它一旦成為一個典範時，宗教就會失去發掘和認識其非解釋性身分的動力。面對人生的不幸，聖經有這一個故事：

耶穌過去的時候，看見一個人生來是瞎眼的。門徒問耶

> 穌説：「拉比，這人生來是瞎眼的，是誰犯了罪？是這人呢？是他父母呢？」耶穌回答説：「也不是這人犯了罪，也不是他父母犯了罪，是要在他身上顯出上帝的作為來。」（約九 1～3）

這故事帶出對不幸者的態度，但並不是提供其不幸的因由，而是行動的回應。所以，當耶穌説完這話後，祂就用行動使這瞎子看見。這也是耶穌一貫的態度。他不會問那行淫時被拿婦人的因由，反而主動維護她，讓她免受傷害（約八 1～12）。祂也不會問拉撒路死亡的因由，就立即去看他，使他復活（約十一章）。雖然一種不問因由的回應，能為不幸者帶來最即時的幫助，但當這態度應用在一切的事上時，這可能會導致是非不分。此外，這是否成為一種直覺主義或情緒主義？這牽涉對因由不同層面的理解。第一，若追究理由是讓我們對不幸者提供更妥善的照顧的話，追究因由是可接受的，但這可能不是身為門徒的關心。第二，行動的回應是出於對他者臉容的責任，而不是對不幸因由的責任。換句話説，縱使不知道因由，但不幸者的臉容向我們發出召喚，以致我們不得不回應。第三，行動的回應不是對立於尋找因由，也不排除尋找因由。然而，不是每一件人生不幸的事都可以找到因由，甚至找到的因由也不一定可以讓人有勇氣地接受和走下去。第四，宗教對生活世界所遭遇的解釋，傾向一種天譴意識。例如，二〇〇四年十二月發生的南亞海嘯，有基督徒解釋這是上主的審判，因為東南亞的人是拜假神的。這種解釋不但使人看不見他者的臉容，甚至將災難合理化。然而，這種天譴意識也在其他宗教中找到。因此，我傾向選擇看當下的不幸是因而不是果，以致不幸者可以有更寬廣的空間創造他的果，而照顧者則可以更投入，並與不幸者共同創造將來。這一切是關乎人的靈性深度和體驗。

總結

基督教倫理屬於倫理範疇，但不止於此。事實上，只有認識基督教倫理背後的靈性，我們才可以掌握基督教倫理的本質。如孔漢思(Hans Küng)所說：「惟有我們願意有時忘記倫理，並集中在一些『更高』的事上，我們才能真正地討論宗教倫理。」靈性就為這「更高」的事提供一個視點。然而，以靈性來描述基督教倫理的本質，並不必然減低基督教倫理的社會相關性。一來，還未認識自我身分，就根本談不上社會相關性；二來，「非宗教人」對靈性並沒有很大的抗拒。對靈性的認識，則為他們提供一個框架和向度，以挑戰一個物質化、官僚化和工具化的社會。

延伸閱讀

Gula, Richard M. *The Good Life: Where Morality and Spirituality Converge*. New York: Paulist, 1999.

Hauerwas, Stanley and Samuel Wells, eds. *The Blackwell Companion to Christian Ethics*. Malden: Blackwell, 2004.

O'Keefe, Mark. *Becoming Good, Becoming Holy*. Mahwah: Paulist, 1995.

龔立人：《糾纏的靈性——倫理、社會與宗教》。香港：香港基督徒學會，2006。

5
真理、多元與寬容

■ ■ ■

以上數章帶出了對基督教倫理的詮釋的一個基本問題，就是有關道德的客觀性和絕對性。基督教對某道德議題的看法，是否只是基督教羣體的敍事性詮釋？基督教價值對非信徒是否有指導性？真理是否就等同普世、客觀和惟一？回應以上問題，我先從道德實在論（moral realism）與非實在論（moral anti-realism）討論基督教倫理，從而再探討真理、多元社會和寬容等關係。

實在論與非實在論

簡單來說，實在論指出，真理之所以是真理，因為它所宣稱的與它所描述的事互相配合。例如，「一隻貓兒坐在椅上」，這一句話是真的，因為這隻貓兒真的坐在椅上。實在論者認為，事物是獨立存在，不受個人判斷影響。雖然不是一切事情都可以具體地驗證，但實在論者認為，知識論的不肯定性無礙於一件事物的真實性。以對上主存在的宣稱為例，實在論者會認為自然神學（包括宇宙論證、本體論證和設計論證等）有助證明這宣稱的真實性。實在論的真理觀是一種與事實相符的真理觀（correspondence theory of truth）。

相反，非實在論者不等於必然反對對上主存在的宣稱，而是「上主存在」這句話之所以成立，在於某一宗教社羣的信念。換句話說，這句話的真實性不是對所有人來說都是真實的，而是對宣稱這話的人所屬的社羣而言是真實的。雖然不同宗教對上主的觀念就有不同理解，但不同理解不純是個人觀點。維根斯坦（Ludwig Wittgenstien）對此有很好的解釋。第一，他認為沒有所謂私人言語，因為我們不是孤立的個體，而是在某一已存在的經驗中成長的。在其中，我們學習言語和溝通；我們是被教育，而不是自己創造經驗。第二，因此，他認為我們已接受某些不受質疑的基礎作為我們的基礎。只有如此，我們之間的不同意才會有可能。原來，不同意是基於我們對判斷的同意。他說：「若言語是一個溝通的媒介，那一定要有同意，不單是對定義而言，更是對判斷而言。這看來是廢除邏輯，但實際上卻沒有。」[1] 第三，他提出言語遊戲一說。言語遊戲表達出不同的生活形式；同樣，不同的生活形式就形成不同的言語。縱使言語之間有共同之處，但他們的分別卻很大。非實在論的真理觀是一種內在一致性的真理觀（coherence theory of truth）。

實在論和非實在論帶出兩種不同的判準。前者認為真理是獨立存在、普世的，並與事實配合的，後者卻認為真理在於其宣稱社羣的生活和它的其他宣稱是否一致。誰對誰錯？基督教信仰是否必然要接受實在論？一個實在論的道德是否必然減少倫理困惑？於我來說，更重要的問題是：第一，非實在論如何避免陷於自圓其說的圈套，甚至覺得不需要參考其他觀點，也不需要接受批判？第二，實在論如何避免陷於將歸納等於真理、將片面等同全面？尤其對某些基督徒來說，當他們拒絕理性的地位（因人的犯罪），而傾向倚重上主的啟示時，他們便傾向不需就上主的話語進行求證，因為任何求證都是將上主的啟示受制於人的理性。這一種實在論的危險，就是他們將自己的理解等同真理。

我們是真理的追尋者

基督教對真理的理解是否必然屬於實在論？還是，實在論不必然是一個適合的概念來理解基督教所宣稱的真理？此外，真理是否等於絕對、普遍和惟一？

第一，上主是真理，但人對真理的認識仍受他的經驗限制（伯四十二 5～6）。然而，將人的經驗等同相對主義，又或者強調認識真理就等於不需要人的經驗的做法，不必然反映他對上主的啟示的尊重，反而可能反映他以真理為名，掩飾他自己所認為的絕對性。更嚴重的是，持這種虛假真理觀的人，往往以此打壓持不同觀點的人。因此，不論真理是封閉還是開放的，也不論我們與真理有多接近，我們總要謙虛地聆聽和辨識，讓他者向我們分享他所認識和接觸的真理。例如，基督徒可能不認同佛教的救恩方法，但不因此斷定，佛教對生命的認識就沒有價值可言。真理要求我們謙卑地聆聽和發現，並自我批判，而非自以為擁有真理。保羅說：「我們如今彷彿對著鏡子觀看，模糊不清（原文是如同猜謎），到那時就要面對面了。我如今所知道的有限，到那時就全知道，如同主知道我一樣。」（林前十三 12）與此相關的，就是有關對後現代主義的討論。後現代主義多被批評為一種相對主義，因它對傳統所理解的絕對性和普遍性提出質疑，並將一切解釋為關乎權力的運用。然而，我們不要因著對後現代主義的置疑，便否定了它的貢獻。其貢獻乃在於它揭露真理的虛偽性，即我們將自己對上主的理解等同上主本身。

第二，真理使人得自由（約八32）。教會對真理的熱誠，往往激發信徒積極地向人傳福音，但殊不知他們的熱誠和積極，可以成為一種對他人的壓迫。這與真理所成就的自由背道而馳。例如，基督徒不認同娼妓（因為這是將人商品化），但卻沒有檢視當下警權對娼妓的不公平對待，反而支持當下不公義的法例。真理使人成聖，但不是以壓迫的方法來達成的。可惜的是，教會對成聖的追求，往往使它不尊重他者的自由，甚至以威嚇的說話和排他的態度，對待它所認為的罪人。又例如，教會可以不接受佛教的救恩觀，但不需要在佛誕日舉辦為佛教徒而設的福音聚會。這行動所表達的是挑釁，而不是因真理而來的自由。於我來說，真理使人得自由的意義，乃是「當事人是否感到自由」。當然，這感覺可以是十分主觀的，甚至是被扭曲的。縱然如此，這又何妨呢？因為沒有這基本的自由（或消極自由），第二序的自由（積極自由）只會是一種壓迫。有了基本的自由後，我們才可以引導人邁向第二序自由。即使有人選擇不邁向第二序自由，我們只可以勸說，而非採取壓迫的手段。當下教會最大的問題，就是以跳躍的方式進入第二序自由，而忽略對人基本自由的尊重。結果是，教會對自由的理解，只剩下「道德清洗」的意識，並視一切寬容為罪。

第三，耶穌是「道路、真理、生命」（約十四6），真理是道成肉身的真理。耶穌基督的道成肉身，向我們說出上主的真理是從參與人類生活的掙扎中而表達出來的，而不是一套沒有血肉的真理。道成肉身的真理，是一種服事的真理，而非以權柄和教義為大前提的真理。耶穌基督的服事，總是站在被邊緣化的一方，為他們的尊嚴與自由說話。道成肉身的真理無懼被邊緣化，惟不會以暴力回應。在耶穌裏，真理是生活的態度和價值的投放，而非一套標準和教義。道成肉身的上主，說出上主是走出自身以外的上主，祂進入他者的世界，並將自己的命運與他者結連。祂的目的不是要吸納他者，而是讓他者也可以實現他們生命的召喚。

以上對真理的理解，就是跳出一種與生活沒有關聯的真理。相反，真理是一種態度和一種生活方式，而非只是一套理念。

價值多元主義

另一個與實在論和非實在論相關的課題是多元性。其實，多元性不只是一種描述的語言，更有規範之意。意即，多元性是一件好事，不但因為不同的人可以自由地表達和自由地選擇他們的生活方式，更因為創意和想像往往在多元社會裏得到更大的發展空間。此外，多元性是對各種霸權的制衡（它往往以社會秩序的形式出現），並嘗試以對話形式來處理社會的紛爭。然而，多元性不只是關乎對差異的自由表達，更關乎不同價值如何在同一個社會裏相處，並促成更大的善。按這理解，多元主義不是相對主義的同義詞，因為相對主義沒有準則去判斷，也不關心甚麼是善。相反，這裏所指的多元主義是一種價值多元主義。[2] 首先，價值多元主義不等於一元主義，因為生活世界不可能只由一種價值預先決定，反而社會應就不同處境，決定不同價值的優次。所以，價值多元主義沒有預設的價值排列表。第二，雖然如此，但價值多元主義並非是隨意性的，沒有好壞之分。其道德底線就是讓人可以自由地活出基本值得活的人生。當這道德底線被否定時，人的存在將受到嚴重威脅。在這層面上，價值多元主義與自由主義有密切關係。伯林（Isaiah Berlin）説：

> 我所指的自由，就是沒有一個人或組織干擾我的活動。在這理解上，政治自由就是一個人不受別人阻礙而可以自由活動。若我被別人阻止我想要做的事時，在這程度上，我是不自由的。又當這限制超出人的基本時，我就可理解為受壓迫，甚至被奴化。然而，壓迫不是指任何一切不能作出來的活動。若我不能跳起高於十尺，又或者因為我是瞎子而不能閱讀，這都不算是壓迫。壓迫是指其他人對自己的活動有目的的干預。你失去政治自由，是因你被其他人阻止你要達成的目的。[3]

伯林所著重的是一種消極自由。消極自由是指不受外在對個人的強制或約束，即在眾多相互競爭的善或有價值的生活方式中，自己可以自由地選擇。然而，價值多元主義不等於只有消極自由，因為一個人有自由選擇，不等於他可以選擇。例如，一個人可以自由進入某間戲院，但若沒有經濟能力購票的話，他所謂的自由就沒有意義了。因此，只講消極自由，而不提積極自由，不會為人帶來真正的自由。當考慮積極自由時，某程度的社羣理念就會相繼出現。支持價值多元主義者蓋爾斯頓（William Galston）説：

> 多元主義者也會贊同那些可稱為條件的條件，也就是在那些經濟和社會發展過程中需要的經驗性建議，以確保最起碼的公共秩序。這些條件包括：適度調控的市場經濟；基本水平的社會保障；不僅能提高經濟競爭力，而且能增強

> 守法意識和公民聯繫的教育體制……多元主義會明白，在絕大多數情況下，那些可靠的公共秩序增加了、而不是削弱了個人按照他們對生命意義和價值的理解去生活的能力……如果沒有公共秩序，這些個人願望將受到的威脅會更大。[4]

肯定公共秩序的重要性，並不是要將公共淩駕於個人，而是當沒有公共秩序時，個人自由就沒有保障了。但當公共變得霸道時，個體便自覺不得不進行良心上的反抗，甚至直接對抗它。換句話説，價值多元主義不等於個人選擇從此不受任何指引，而是不存在背後的強制力。價值多元主義是以最大的限度，容許人類各種不同但真正的善之政治，而同時不否定公共秩序的重要性。多元主義並非只是一套理念，它更與政治制度有關。在政治層面上，價值多元主義拒絕將個人、家庭和組織成為政治的一部分，即拒絕為政治目的服務。相反，多元政治應該是一種承認的政治（a politics of recognition），而非建構的政治（a politics of construction）。

對某些自由主義者來説，價值多元主義是不可完全接受的，因為自由主義者認為，個人自由是最基本的，絕不可侵犯。若是如此，自由主義與一元主義就沒有分別了，因為像一元主義般，不同生活層面的安排，都要從自由主義所高舉的價值——人之自由——引申出來。所以，縱使多元主義與自由主義有共同性（即對人的不可侵犯性），但雙方不是永不分開的盟友，因為價值多元主義可以在某些決定上，強調社羣價值。[5] 例如，在自由主義的論述下，若出於個人理性和自願的決定，我們應當支持安樂死。相反，價值多元主義對此保持開放態度，因為幸福生活不是只由一個價值決定（例如：自主），還要考慮其他價值和因素(例如:家庭和社會)。當然,經討論後,價值多元主義可以支持安樂死,反之亦然。

縱使價值多元主義有其道德底線或價值基礎,但它會否最終接受不道德的價值成為社會價值之一?例如,反對同性戀者很擔心同性婚姻在價值多元主義下會被接受。照理,支持同性戀者也很憂慮同性婚姻最終因社會因素而不被接受。或許,這矛盾解釋了為何價值多元主義不容易被自由主義者和社羣主義者接受,因為他們兩者都是一種一元主義。話説回來,價值多元主義會否容許不道德的事發生?

第一,價值多元主義關心怎麼促進人類生活的幸福。在這價值基礎上,它講論多元主義。因此,價值多元主義不是純粹以個人和單一社羣利益為依歸。它不贊同種族清洗,因為這是以一種暴力方法來消滅多元性。其實,暴力往往是一元主義的具體表達。若用以上有關同性戀的例子為例,問題不是價值多元主義會有否可能接受同性戀(事實上,一元主義也會選擇接受或不接受),而是為何接受同性戀就等同破壞整體人類的生活基礎?又我們的生活是否只可以建基在異性戀的家庭模式上?反對和支持的一方,都需要以理性説服公眾,並需要考慮社會傳統等因素。由此看來,價值多元主義對同性戀議題是開放的。又縱使價值多元主義傾向自由主義,但它不必然支持在此時此刻認同同性戀者的訴求。

第二,縱使人類分享著某些共同價值,但生活世界亦存在很大程度的差異。多元性不是被製造出來的,而是人類生活的現況。「在基本善的範圍之外,存在著大量真正的善,它們在性質上是完全不同、而且不能歸結為一般的價值尺度……這些性質不同的價值,不能完全按照等級排列;沒有一種至善可以擁有一種所有個體都認可的合理的優先權。」[6] 在承認多元性的事實下，社會需要學習寬容。不只是寬容的德性製造多元社會，更是多元社會培養這份德性。此外，我們的社會需要建立一個促進溝通的平台和制度，讓不同人可以參與和討論，以追求更大的善。在此，哈伯馬斯（Jürgen Habermas）所提倡的公共論域是一個可能性。公共論域不但是一處溝通、合作和討論政策的空間，更能監察社會的運作。由此來看，價值多元主義不必然會導致無休止的爭論。再者，價值多元主義不排除在特殊情況下強制性地支持正確的意見。[7] 在民主社會中，投票原則讓我們可以以非暴力方式解決矛盾。投票的結果，不必然滿足任何一方的需要，但在投票機制下，輸掉的一方可以有機會在下一次投票中勝出。

按以上討論，價值多元主義屬於一種政治多元主義。它肯定了不同價值系統的價值，從而關心如何限制政府權力，讓人可以自由地按著其價值系統生活。然而，跟其他社會一樣，多元社會也免不了被扭曲。第一，多元性淪為極端自由主義的代名詞，它不再為維護弱勢者服務，反而以尊重為由，淡化對缺乏者的承擔和責任。第二，多元性化約為資本主義，甚至認為沒有資本主義就沒有多元性。但現實上，資本主義正以一種經濟主義，將生活世界殖民化，使多元性社會消失。第三，多元性淪為一種生存策略，但卻缺乏對話、並由此而來的自我轉化的機會。我認為這些扭曲是真實的，但不因此認為，多元就要被否定。

寬容的德性

不論持道德實在論或非實在論，我們都需要學習與持不同意見者相處。除了建立以理性為基礎的溝通外，我們更需要寬容的德性，即我們不一定要接受相對主義（沒有對與錯之分），也不一定要以非此即彼的態度來處理衝突。尤其當一些價值信念牽涉個別羣體的身分或屬於第一序次判斷（first order judgments；包括情緒反應和只針對個別態度與行為的判斷）時，我們就需要以另一種態度來處理彼此間的分歧。這所謂另一種態度，就是寬容。

寬容暗示，雖然甲方對乙方的行為持負面的立場，又或者甲方認為乙方的行為是錯誤的，而甲方又有權力阻止乙方的行為，但甲方卻願意克制其權力，選擇不去阻止乙方的行為，讓乙方繼續其生活方式。然而，有批評者擔心，寬容會帶來滑坡效應（slippery effect），即被寬容的事漸漸地會變為正常的事；甚至當這被寬容的事不被正常地對待時，就反被指為歧視。所以，批評者認為，第一步的讓步就是墮落的開始。例如，他們認為當下對同性戀的開放討論，乃源於一九九一年通過同性戀非刑事化所致。話說回來，批評者的擔心並非毫無道理，因為對他們來說，寬容只是讓步，表示寬容者的慷慨，而不是對被寬容者的尊重。所以，當寬容反過來威脅他們的權力時，他們就會停止寬容，因為寬容只是邪惡的代名詞。他們進一步說，社會絕不應對孌童行為寬容，也不應對暴力者的行為寬容。因此，可以寬容的行為需要有一定的準則。就此，密爾（John Stuart Mill）提出不傷害他人的原則。他說：

> 任何人的行為，只有涉及他人的那部分，才須順服社會。在只涉及自己的那部分，其獨立性是一個絕對的權利。對於他自己的身和心，個人乃是至高無上。[8]

然而，密爾的建議是建立在他所建立的公與私之上。其實，甚麼是公和甚麼是私，乃是不可以分割的。此外，霍倫巴赫

（David Hollenbach）提出寬容不會為社會帶來真正幸福，因為「寬容缺乏願景，以致它不能建設地運用寬容的倫理」。[9] 我們可以如何討論下去？

對此，加萊奧蒂（Anna Elisabetta Galeotti）提出中立式自由主義（neutralist liberalism）與完美式自由主義（perfectionist liberalism）對寬容的理解。簡單來說，中立式自由主義認為在公共領域中，政府不應對任何價值存有偏好。政府和政治組織不用教導人民甚麼是應追求的生活和究竟如何生活。中立式自由主義認為中立有助實現平等、不歧視和自由。因為：第一，我們沒有可能透過理性處理對美好的不同理解。第二，因對多元主義價值的肯定，所以，以中立理解寬容是必須的。第三，因為沒有一個人願意按他人對美好的理解來生活，所以，中立式寬容就是對公平的肯定。當下某些西方社會正以中立式自由主義的立場，指宗教不應參與社會，並認為政府絕對要與宗教分離。在這論述下，宗教已被定位為屬於私人的領域。我贊同寬容有助減少壓制的情況出現，但中立式自由主義只著重程序上的美好，但對美好內容的理解卻是空洞的。事實上，在中立式自由主義下，社會可以變得對人漠不關心，甚至對因羣體差異而受到不公平對待的人無動於中，因為政府不應就某事有偏好。

完美式自由主義則認為，自由的政治，只不過是透過寬容和多元主義，達成自主、獨立、自信和對他人的尊重等目的。換句話說，寬容不是最後的目的。例如，完美式自由主義贊同孩童需接受十一年的強迫性教育，而沒有以中立為由而不做任何事，因為強迫性教育有助孩童發展他們的潛能。甚至為了孩童利益緣故，完美式自由主義贊同禁止色情資訊接近他們。因此，在完美式自由主義下，一個寬容社會一方面要維護自由，另一方面也要有對美好的嚮往。在完美式自由主義下，寬容不是中立的，而是承認。承認，就是讓被寬容者的身分可以公開地被承認，即他可以以他當下的身分參與社會生活，而不是只限於在他的私人領域內。從這角度來看，完美式自由主義也是在傳統的自由主義之內，但卻拒絕將個人選擇放在私人領域裏。中立式自由主義不認為在公共領域內，政府要支持某一種看法，但完美式自由主義則持相反看法。以殘障人士為例，完美式自由主義認為，社會有責任要協助他們可以以殘障人士身分在公共領域內出現，而不是殘障者以個人身分在公共領域內出現。[10] 公共對差異的寬容，不只是為了增強個人的自由，而更是以一種社羣身分的參與，肯定參與者公共身分的合法性。[11]

完美式自由主義有別於社羣主義，因為它仍以個人的自由、獨立和自信為最基本。但它又有別於中立式自由主義，因為它承認人是在社羣中，即人與其所屬羣體的身分是分不開的。因此，完美式自由主義指出，我們不能只接納一位少數族裔人士，而不接納和承認少數族裔以公共身分出現。又如當尊重個人信仰自由時，這尊重也包括個人信仰自由以社羣身分出現，參與公共論域。以上邏輯也應用在同性戀議題上。

基督教倫理屬於道德實在論還是道德非實在論？不論你持甚麼態度，對真理的謙卑、對他者的聆聽、對多元的尊重，以及以「承認」來理解「寬容」等態度，都是基本的。這不只限於教會對社會其他羣體應採取的態度，也是其他羣體對教會應採取的態度。

延伸閱讀

Eisenstein, Marie A. *Religions and the Politics of Toleration: How Christianity Builds Democracy*. Waco, TX: Baylor University Press, 2008.

Markham, Ian S. *Plurality and Christian Ethics*. Cambridge: Cambridge University Press, 1994.

Netland, Harold A. *Encountering Religious Pluralism*. Downers Grove, IL: IVP, 2001.

Richardson, Henry S. and Melissa S.Williams, eds. *Moral Universalism and Pluralism*. New York: New York University Press, 2009.

第二部

是與非以外

6
道德判斷的懸置

■ ■ ■

我當怎樣行

自妻子因癌症離世後，阿明就要分別照顧兩個分別十歲和一歲的兒子。雖然阿明來港已有十年，但他和他的家庭在港並沒有建立穩定的社交網絡。因早前要照顧患病的妻子，他已辭去工作。現在，他要盡快找回工作，應付家庭的開支。就此，他已無奈地將那一歲的兒子送往國內生活，由親戚照顧。至於那十歲的孩子又如何？他很擔憂地說：「廚師工作時間很長。若真的做回本行，我根本沒有時間照顧我的孩子。再者，我不願意分開他們兩兄弟。」他跟我說：「我是否可以找一個國內女子來港幫助？若可以的話，我就可以接回在國內的幼子。不知這是否道德？」（按現時香港法例，國內人士不會獲發家庭傭工簽證。縱使這國內女子可能以親屬身分來港幫助他，而不以工資概念接受報酬，這只是一種鑽法律漏洞的做法。）

阿明所面對的掙扎，不只是一個個人不幸的遭遇，更是一個由不健全社會帶來的問題。意即，香港社會對這些單親人士缺乏足夠的支援，以致阿明落入維持生活和照顧家庭的掙扎中。當然，有健全的福利制度，不等於阿明就不需要面對生活的掙扎，但至少，某些生活的掙扎是可以避免的。對制度的批判是必須的，但在制度還未完善之前，我們又可以怎樣回應阿明的掙扎。當然，教會可以為他提供某程度上的支援，但阿明不一定願意接受教會的幫忙。此外，阿明可考慮離開香港，回國內生活，但其十歲兒子是否願意又是另一考慮。若阿明選擇留港，他的想法（找一個國內女子來港幫助）是否可接受？

這牽涉兩個問題：第一，這位從國內來的女子，是否真的可以解決阿明的困難，抑或製造更大的困難？（這是目的論所討論的。）第二，若這國內來的女子真的能解決阿明的困難，他是否應該這樣做？（這是義務論所討論的。）本文只集中討論第二個問題，因為若第一個問題是肯定的話，阿明仍要面對第二個問題。阿明本身很清楚知道，找一個國內女子來港幫手是違法的。當然，若這是惡法的話，違法就不是不道德，反而是道德勇氣的表現。公民抗命就是因著對道德的堅持，而不遵守不公義的法例。但阿明的遭遇卻與公民抗命有一段距離，因為不准許沒有持工作證的外地人士來港工作的法例，不是一條惡法，而是對本地工人和外勞的保障（例如，使他們不被剝削）。那麼，若要符合道德要求，阿明似乎需要打消他的念頭。但找一個國內女子來港幫手的做法是否真的不可接受？他是否可以在肯定當下法例精神的同時，而又可以合理地違反法例？

亞伯拉罕的經歷

以上的問題，使我聯想起聖經有關亞伯拉罕獻其兒子的故事（參創二十二章）。簡單來說，上主要試驗亞伯拉罕是否對祂全然的順服，故要求亞伯拉罕將他惟一的兒子作為祭物獻給祂。當亞伯拉罕準備下手殺他的兒子時，上主阻止他，並說：

> 你既行了這事，不留下你的兒子，就是你獨生的兒子，我便指著自己起誓說：論福，我必賜大福給你；論子孫，我必叫你的子孫多起來，如同天上的星，海邊的沙。你子孫必得著仇敵的城門，並且地上萬國都必因你的後裔得福，因為你聽從了我的話。（創二十二 16～18）

亞伯拉罕的經歷，帶出一個很嚴肅的倫理疑難，就是有關上主的命令與倫理的關係。問題不只是「將人當作祭物是否有問題」，更是在於在上主命令之下，人是否仍可以質疑上主的命令的合理性和道德性。明顯地，聖經作者傾向認為，人對上主的命令不應存有質疑，而只需要順服，不但因為上主命令必然是最好的，更是因為祂是上主，人只是受造物。再者，縱使在此刻，上主的命令是不可理喻的，但到最後，上主的命令都是為著人的好處，並為人帶來最大的好處。這正是亞伯拉罕的經歷。

亞伯拉罕的經歷帶出以下數個倫理問題：第一，高舉亞伯拉罕的經歷，容易把這經歷化約為一種不應對權威抱懷疑態度的順服。當順服成為德性時，人就失去對權力的批判力，甚至更協助鞏固權力，從此便犧牲了人的自主性。再者，對於一個操縱人民生活和思想的權力來說，順服的德性是它對人民有效控制的工具。這正是為何解放神學和婦女神學特別強調懷疑詮釋學（hermeneutics of suspicion）的重要。因為在懷疑詮釋學下，人才可以對已成為意識形態的社會規範和傳統進行批判，從而讓人可以自由地探討甚麼是幸福的生活。話說回來，順服是否邪惡，與德性無關？就此，侯活士（Stanley Hauerwas）提出順服（obedience）和遵從（compliance）之分別。[1] 他認為前者牽涉順服者的同意，而後者卻沒有。例如，權力可使人遵從，但它沒有能力使人順服。人之所以對別人順服，因為人相信他的權威，並因著這相信，人自願順服。因此，順服不是受權力控制下而發生的，而是建立在一種相互關係上。因此，對法律的順服是有別於對人的順服。前者可以算是一種遵從，而後者才可以算是順服。以亞伯拉罕的例子為例，亞伯拉罕對上主命令的順服，不是對命令的遵從，而是因著他對上主的相信和信靠而來的順服。侯活士將順服從遵從分別出來，有助我們能較正面地評價順服，但現實是，人與上主的關係很多時已淪為一種人與倫理原則的關係。上主不再是與人相遇的上主，而是「是非」和「對錯」的象徵。康德式倫理的「定然律令」（categorical imperative）就是一例。

第二，視上主的命令比一切命令更重要，將會帶來一些弔詭情況。首先，上主的命令是否決定甚麼是善惡，還是上主的命令只是認同客觀存在的善惡？若是前者，惡在上主的命令下也可以成為善（當然，這說法已假設已存在獨立的善與惡）。若是後者，上主就受制於客觀的善惡。柏拉圖的「尤西弗羅困境」（Euthyphro dilemma）充分將這矛盾表達出來。在亞伯拉罕的經歷中，上主的命令竟是將人作為祭物，並視之為一件美事。縱使到最後，上主阻止亞伯拉罕的行為，但若沒有阻止的話，獻以撒也是對的。因此，亞伯拉罕的經驗不是教導我們順服，反而提醒人需要對美善有獨立追求和思考。其次，上主的命令不一定等於操縱人，與人的自由作對，反而它可以讓人有勇氣挑戰不公義的社會規範和秩序。上主的命令比人的命令、法例，甚至倫理還要強，因為上主才是終極，而不是國家或某種秩序。聖經使徒行傳常表達「聽從上主，不聽從人」的邏輯，這成為教會對真理順服的基礎，並以此挑戰社會中的不公義。如何辨識上主命令的解放性和捆綁性，成為基督教倫理疑難之一。

第三，一個倫理判準不只是從當下來評定的，更在於未來。這裏所指的未來，不是效益主義式般從結果來評價倫理，而是指終末。例如，對上主吩咐亞伯拉罕將其兒子獻為祭物一事的道德判斷，不是單從這命令的內容和當下之含義來判斷的，更是從未來加以判斷。這未來就是上主阻止亞伯拉罕殺他的兒子，並賜福予他。以上的說法，似乎贊同若目的正確就可不擇手段，但這不是我的意思，因為未來不是關乎目的正確與否，而是一種仍待判斷的狀態。當然，仍待判斷不等於我們就不可以和不應就當下道德決定作出判準，而是當下的判斷不是最後的。

以上三個倫理問題，主要環繞亞伯拉罕的經驗來說的。阿明是否可以以上主命令之名而不守法？又或者他應該要順服上主的命令而守法？此外，我們是否不應只集中阿明當下的決定，因為對阿明決定的判斷是在未來、而不是在當下？然而，這些考慮仍是在道德範疇之下。我們是否有其他詮釋？讓我們再讀亞伯拉罕的故事。

不受道德規範的道德決定

亞伯拉罕的經歷是否屬於倫理範疇？若這不屬於倫理範疇的話，以上有關倫理的討論就不適用了。就此，祈克果（Søren Kierkegaard）提出倫理的目的之懸置（teleological suspension of ethical）一說。

在一八四三年出版的《恐懼與戰慄》（*Fear and Trembling*）

一書，祈克果以亞伯拉罕獻其兒子作祭物一事，提出信仰的倫理思考。他想藉此挑戰黑格爾（Georg W. F. Hegel）的倫理，即將宗教信仰化約在一個理性系統之下。在黑格爾理性系統之下，亞伯拉罕的經驗就變得不可理喻了，因為上主與亞伯拉罕的行動都是違反理性。然而，祈克果卻希望藉此指出，信仰的倫理比理性的倫理有更高層次。當然，祈克果提出倫理的目的之懸置，而不是否定倫理的價值。

當上主向亞伯拉罕說「將你的獨生兒子作燔祭」時，亞伯拉罕沒有跟上主爭辯，討價還價。此外，亞伯拉罕又沒有嘗試逃避上主的吩咐，反而他立即回應，帶著兒子往摩利亞。這似乎不是亞伯拉罕的性格，因為他曾就所多瑪和蛾摩拉兩城被消滅一事與上主爭論（參創十八章）。我們不禁要問：亞伯拉罕的順服是否代表他不愛他的兒子？若愛的話，他怎可能對上主荒謬的吩咐沒有一點抗辯？祈克果這樣回應：第一，正因為亞伯拉罕對兒子愛得很深，以致上主才吩咐他將兒子作祭物。第二，因亞伯拉罕相信上主曾對他的應許，成為萬國之父，而他的後裔是從以撒開始的。所以，他相信縱使兒子被獻上，上主總有祂的方法將他帶回來。所以，亞伯拉罕沒有像昔日般與上主爭辯。雖然如此，但在前往摩利亞的三天路程中，亞伯拉罕的矛盾只會不斷加深。祈克果以信仰的重複來描述這三天的亞伯拉罕。信仰的重複指出，信仰是透過時間而變得堅定和持久的。信仰是一個「成為」的過程，而不是「一次過」的。

祈克果以信心的躍跳來描述亞伯拉罕的信仰。躍跳與路徑不同，因為後者已存在連接，但前者是不存在連接的。躍跳代表一種裂縫的存在，並要以冒險的態度跨越這裂縫。信仰不是一個理性推論的結果，但不因此否定理性的重要。人需要信心躍跳才可以跳出理性的限制，進入實存性的信仰。祈克果以芭蕾舞者的躍跳來描述信心的躍跳。芭蕾舞者躍跳時之所以輕巧，只因多年來所接受的訓練。信仰的躍跳也是如此，沒有經過持久的體會，信心躍跳就變得不可想像。

對亞伯拉罕的故事作出分析後，祈克果提出三個問題。與本文有直接關係的問題是：「是否有倫理的目的之懸置？」按康德和黑格爾的理解，倫理必然是普遍性的。在普遍性之下，不同人的倫理都需要滿足倫理的普遍性。反諷的是，亞伯拉罕卻被稱為信心之父，但其獻兒子作祭物的行為，不能滿足倫理的普遍性。祈克果解釋，這只有在倫理的目的之懸置下，亞伯拉罕才可以被尊敬。否則，他沒有為兒子爭取福祉一事已使他道德破產。倫理的目的之懸置指在某些處境下，倫理的目的需要放在一旁。個人站在上主面前，比倫理的目的有更高價值。有更高的價值，不只是因為上主，更是因為那人站在上主面前。祈克果說：

> 信仰是一個弔詭，就是一個人以個人高於那普遍性……這位置是不可能透過中介達至的，因為所有中介只可以在普遍性中發生……那麼，它永遠仍是一個弔詭，一個不能參透的思想……亞伯拉罕的行動就是這樣的荒謬，因為他個人竟高於普遍性。這弔詭是不可能被中介……[2]

若有人將子女獻為祭是為了換取自己或社會更大的利益時，他們並沒有突破倫理範疇，因這只是一個倫理選擇而已，但亞伯拉罕卻不同。亞伯拉罕的選擇使他可能犧牲了他的家庭和民族，但卻沒有甚麼可以從中換取的。他的選擇只是為了一個比倫理的目的更大的非倫理目的，就是對上主的愛與順服。亞伯拉罕對上主的回應是關乎愛，而不是真理。真理所著重是知識，但愛卻強調真誠和信實。倫理的目的之懸置，拒絕將宗教隸屬於倫理領域，也拒絕將倫理的絕對性等於上主，這不是因為倫理的範圍不重要，而是因為在信仰之下，個人高於普遍性。事實上，只有對倫理的認識和嚮往，倫理的目的之懸置才有意思。亞伯拉罕之偉大是他個人的德性，而不是英雄所表達的道德德性。倫理的目的之懸置指出，倫理是個人的、獨特的和實存的，不可能完全被理性系統所決定。弔詭的是，倫理的目的之懸置是不可辯護的，因為它不被普遍性所決定，而是個人的。

話說回來，究竟是否真的有倫理的目的之懸置？列維納斯（Emmanuel Levinas）對祈克果之演譯很不滿意，並認為這是一種把暴力合理化的看法。他指出故事的高峯是亞伯拉罕停下來、聆聽那叫他不要殺這孩子的聲音。[3] 相反，德里達（Jacques Derrida）對亞伯拉罕的選擇沒有任何困惑。他認為在責任倫理下，犧牲是必然的。因為我對某人有責任，於是就不可能對所有人有同樣責任。換句話說，我犧牲了其他人。他說：「以撒被獻是每日責任的經驗。」[4]

當討論倫理的目的之懸置時，我們要知道《恐懼與戰慄》這書不只是討論倫理與信仰的矛盾，更是藉此帶出祈克果對基督教的看法。一方面，他要突破倫理對宗教的限制，以致讓基督徒可以自由地回應上主；另一方面，他要指出上主也以倫理的目的之懸置來對待人，即祂對人的愛超越人應受懲罰的要求。上主的恩典不是在倫理範疇下可以被理解的，因為恩典已將審判懸置了。「或許，每當上主寬恕我們時，就存在倫理的目的之懸置。恩典使我們有能力不只從倫理角度看我們自己。」[5] 在恩典之下，我們看自己不再是要實現某一理想，而是滿心感謝地表達，我們是恩典之下的禮物。這是新的倫理。我認為在對上主恩典的理解下，我們才不會將祈克果所提出倫理的目的之懸置，仍放在倫理的範疇下討論。也在上主恩典之下，我們對人和自己的判斷多了一層體諒和接納。

阿明的選擇

阿明是否可以找一個國內女子來港幫手？縱使他最後選擇這樣做，我不會反對，也不會舉報，因為當下的法例只針對社羣，而不能回應他個別的需要，甚至只針對國內人士。再者，他的選擇不是要逃避雇主的責任，而是嘗試努力承擔做父親的責任。在這裏，我不是討論阿明對其兒子的責任高於對社會的責任，而是他可能面對由兒子、甚至由已離世妻子而來的更高的召喚。這召喚是個人的、實存的，也是個人德性的。雖然如此，但阿明並非因而可以聘用一個沒有工作證的國內女子而免被起訴，因為我們仍逃不出一個倫理的世界。有人為了不犯法，願意在規範之下生活；但法律與道德不是最高的，以致我們需要體會上主恩典的寶貴。話說回來，若我在阿明的類似處境下，我的選擇跟他會否一樣？一方面，這是個人的，不可能重複；另一方面，倫理決定離不開道德運氣（moral luck）。

未討論道德運氣之前，讓我再就道德判斷的懸置作出補充。相對於亞伯拉罕，阿明的選擇是否可以被視為信心的躍跳？第一，上主是亞伯拉罕信心躍跳的對象，這可保障他信心的對象不是錯誤或邪惡的。沒有上主，人的信心對象可以是希特勒（Adolf Hitler）。第二，亞伯拉罕信心的躍跳不關乎自己的利益，他從中沒有得到任何方便。至於阿明，他可以選擇回國內生活，不一定需要留港。所以，道德判斷的懸置只是藉口而已。我沒有企圖將阿明的遭遇與亞伯拉罕等同，但亞伯拉罕的遭遇不只限於宗教層面，更可以類比形式在日常生活世界中加以引用。這使我想起那些參與公民抗命的人。例如，那些捍衞皇后碼頭的人，他們代表著對香港的承擔，並甘願不遵守法律，佔據社會空間，與政府對抗。或許，阿明的經驗太個人化了，缺乏社會意涵。雖然如此，但問題是：為何一個宏大論述可以窒息個人論述。再者，對一個小市民來說，他對道德判斷的懸置的體驗是很個人的。這豈不也是亞伯拉罕的經驗嗎？換句話說，亞伯拉罕的經驗本是個人的，但被猶太人所記述，並奉為典範——即順服上主，而不順服人的傳統。阿明的經驗帶出規範的限制和不足，以致我們需要考慮其他方法去理解道德和價值。

延伸閱讀

Alastair Hannay and Gordon Daniel Marino, eds. *The Cambridge Companion to Kierkegaard*. Cambridge: Cambridge University Press, 1998.

S. Kierkegaard, *Fear and Trembling; Repetition*. Princeton, NJ: Princeton University Press, 1983.

7
道德運氣

■ ■ ■

我當怎樣行

志文興奮地跟牧師說：「我已成功找到一份當私人司機的工作。月薪有一萬三千元。相對於我現在月薪只有九千元的工作，實在值得感恩。」志文是一家四口的經濟支柱。（按當時生活指數，一個四人家庭總收入不高於一萬四千元，就符合資格申請公共廉租屋。公共廉租屋是為低收入人士而設的。）他繼續說：「牧師，請你為我要成功辦一封證明信和新工作祈禱。」對他的要求，牧師感到有點奇怪。志文解釋：「新公司要求我呈交一封前雇主證明信，證明我有兩年當私人司機的經驗。我沒有這經驗，但在國內，要弄一封證明信不是一件難事。事實上，面試時，他已看過我的駕駛技術。所以，這證明信只是手續而已。」牧師回應說：「這是一種欺騙。」志文望著他，沒有話說。

他們也不知如何談下去。

若你是那位牧師，你會如何為志文祈禱？你會為他成功辦一封證明信祈禱，還是求上主改變志文的想法？牧師感到為難之處，在於志文的要求關乎不誠實的行為，但同時，志文卻面對沉重的經濟壓力。牧師可以很直接說「不要做假文件」，但承擔經濟壓力的卻是志文。牧師可以很巧妙地說「我會為你成功受聘祈禱」，而對假文件一事隻字不提。但這做法是否違背牧師作為牧靈者的責任？或許，當下的掙扎者不是志文，而是牧師。話說回來，我們不知道倘若志文向雇主坦白承認沒有當私人司機經驗的話，他會否被聘用，但志文沒有向雇主說出真相，似乎已暗示了相關的工作經驗，與其被聘用與否是有直接關係的。這帶出兩個問題：第一，志文偽造一封證明信的做法，對其他申請者並不公平。其他申請者有可能都有與志文同等水平的技術，但不同之處，可能只在於他們沒有相關經驗。反駁者會說，偽造一封證明信是很普遍的事，每一個人都是這樣的。再者，這證明信是在一切考核之後才被要求的。換句話說，最重要的是駕駛技術，相關的工作證明只是一種手續，而沒有實質意義。第二，志文的做法對雇主不公平，因為雇主在受騙下聘用了他。對雇主來說，駕駛技術固然重要，但受聘者是一個甚麼樣的人同樣重要。反駁者卻說，要求這證明只是對勞動工人不公平，因為這是單向的。現實是，受聘者沒有能力反抗，只有聽從。反駁者的論點是藉口還是合理的理由？雇主的要求又是否不合理？

當要澄清以上問題時，我又想起另外一組問題，就是有關道德運氣（moral luck）的問題：第一，志文的決定跟他的處境很有關係。他是家庭的經濟支柱，而每月多四千元收入將對他的家庭很有幫助。他意圖偽造文件一舉，不只是一個對錯的問題，更關乎他缺乏道德運氣，以致他沒有太多選擇而不做這事的自由。第二，縱使他可能因這假文件而獲得這份工作，但若果被揭發、而又因此失掉這工作的話，他的情況可能更糟糕。這就關乎他的道德運氣如何。本章嘗試從道德運氣討論志文的處境。

道德運氣

對於道德生活，康德（Immanuel Kant）有這樣看法：

> 一個好的意志是好，不是因為它可以達到某些目的，而是因為它的意志是好，即它本身是好。當這好的意志是從好來考慮時，它就比其他事物更崇高，不論其他事物是支持某些傾向或一切傾向的總和。縱使一些特別不幸的命運或如後母般的小氣使這意志缺乏能力去成就它的目的；又縱使最大的努力也不能成就甚麼，好的意志仍會留下。它就像一顆寶石，自己發亮，並有自身的價值。[1]

康德認為，道德運氣並不構成對一個人的道德選擇和道德責任的影響，因為結果不是最重要的。最重要是那道德律（moral law），它不受其本身所帶來的結果影響。例如，當面對是否向一個殺人者說出被追殺者匿藏的位置時，康德的回應是要說真話。[2] 外在環境並不構成人對道德責任的影響。對於這種「定然律令」，強調道德運氣的內格爾（Thomas Nagel）卻有不同看法。內格爾認為，道德與運氣有必然關係。若這關係確立的話，我們對人的道德責任就會有不同評價。簡單來說，道德運氣是：

> 在一個人所做的事中，他主要受不可控制的因素所影響，

> 而我們繼續以此看待他的道德判斷，這就可以被稱為道德運氣。不論這運氣是好還是壞。[3]

運氣就是一個不能預測和不受控制的事，而這運氣之成為道德運氣，因為它影響人在道德上的結果和個人的德性。內格爾舉例說：同樣是一個醉酒駕駛的人，一個撞死了正在橫過馬路的路人，但另一個卻沒有，因為在他開車的路段，沒有遇上人橫過馬路。縱使醉酒駕駛是不對的，但運氣對他們的道德責任卻有決定性的影響。前者要為他的醉酒駕駛和導致他人死亡一事受罰，但後者卻不需要。[4] 另一個例子：當一個專業人士決定放棄他的事業（例如：醫生），投身於服務低下層人士而受到稱讚、甚至為社會帶來貢獻時，這也可能牽涉道德運氣，因為他沒有太大的家庭責任。相對來說，縱使他願意，但因他是家庭的經濟支柱，因而沒有放下他的工作，投身於服務低下層人士。那麼，若前者因他的服務而受讚賞的話，這只不過是他有更好的運氣，而後者卻沒有。道德運氣不但指出它影響一個人的道德抉擇，更指出道德不純是一個理性選擇，而是受很多不受控制的因素影響。

就著道德運氣對道德判斷的影響，內格爾提出有四方面：

1. 結果的運氣，即在一個人於行動中的運氣。例如，面對一個殘暴的政權，他正考慮是否發動革命，推翻這政權。若果革命不成功，這殘暴政權將會更殘暴地對待人民；相反，若成功的話，人民就可以得自由。問題不只是他發動革命是正確與否，革命的成功與否更會直接影響他如何被評價。再者，甚麼樣的結果，更決定了他會否獲得應有的尊重。這一切與運氣有關，因為革命這行動存在很多不可控制的因素。

2. 處境的運氣，即一個人所身處的形勢的運氣。例如，一個參與希特勒（Adolf Hilter）屠殺猶太人的德國人，是否比一個身處德國境外、但也認同希特勒政策的德國人更不道德？問題可能只是前者沒有後者這麼有運氣，因為他身處德國，就要承擔屠殺的責任。換句話說，倘若那時身處德國境外的德國人在本國的話，他也可能要承擔同樣的道德責任。處境的運氣決定一個人的道德責任。
3. 因果的運氣，即一個人的運氣受他身世和歷史影響。因果運氣有點像處境運氣，但對因果運氣的討論，比較傾向將之放在決定主義與自由意志的範疇下討論。事實上，一個在富裕家庭出身的人與一個在貧窮家庭出身的人，因著不同的背景，他們對道德判斷會有不同取態。此外，也因著背景不同，他們也會受到不同的對待。例如，一個有良好家庭背景的犯罪者，會獲得法官較大的同情。
4. 構成的運氣，即一個人的傾向、能力和性情。這不關乎人要成為一個怎樣的人，而是你是這樣的人。例如，一個同性戀者會因其同性戀傾向而不能獲得平等的機會，但他的性傾向是不可改變的。此外，一個人的性格直接影響他對問題的態度，而這性格可能會影響他如何被接待和遇上甚麼機會。

我們不能否認運氣對道德的影響，但這影響究竟有多大，以及這影響是否足以忽視人的責任，就成為討論核心。就著道德運氣，我要提出三個問題。第一，運氣與個人責任。按著對道德運氣的理解，人不需要就由運氣而帶來的道德負責任，因為運氣是不受人控制的。事實上，沒有人是在完全自由下作出選擇的，但不因此表示，人就可以以道德運氣淡化他當下的道德責任。弔詭的是，當運氣扮演如此重要的角色時，人就不可能稱為道德人，德性就變得沒有價值，而我們也不能稱讚人的德性。第二，道德運氣的概念建立在目的論之上。意即，因為結果對人是如此重要，所以，道德運氣嘗試疏解人要負上甚麼程度的責任。我不否定結果的重要性，但當結果不是最終決定人的道德之因素時，我們就不需要為道德運氣完全開綠燈。第三，對道德運氣抱持懷疑的態度的同時，我們又深深體會「人在江湖，身不由己」的真實性。當人是不能不身在江湖時，我們就避不開考慮運氣的問題。這不是要為自己找開脫的借口，而是讓那些沒有我們這樣幸運的人，可以在免受不必要的批評下、並在他們可動用和發揮的資源下，過負責任的生活。這是我對道德運氣最基本的關注。我贊同康德對道德價值的高舉，但也極之擔心，當人站在這道德高地之上時，便容易失去對人的處境之同情，因為個人的獨特處境被否定了。我認為道德運氣就是嘗試體諒人的限制，而不是為人找開脫的借口。那麼，我們如何看待人的有限與責任、被動與主動？

在繼續討論前，讓我先澄清一個問題。對很多基督來說，道德沒有運氣可言，不是因為堅持康德的道德律，而是因為在上主掌管的世界下，何來會有不受控制的運氣？例如，在上主掌管下，足球比賽只有實力比拼，沒有運氣可言，因為賽果已由上主決定和被上主排除一切不受控制的因素影響比賽。第一，我相信比賽的球員和球迷都不會接受上主預定賽果。再者，上主也不會預定賽果，因為當生活失去驚喜時，生活就像一部機器，只按常規運作。生命的驚喜不只是基於發現，更是因為不按規律的。第二，上主不可能排除一切運氣因素。例如，相對於亞洲地區，歐洲國家的足球聯賽發展本身，已令這些國家在世界杯比賽中佔上風。這是歐洲國家努力的成果還是運氣？雖然生活世界存在運氣，但足球員只管踢好每一場比賽，並接受非戰之罪。

接納自己才是基本

運氣是重要的，但運氣又絕非我們控制範圍之內。否則，它就不是運氣。那麼，我們如何回應這樣的道德生活？我們應否減少對人道德責任的要求，還是繼續堅持個人道德責任？或許，志文請牧師為他祈禱，就是想透過比運氣本身更大的上主給他有更好的運氣，以致他可以逢凶化吉。然而，運氣始終是運氣，不受我們控制。所以，面對道德運氣一事，我認為接納自己比討論責任更為合適。接納就是承認自己的限制，但同時，也接納別人的限制，並在限制之下，肯定人的主體性。

在此，我聯想起耶穌與被捉拿的淫婦之相遇（約八 1～11）。從道德運氣的角度來說，在行淫時被捉拿的婦人的運氣實在很差。第一，在結果運氣方面，其他行淫時的婦人沒有被捉拿，但她卻被捉拿。又縱使有人同樣被捉拿，但他們不需要在眾目葵葵之下被審問。第二，處境的運氣也好不到那裏，因為若不是要針對耶穌，文士和法利賽人就可能不會公開審判她。為了對付耶穌，被捉拿的婦人就成為兩股勢力的犧牲者。第三，她本身的運氣也幫不上忙。例如，因為出身不好、經濟環境也不好，以致她可能沒有選擇不成為淫婦的可能。她個人的性情使她不但沒有勇氣公開與指控她的人對質，更成為代罪羔羊。反過來說，她是否運滯？反對者說，她的運氣卻因與耶穌相遇而改變了。若不是遇見耶穌，她可能已被人用石頭打死。若不是遇見耶穌，她不會有重新做人的機會。所以，她是一個走運的人。不論我們用好運還是衰運解釋她的際遇，在道德運氣下，她只是一個客體，稱不上是一個道德人。所以，反對道德運氣者的理據就變得重要。縱使被捉拿的感受和在眾人面前被審的感覺不好，這婦人也應為此感謝，因為她是一個道德人，可以為自己所做的負責任。強調責任不是要滿足道德律，而是肯定人的道德性(留意：責任不是關乎結果，而是關乎對生命的實現)。從這角度來看，當耶穌向她說「不要再犯罪」時，這不是針對她的行淫行為，而是一個對她作為主體性和道德人的肯定。因為只有人有能力犯罪和不犯罪、為所犯的罪負責任時，她才是徹徹底底的道德人。再者，若「不要再犯罪」是針對道德行為時，誰人可保證自己不再犯罪呢？縱使她真的再犯罪，但她所希望的，不是她會有好運氣，而是想起自己是一個道德人。

一九〇七年諾貝爾文學獎得主吉卜林(Rudyard Kipling)寫了一首詩，名為《湯林新》(*Tomlinson*)。內容大致描述湯林新死後，他便到了天堂的門口，但被拒諸門外，因為他一生從沒有做過一些其他人沒有做過的好事。他一生只是仿照別人的生活而去生活，他的人生是一種「二手式」的人生。又當他去到地獄門口，魔鬼也拒絕他進入，因為他的犯罪行為，也只不過是抄襲別人的行為而已。他沒有自己的生命，只是別人生命的倒影。最後，魔鬼趕他回到地上，並囑咐他再活一次，證明自己是配入地獄。吉卜林的詩可能給人一個印象，就是不要介意上天堂還是下地獄，而最重要就是做回自己。因此，「一個真誠犯罪者比一個虛假上天堂者更值得嚮往」的邏輯就成立了。然而，這只說對了一半，因為一個真誠上天堂者比一個真誠犯罪者更值得嚮往。

話說回來，究竟哪一個解釋才是對這婦人經驗較恰當的理解？坦白說，我們不可能排除道德運氣的可能；同樣，也絕不能漠視人的責任。雖然如此，但我認為問題的核心，不是運氣與責任的辯證，而是接納。第一，這婦人的經驗關乎對她自己限制的接納，這主要是她的不幸。接納自己的限制就是不為自己的錯誤、甚至遭遇找借口開脫。接納自己的不幸，不是將不公義合理法，而是在追究責任時，不怨天尤人。只有如此，人才可以走出決定論，因為對自己的接納正是行使自由。第二，這婦人的經驗關乎耶穌對她的接納。耶穌沒有討論她是否真的行淫，而是對她無條件接納。事實上，聖子的道成肉身與受害已反映出祂對有限的人之接納。在無條件被接納下，道德運氣已不重要了；同樣，承擔不了的責任，也不再成為一種壓力。接納不但包括諒解，也反映對人性的相信和肯定，以致被接納的經驗，可以成為這婦人接納自己的限制的基礎。

然而，對於康德論支持者而言，強調接納並不太受歡迎，所以，他們傾向強調耶穌向她說「不要再犯罪」的「再犯罪」。他們認為，在這理解下，耶穌的接納才不會變為一個不受道德約束的接納。就此，我有兩個回應。第一，「不要再犯罪」不是被接納的條件。換句話說，接納可以獨立存在，而犯罪者仍可以繼續犯罪。至於犯罪者是否濫用被接納的恩典，這是另一回事。第二，「不要再犯罪」不是從一個道德規範來理解的，而是要肯定人的主體性，就是人可以創造自己的生活（包括不再犯罪）。我認為人被肯定是人，往往會比人是否符合道德要求來得重要。所以，在肯定人的主體性時，接納比道德運氣和責任更為基本。

志文的選擇

志文是否應該不做假文件？這是肯定的，他不應該做假文件，不僅是因為這可能會帶來更壞的結果，更因為這是不對的。然而，他的際遇又使我對他做假文件一事有多一點同情和體諒。當然，同情沒有驅使我以道德運氣為他開脫，而只是讓我明白到，運氣對一個人的道德決定有一定的決定性和影響力。我會接納他的限制，但也會鼓勵他做一個道德人（不只是不犯罪，而是不怨天尤人，為自己所做的事負責任）。接納不是將他的行為合理化，而是相信他可以接納自己的限制，並在此有限性中，可以做得更好。志文的遭遇只是「人在江湖，身不由己」的縮影。在道德運氣與責任的徘徊中，被接納和對自己限制的接納，成為被困之人的盼望。在當中，他找回身為道德人的勇氣。

延伸閱讀

Browning, Don S. *Christian Ethics and the Moral Psychologies*. Grand Rapids, MI: Eerdmans, 2006.

Pinches, Charles R. *Theology and Action*. Grand Rapids, MI: Eerdmans, 2002.

Porter, Jean. *Moral Action and Christian Ethics*. Cambridge, NJ: Cambridge University Press, 1995.

Statman, Daniel, ed. *Moral Luck*. Albany, NY: State University of New York Press, 1993.

8 情感與德性

■ ■ ■

情感主義

我們原曉得律法是屬乎靈的，但我是屬乎肉體的，是已經賣給罪了。因為我所做的，我自己不明白；我所願意的，我並不做；我所恨惡的，我倒去做。若我所做的，是我所不願意的，我就應承律法是善的。既是這樣，就不是我做的，乃是住在我裏頭的罪做的。我也知道在我裏頭，就是我肉體之中，沒有良善。因為，立志為善由得我，只是行出來由不得我。故此，我所願意的善，我反不做；我所不願意的惡，我倒去做。若我去做所不願意做的，就不是我做的，乃是住在我裏頭的罪做的。我覺得有個律，就是我願意為善的時候，便有惡與我同在。因為按著我裏面的意思〔原文是人〕，我是喜歡上帝的律；但我覺得肢體中另有個律和我心中的律交戰，把我擄去，叫我附從那肢體中

犯罪的律。我真是苦啊！誰能救我脫離這取死的身體呢？（羅七 14～24）

保羅的經歷成為我們很多人的寫照。對保羅來說，這掙扎不是來自律法，而是來自良善的我與邪惡的我之對立。我們如何理解和控制在我裏面那邪惡的我？又如何認識和培育這良善的我？縱使不同的基督教傳統對此有不同看法，但大體上，他們一致認同這邪惡的我不可能在當下完全消失。這正是馬丁．路德（Martin Luther）的名句：「我是罪人，也同時是義人。」（*Simul Iustus et Peccator*）

傳統上認為，這邪惡的我往往會被聯想為情感，因為情感是最容易受外在環境影響，它亦是反覆不定的；相反，良善的我就是理性。例如，每次有衝突發生時，我們總聽見有人說：「要理性討論。」這話似乎暗示情感沒有理性那麼可靠。更重要的是，感情容易使人做出「不理性」的行為。按上述的理解，情感已被假設為負面的東西。但甚麼是理性？理性是否只是一種社會規範？情感是否不可信？例如，當知道緬甸政府不按理地繼續軟禁昂山素姬（Aung San Suu Kyi）時，我感到憤怒。這憤怒應是一種情感的理性，但不是不理性的表現。理性帶來對事件較客觀的分析，但倘若沒有情感的表達，理性只會變得冷漠。然而，情感不純是一種情緒表達，因為情感亦推動人要對事物有所理解。就此，我想起福柯（Michel Foucault）對瘋癲的理解，即瘋癲是被理性創造出來的，為的是要保護理性。同樣，情感本屬於理性，但卻被獨立分別出來，為要滿足理性背後之設計者的目的，即情感是次等的。明顯地，到中古時代，情感被看作為慾望的同義詞，即一種自我中心和自我吸納之意。當時羅馬天主教傳統對七宗罪的理解，正是針對人因情感帶來的情慾，使人遠離理性，只按情慾行事。相反，當它強調信、望和愛時，這些德性卻被列為理性範疇。但現實是，情感不是如此墮落，因為沒有情感的投入，理性的分析並不必然成功推動一個人行善。因此，在倫理學上，尤其對德性倫理而言，情感是一個重要的課題。先讓我們對以情感為核心的情感主義（emotionalism）作一分析。

斯蒂文森（Charles L. Stevenson，1908～1979 年）是近代情感主義的倡導者之一，按他的理解，言語可分為描述言語（描述或言說人對所描述的事的相信）和命令式言語。例如，「林肯是美國總統」，這是屬於描述言語，而不是命令式言語。然而，有一些言語屬於情感的表達。例如，「林肯萬歲」。按這一理解，情感主義認為道德言語不屬於描述言語，而是一種情感言語。有別於主觀主義，情感主義不是表達它對某事的態度，而是一種不帶事實性的感受。例如，一個主觀主義者反對種族平等，反映他不贊同種族是平等的，但一個情感主義者不贊同種族平等，卻沒有加以說明，而只說：「黑人，去死吧。」主觀主義者還可能會因有較佳的理性而改變自己的態度，但這不會是情感主義者的態度，因為他的感受是按他對事物的感受而來的。

因情感主義不牽涉對事物的立場，所以，我們不可以用對與錯來評價它。因此，情感主義容許對同一事物有多種可能的反應，而我們的不同只是情感上的不同而已。當倫理被視為以最好的理性作判斷時，情感主義卻挑戰這一基本態度，因為情感主義不需要就它的選擇提供理由。情感主義者指出，一個人對事物的態度，乃受他本人對事物的情感所影響，但倫理理性卻傾向排除這一傾向。

情感被拒於道德之外，不但因為它缺乏理性依據，更因為它容易走向一種自我主義。但問題是：我們的道德生活真的可以完全由理性決定嗎？我們可以完全不帶情感看事物嗎？更重要的是，情感是否一定會扭曲我們的理性？還是它可以讓我們可從另一層面認識事物？情感是否只可以情感主義的形式出現？

另一方面，情感給人的印象是它傾向一種道德特殊主義，即情感使我們看每一處境都是獨特的。雖然如此，但現實世界確是如此複雜，不考慮世界之複雜性、而只顧那不變原則的倫理思考，是不完整的。例如，我們可以討論饑餓問題，但不帶情感的討論，只會將饑餓問題扭曲了，因為討論者看不見人，只看見問題。再者，正義離不開情感，正義更要有情感的投入。若沒有感情投入的正義，這不算是正義，因為這可以只是一種機械式反應。情感所引申的一種道德特殊主義，不是要求我們不遵守原則，而是不希望抹殺人的獨特性。這是女性主義所強調的經驗。道德的理性思考不只是對某一事件的資料掌握，更關乎對我們所看的作一道德的關連，而這一關連是不可能沒有情感投入的。就正義一事上，我們總想起正義女神泰美斯（Themis）。她蒙上眼睛的形象，暗示一種不偏不倚、不被人左右的態度。這代表法律的公正。我完全明白公正的重要性，但若公正只等於按規則行事，公正也會帶來悲劇。

二〇〇八年，有一位被送到明愛醫院門外而心臟病突發的人，他的兒子立即跑入醫院，要求院方派人照顧其父親。接待員按章程辦事，建議他撥緊急電話，召喚救護車，因為醫院醫生的負責範圍，只限於醫院之內，而不是醫院之外。事後，醫院和接待員受到公眾嚴厲的批評。令人吃驚的是，醫院發言人最初的回應是醫院的做法沒有錯誤，因為接待員已跟足指引辦事。這事反映正義不只是按照程序而行，更要有感情投入，甚至要有勇氣跳出既定的程序。只有情感才可以突破理性的框框，回復人性。就此，姬莉根（Carol Gilligan）提出關懷倫理（ethic of care）一説。她的研究發現，男性與女性的道德理性並不一樣。[1]簡單來説，女性相對地看重關係，強調同在感和憐憫、願意聆聽和承認關係的易碎性。雖然女性明白道德規則的重要，但她們一般更有彈性地遵守這些規則。就此，姬莉根稱那強調關係和回應個人需要的倫理為關懷倫理，而那強調遵守規則的為正義倫理。雖然如此，這並不代表男性必然傾向正義倫理或女性必然傾向關懷倫理。那事件中的接待員就是女性。

按姬莉根的理解，正義倫理倚賴規則的系統，讓人可以在不同場景應用，從而可以得到一個公平和平等的決定。在這系統下，每一個人都要遵守這規則。相反，關懷倫理則強調在關係中的責任。因為在關係之中，人就不可能抽象地應用規則。我們需要對個別的獨特性有所認識和加以關心，以回應當下的處境。所以，不偏不倚並不是關懷倫理的關注。這兩種倫理所不同之處，不在於道德關心的對象之不同，而在於他們如何理解道德問題，並如何作出道德思考。由此看來，這位接待員和醫院所缺乏的，不是正義倫理，而是由情感培養出來的關懷倫理。

德性倫理

理性與感性之所以得到辯證性發展而不是互相對立的，乃在於德性。這也是亞里士多德（Aristotle）的看法，即德性讓人懂得恰當地處理情感與理性。簡單來説，德性倫理（virtue ethics）屬於一種目的論倫理，因為它關心甚麼是人本質的目的。麥金太爾（Alasdair MacIntyre）解釋，德性是將人從「人就是如此」分別出來，並肯定人若實現他的目的（*telos*），德性便可以讓他實現他作為人的目的。[2]在探討這轉變之餘，德性倫理亦會批判某些使人不能實現他目的的行為、傾向和習慣；與此同時，德性倫理也會鼓勵某些行為、傾向和習慣。相對於德性倫理，情感主義只關注人就是如此，而不需要改造甚麼。話說回來，我們如何決定甚麼是人的目的？或怎麼樣的德性可成全人的目的？例如，若說這是一輛好的汽車時，我們背後已假設了一套標準，以決定甚麼是一輛好的汽車。又如若說他是一位好老師時，我們也有對好老師的標準。從目的論倫理來說，我們需要從汽車的功能、目的和角色決定它的好壞。同樣，我們也以老師的功能、目的和角色決定他的好壞。一方面，「好」本身是處境性的；另一方面，「好」本身受所屬社羣影響，所以，不同社羣對「好」的理解存在著差異。雖然如此，這不等於我們沒有基礎討論甚麼才是好的，因為我們都是對美善的追求者，所以，聆聽和自我批判是任何德性之基本。然而，知道甚麼是好的，並不是德性倫理的主要關懷，如何可以達至「好」才是重點。後者不純是一個理性的課題，更是一個全人生命的課題。

要明白人的目的，我們需要透過別人的行為來認識。如前文所說，「好」是在一個處境中表達出來的，所以，沒有相對應的行為將「好」展現出來，我們對「好」的理解將會是含糊的。此外，德性不只是一個工具，更是目的本身。例如，若行公義可實現人的目的，人必然也是一個行公義的人；否則，他的行公義只是一種外在表現，而絕不能說是好的。這就是為何德性跟品格總是分不開的。德性集中於對某種德性的探討，而品格往往指一個人的整全性。德性不只包括理性，也包括情感，因為理性和感性都有助將人的目的實現出來。如何將理性和情感配合在德性之中？就著這點，高曼（Daniel Goleman）說：

> 若對理性與感情有好的處理，我們的情感就有智慧。情感

> 引導我們的思想、價值和生存。但同時，它也可以容易引導我們走偏，且時常也是如此。如亞里士多德所說，問題不是情感及其表達，而是我們如何將智性帶進感情、將文明帶進世間，以及將關愛帶進共同生活。[3]
>
> 任何人都可以發怒，這是一件很容易的事。但要有正確原因、正確程度、正確目的和正確方法，這就不容易了。[4]

以勇氣為例，它關乎一種情感，但要具體了解甚麼是勇氣，就需要從一個有勇氣、並實踐勇氣的人身上認識和向其學習。從這人的實踐中，我們不但學會了如何演繹勇氣，更辨識如何處理理性和情感在勇氣中的互動。所以，對亞里士多德來說，德性之所以實現，在於對中庸的掌握，即如何不陷於衝動或膽怯，而表現出勇氣；如何不陷於放縱或無慾，而表現出節制等等。中庸即不走極端，但這不走極端卻需要放置在不同的場景中理解。雖然亞里士多德認為情感需要受理性控制，但他沒有排除情感對德性的重要性。

情感的上主

為要維護上主的獨特性，教會傳統傾向排斥上主的情感，因為只有這樣的上主，才可以超越初期教會時期的希臘神觀。例如，奧古斯丁（Augustine）解釋，聖經中有關對上主情感的描述，是來自人的言語之限制，人用他們因情感推動他們的行為來描述上主。在中古時期，亞奎那（Thomas Aquinas）更說：「當情感用在上主或天使身上時，這描述仍是意志的行動，有如那些由情感而產生同樣的結果，但事實上，他們的行動不是由情感導致的。」以下，我試從創世記三章 14 至 21 節，探討那具情感的上主。

> 耶和華上帝對蛇說：你既做了這事，就必受咒詛，比一切的牲畜野獸更甚；你必用肚子行走，終身吃土。我又要叫你和女人彼此為仇；你的後裔和女人的後裔也彼此為仇。女人的後裔要傷你的頭；你要傷他的腳跟。又對女人說：我必多多加增你懷胎的苦楚；你生產兒女必多受苦楚。你必戀慕你丈夫；你丈夫必管轄你。又對亞當說：你既聽從妻子的話，吃了我所吩咐你不可吃的那樹上的果子，地必為你的緣故受咒詛；你必終身勞苦才能從地裏得吃的。地必給你長出荊棘和蒺藜來；你也要吃田間的菜蔬。你必汗流滿面才得糊口，直到你歸了土，因為你是從土而出的。你本是塵土，仍要歸於塵土。亞當給他妻子起名叫夏娃，因為她是眾生之母。耶和華上帝為亞當和他妻子用皮子做衣服給他們穿。

根據傳統的解釋，這故事就是人類犯罪而導致上主懲罰人類。上主與人類的關係，頓時變成一種審判者和被審判者的關係。同時，上主也在這過程中，被塑造為一位只懂頒布律法和執行律法的上主。縱使人類選擇順服上主，但上主與人類之間的感情，仍離不開一種恐懼緊張的關係。當耶穌基督教導我們禱告、說「我們在天上的父」時，便發現那位我們認為高高在上、每時每刻在監視我們、並不吝惜頒布命令的上主，原來是我們的父。究竟我們的天父是怎樣的一位父？根據浪子的比喻，我們的天父絕對不是一位事事計較、不容許人犯錯的上主。若是這樣，為何創世記第三章所描述的上主，竟是如此不容許人犯錯呢？

從上述那段經文，我們發現其中包括兩類不同的懲罰。第一類是從上主而來的懲罰（創三 15 ～ 16），第二類是錯誤本身帶來的懲罰（三 14、17～19）。這兩類不同的刑罰，說出犯罪的可怕不只在於犯罪者會被懲罰，也在於犯罪本身會帶來可怕的懲罰。我認為犯罪最大的刑罰，就是來自犯罪本身。否則，我們只會向懲罰者苦苦求情不要罰我們，因為刑罰來自他，他就可以決定是否放棄追究。又若他不肯的話，我們甚至反指控懲罰者缺乏寬恕的量度。因此，懲罰來自犯罪本身便有其十分重要的意義了。那就是，縱使別人不懲罰我們的罪，我們自身的罪已懲罰了我們。事實上，這樣對懲罰的解釋並不難明。性濫交最大的懲罰不一定是被人揭發和被報導，而是性濫交對自身人格和身體所帶來的懲罰。不誠實的最大的懲罰，不一定就是被人揭穿，而是不誠實成為不誠實者本身，即他只可活在不誠實之中。或許，你們會反駁說，這樣的看法不一定成立，因為犯罪者可以連一點內疚也沒有。那麼，犯罪本身何來成為對犯罪者最大的懲罰呢？弔詭的是，人類最大的悲哀，莫過於他連最基本的內疚感都失掉了。就是對公義的感覺、對真情的渴望、對生命的要求都失卻了。或許，他仍可在罪中作樂，但他卻進一步與自己生命的本質疏離。

從這角度來看，上主主動懲罰人類，就有兩個可能的意思。第一，人犯罪得罪上主，所以，上主身為被侵犯者，絕對有權利要求犯罪者補償祂的損失。倘若如此，上主的懲罰只是要為自己討回公道多於對人的關心。這是合理和可以的，但這不是我們的上主。祂主動的救贖已說明了祂不是為要得到補償。不是因為祂不介意受傷害，而是因為祂是我們的天父。第二，因人犯罪而帶來的懲罰是來自罪本身，但人卻漸漸失去對罪帶來懲罰的敏銳度，甚至不知自己陷在罪中。因此，上主對人的懲罰，就是要讓人知道自己是一個罪人，也是一個得罪上主的人。或許，藉此，人恢復對罪的意識，這醒覺可以為他尋回對生命的渴望。從這角度來看，上主主動懲罰人類則是救贖性的，不是為自己所失去的爭取，而是為人類所失去的著急。

因著上述對懲罰的理解，對我來說，創世記三章 14 至 21 節卻有一個很特別的意義——這是父親給他快要離開的兒子一種真摯的叮嚀。因著罪，亞當和他的妻子要離開他們的父，父也不可以像昔日般照顧他們。為父的說出 14 至 19 節的話，就是要讓他們知道往後的日子不容易過，但卻勉勵他們仍要堅強地過活。或許，若你有孩子曾往外地升學、即將就業或成家立室，你便更能體會為何 14 至 19 節乃是上主的叮嚀。我們曾向前往外地升學的孩子說：「獨自在外地生活是孤單的，但你要知道，父母親永遠在你身旁。」又我們曾向即將就業的孩子說：「工作是艱難的、人際關係是複雜的，但你要知道，父母永遠支持你。」又我們曾向成家立室的孩子說：「夫妻之間總有爭吵、婆媳關係不容易適應，但你要知道，你永遠是父母的孩子。」父母向孩子的叮嚀，不但說出生活的困難，更向他們保證父母對他的愛和關懷是不會改變的。創世記三章 14 至 19 節就是類似這樣的叮嚀。

創世記三章 14 至 19 節是一篇叮嚀多於一段判詞，因為天父為亞當和他的妻子做了一件衣服。難道亞當和他的妻子不懂做衣服嗎？事實上，他們犯罪後就立即找了無花果樹的葉子為自己編做裙子。雖然如此，這不等於天父為他們做衣服是多餘的。天父為他們做衣服，不一定因為天父所做的衣服比用無花果樹的葉子所做的更耐用和美觀，而是因為作為上主的兒女，亞當和他的妻子不再可以如昔日般常留在伊甸園，為父的上主也不再可以如昔日般貼身照顧他們。這衣服就代表為父的上主對兒女們的愛和關懷。這就是向他們說：無論他們往哪裏去，上主都與他們一起。

或許，我們仍會繼續問：為何上主選擇為他們做衣服而不做其他呢？坦白說，我並不知道，就正如我不知道為何身為妻子或女朋友的，總喜歡為她的丈夫或男朋友編織毛衣一樣。這是一顆女人心，非男士可以解釋的。雖然如此，但從聖經中，我們發現有兩個可能的原因。第一，因為天氣已經轉涼。這衣服是為他們保暖而做的。第二，這衣服是為要遮蓋令他們感到尷尬的身體。聖經向我們說，他們犯罪後便發現自己赤身露體，他們就用無花果樹的葉子為自己編做裙子。上主為他們做衣服，就是將他們認為令自己和對方尷尬的身體遮蓋。這不是因為身體本身有甚麼不好而需要遮蓋，而是因為當事人覺得赤身露體不好看，上主就為他們做衣服，遮蓋他們認為不好看的事。上主沒有跟他們討論赤身露體這事，也沒有因他們犯罪而將他們的罪惡宣揚開去，反而充滿明白和體諒，並靜悄悄地為他們做衣服來遮蓋身體。我們可以說，上主為亞當和他的妻子所做的衣服，代表祂對他們二人的關懷、掛心和維護。

究竟亞當和他的妻子明白天父的心意嗎？或許，為父最關心的，不是孩子是否明白父的心，而是希望孩子不用著涼（因為天已起了涼風），並且知道他們自己永遠都是父親的孩子。這是父親最大的心願。我們在天上的父，是一位「縫紉的父」，為孩子做衣服的父，而不是一位只懂頒布和執行律法的父。

一個情感投入的運動

二〇〇九年六月，「回歸基督精神同盟」在會場拉橫額抗議全球禱告日，因為他們不滿政教勾結，不滿教會漠視六四和對社會不公義沉默。又於二〇一〇年四月，他們與「宗教霸權關注行動」一起發起「反對宗教護蔭權貴行動」。此外，在二〇一〇年最後一年的全球祈禱日，他們亦以行動表達不滿。除了這些衝著教會而來的行動外，他們也參與不同社會運動，推動人權、民主，並與弱勢社羣走在一起。教會所關心的，可能不是「回歸基督精神同盟」所希望表達的信息，而是他們以拉橫額、「踩場」、公開信和大叫口號等等的做法。教會認為他們的行動「過激」，不合信徒體統。更重要的是，「踩場」是對教會不尊重。在此，我的關注不是探討其表達方式的有效性，而是如何看待有豐富情感表達的社會訴求。

理性討論在現代社會已奉為臬圭，且在哈伯馬斯（Jürgen Habermas）的公共論域（public sphere）下，理性討論已成為惟一的表達方法。（簡單來説，公共論域是關乎社會生活的空間，公民可以自由地和理性地討論共同關心的課題，並透過這樣的討論，形塑社會言論和影響公共決策。）我不反對理性討論，但理性討論可能已成為一種論述，以此來維護論述者的權力。當然，我這種説法，不是要為一切所謂不理性的行動提供合法性，而只是不欲墮入理性討論的圈套而已。再者，當理性討論只限於意見交流時，討論者卻看不見對話者是一個人，一個有情感的他者。若對話是一個人，為何作為人的生命身體性（embodiment）之情感竟被剔除？所以，我完全理解黃毓民「擲蕉」一舉。這行動不只反映他是黃毓民，更反映了他對一個不講理性討論而只講關係、但又高舉「理性討論」的立法會所表達的不滿。

有人問：「『回歸基督精神同盟』是否需要用這些行動表達？」這問題可能問錯了。拉橫額、「踩場」、發公開信和大叫口號等等，都不是因為理性討論不果而作的選擇，而是一種情與理的整合。他們沒有拒絕理性討論。或許，有人批評「回歸基督精神同盟」的情感表達不及「反高鐵」的苦行者那般動人。這可能是事實，但若情感表達是反映個人、而不是一種策略的話，我們無需對情感表達有諸多限制。如亞里士多德所說，情感要中庸。然而，中庸不是溫柔；否則，勇氣就不會是德性了。

可惜的是，教會不但不習慣別人用情感表達他們對教會的態度，更將情感的表達限於某種形式，以致拉橫額、「踩場」、發公開信和大叫口號等等的做法，就是「過激」，甚至被指為違反基督精神。若五旬宗傳統強調情感的表達已挑戰那習慣壓抑情感的教會，我盼望「回歸基督精神同盟」的情感，也會為教會帶來新氣息。情感，沒有必然挑動羣眾的情緒，令他們失去理性，反而指出情與理的整合性。

然而，近年來有關言語暴力的事件激增，這使我們需要思量情感的角色。例如，因民主黨以支持《二〇一二年行政長官及立法會產生辦法建議方案》換取其區議會改良方案得到接受，反對者之一梁國雄（被稱為「長毛」）公開怒罵司徒華「癌症上腦」。支持「長毛」者，不但認為他罵得合理和合情，當中甚至有人稱司徒華為「老淫狗」。其實，這種侮辱性言論並非罕見。例如，董建華被稱為「老懵董」、葉劉淑儀被稱為「掃把頭」、林瑞麟被稱為「林公公」和「林 D 狗」、李柱銘被稱為「漢奸」等。今次事件之所以備受關注，可能在於被罵者是民主運動的推動者司徒華、一位患了癌症的病人。對於長者、病患者和前輩，大眾總會有點同情心。葉劉淑儀曾分享說，她不介意被罵為「掃把頭」，但最心痛的，卻是她的女兒也被同學嘲笑。雖然司徒華只是一個人生活，甚至不介意被罵為「癌症上腦」，但這侮辱性言論卻傷害了他的親友。這可能不是怒罵者的目的，但受傷害者的數目，比罵人者以為的多。

奇怪的是，有基督徒以耶穌曾以毒蛇的種類來罵法利賽人和文士一例，為「長毛」之言論提供合法性。意即，「長毛」的怒罵有如耶穌的義怒。我絕不認同這種合理化的做法。第一，耶穌雖以毒蛇的種類來罵人，但祂也在十字架上為他們祈求赦免，甚至為他們犧牲。為何支持「長毛」之言論的基督徒，也不效法耶穌的赦免與犧牲？第二，縱使耶穌基督是基督徒的典範，這不等於基督徒就要「複製」耶穌的生活。我甚至大膽地說，耶穌某些言論是過火的，不應效法。例如，耶穌以狗來稱呼那位外邦女子，這是錯的（可七 24～30）。

我完全明白「癌症上腦」是一種情緒的表達多於一種咒語，甚至罵人者可能要說出這樣的一句話，才能發洩心中之忿。尤其對於那些比一般人更易情緒高漲和心直口快的人來說，有禮貌的話太不適合他們了。所以，李柱銘不會說「癌症上腦」，但「長毛」卻很自然地說出「癌症上腦」這樣的一句話。我不會支持以文明社會為由，反對人說粗言穢語，但情緒過後，說侮辱話的人，應有勇氣承認其對人帶來無意的傷害。

延伸閱讀

Gilman, James E. *Fidelity of Heart: An Ethic of Christian Virtue*. Oxford: Oxford University Press, 2001.

Kotva, Joseph J. *The Christian Case for Virtue Ethics*. Washington, DC: Georgetown University Press, 1996.

Lauritzen, Paul. *Religious Belief and Emotional Transformation*. Cranbury, NJ: Associated Universities Presses, 1992.

Lester, Andrew D. *The Angry Christian: A Theology for Care and Counseling*. Louisville, KY: Westminster John Knox, 2003.

李景雄主編：《道德已死？——德性生命的再思》。香港：明風，2008。

9
常理與日常生活

■ ■ ■

生活常理

日前出席一個亞洲基督教組織會議，其中一個討論焦點，就是考慮應否就其總幹事被揭發盜用公款一事，提出法律控告。反對者說，控告她並不符合牧養精神。基督徒應以各種方法跟她聯絡，以求明白她的處境，勸告她並與她復和。他們續稱，基督徒之間的爭議不應向未信者求助、由他們來審斷，因為這是失見證之舉。他們所持的聖經理據是：

> 你們中間有彼此相爭的事，怎敢在不義的人面前求審，不在聖徒面前求審呢？豈不知聖徒要審判世界嗎？若世界為你們所審，難道你們不配審判這最小的事嗎？豈不知我們要審判天使嗎？何況今生的事呢？既是這樣，你們若有今生的事當審判，是派教會所輕看的人審判嗎？我說這話是要叫你們羞恥。難道你們中間沒有一個智慧人能審斷弟兄

> 們的事嗎？你們竟是弟兄與弟兄告狀，而且告在不信主的人面前。你們彼此告狀，這已經是你們的大錯了。為甚麼不情願受欺呢？為甚麼不情願吃虧呢？（林前六 1～7）

其實，這案例只是教會生活中的冰山一角。另一個真實個案，就是一間教會的牧師向一位會友性侵犯。被揭發後，牧師要求教會不要報警和寬恕他所做的，因為他已認罪悔改。當有些信徒不贊成時，那牧師竟以教會缺乏牧者心腸為由，批評教會那舉報行動是不仁的。奇怪的是，教會竟要為這事反覆討論，甚至因立場不同而出現派別之爭。我不禁要問：教會活在甚麼時代？

以上的個案，帶出幾個值得注意的倫理課題：第一，基督徒是否應按常理（common sense）處事，還是凡事按聖經行事？例如，那些按哥林多前書六章 1 至 7 節原則處事的基督徒，是否也應同樣遵守山上寶訓？若不然，甚麼原則使他決定哪些聖經需要遵守而哪些是不需要的？這是一個釋經問題還是一個常理問題？此外，美國南北戰爭的敵對雙方對奴隸制的態度，是一個只能從聖經才可以明白的問題，還是只是一個常理問題？不要忘記，那時支持奴隸制的美南浸信會，乃是以聖經支持它的論點的。聖經不但被利用，更使人廢棄常理。第二，所謂的常理是否如我所說的這樣普遍？一方面，是否大部分人都會有相同的看法；另一方面，常理的普遍性亦不代表它的真理性，所以，我們也需要對常理帶著批判精神。那麼，批評的理性來自哪一基礎？第三，所謂的常理是否只是一種道德的反實在論（moral anti-realism）？即常理只是相對同屬於某一個社羣的人來說的，但對其他社羣來說則不然。例如，當這位牧師要求教會不要舉報時，因為他相信不舉報是教會的常理。相反，當教會決定舉報時，他真的受不了。話說回來，我們是倚賴常理還是按聖經而活？

常理的局限

甚麼是常理？常理就是那些我們認為是真實或正確的，不容置疑，且不需要去證明的事。例如，我們從沒有到過月球，但卻肯定月亮的存在；這活著的身體是我的身體；這是一部電腦。常理是先於一切信念之前，即當開始認識這世界的知識之前，我們已接受常理為真實的信念，而常理為日後對知識的尋索提供了基礎。否則，我們就不能認識這世界。此外，常理是直覺的和自發的，而不是從哲學思考或科學驗證而來的。因此，常理是自我證明的，而不需要透過邏輯理性或科學證明來確立。按以上理解，常理是普遍的和沒有爭議的。更重要的是，常理是不可抗拒的，即我們不可能不相信。

然而，常理又不如想像般具有其普遍性。福柯（Michel Foucault）對此有很好的批判。福柯的基本立論，乃是透過歷史哲學的框架和對其進行考古研究，展示知識如何被意志、權力和社會制度形塑，而政治本身就是各種的知識。[1] 在這理解下，福柯討論人，不是從心理學和哲學入手，而是從他存在的形態入手，這存在的形態離不開歷史。為要揭示知識被形塑的這個事實，福柯提出，人需要站在被形塑者的角度來思考，以致基礎本身的問題性（problematic of foundations）才會出現。例如，當討論瘋癲時，福柯不是從精神病學的立場來討論，而是從被治療的病人，就是在精神病歷史中的他者和沉默者的角度來思考。透過建立不同的基礎，我們就不需要完全倚賴某一基礎，並可以對知識的假設加以批判，從而可以發掘福柯所指的知識的積極潛意識（positive unconscious of knowledge）。基本上，這一切就是對論述（discourse）之批判。對福柯來說，論述是一組陳述，它們有某種存在的形態，屬於形塑的單一系統。[2] 然而，論述的陳述不屬於一種語言分析，反而先於所謂語言的陳述而存在。意即，任何陳述有其存在的處境、地點和相關網絡，它是一種物質的存在，受其所屬建制和學科運用所決定。福柯說：「論述是匿名和歷史的規律，是在特定時間下的決定。」[3] 他認為，思想考古學可以將論述的特定社會功能及其歷史性呈現出來，並挑戰我們對歷史事物的超越性之假設。

從福柯來看，常理不等於它所持的一切觀點都是正確或合理的。所以，常理不等於不需要接受反省和批判。因這是常理，人並不需要擁有甚麼能力就可以認識，而且眾人都可以接觸它。雖然如此，但常理本身是否常理，這已是一個具爭議性的議題。第一，常理的問題在於它本身缺乏原則去界定甚麼是或不是常理。例如，「這是月亮」是一常理，但「人不為己天誅地滅」是常理嗎？第二，常理在於閱讀者的直覺，但直覺的可靠性始終成疑。例如，當直覺向他說「同性戀是不道德」時，這是常理嗎？或許，以上的提問是在接受常理的普遍性、不可抗拒性和直覺性下來思考的。然而，若不接受常理的反實在論，我們就不需要回應以上的問題。

維根斯坦（Ludwig Wittgenstein）的言語觀念提出另一個值得深思的問題。他指出人不是孤立地成長，反而是在一個充滿經驗的世界中成長。人自少就接受教育（家庭），學習如何在這世界中生活和溝通。例如，孩子被教導「這是電腦、這是蘋果」等等。我們沒有可能遇見一個只有兩歲的孩子，質疑他的父親是否他的父親，因為懷疑本身是人成長後才出現的。所以，人在沒有疑問下，被教導學習某一種生活，而這一切就成為人日後學習的基礎。面對著這一基礎，維根斯坦只會說，「就是這樣了」。這句話不代表「就是這樣了」是對的，而是再追問下去都沒有意義了。

維根斯坦的言語觀念，帶出幾點對常理的觀察。第一，沒有所謂私人言語，反而我們都是被教育的。他甚至說：「若言語是溝通的媒介，它一定對定義有同意，更包括對判斷一事。這似乎是廢除邏輯，但實在不是如此。」[4] 第二，常理只是反映某一種言語生活的常識，而它之所以沒有被質疑，因為它是活在某一種言語中。換句話說，當走出它所屬的言語，這種常理就會被質疑了。用以上例子為例，不報警處理盜用公款和性侵犯案，就是某些教會之言語生活的常理；但相反，這不是教會以外的言語生活，以致教會不報警的做法被批評為不誠實。

自然法則

常理如何可以從神學上理解？簡單來說，自然法則（natural law）是指到這些法則早已普遍存在於世界之中，不是人建構出來的，而是透過理性認識這些法則的目的。此外，自然法則有它的權威性，因為它是基本的。由此看來，自然法則與常理有一定的關係。他們都屬於一種道德實在論（moral realism），並自我說明。

提到自然法則，便不可不提亞奎那（Thomas Aquinas）。他認為法則有四類，分別為永恆法則（eternal law）、自然法則、積極上主法則（positive divine law）和積極人的法則（positive human law）。永恆法則是指作為宇宙的創造者，上主管治全地的計劃。他認為所有受造之物都按著上主永恆法則生活，而作為理性的人類，他們可以跟隨上主的永恆法則，因為人類可以運用其理性去明白永恆法則，並為自己和其他受造物計劃如何更好地跟隨上主法則生活。亞奎那稱這種以理性參與上主永恆法則和為萬物計劃的行為為自然法則。

按亞奎那的理解，實際理性的運作是要基於第一因，即一個自我證明、不需要被證明的因，以致其他論據可建基於此。

這第一因就是美善，即人自然地追求美善，逃避邪惡。然而，美善不是由個人或社會決定，而是人自然存在的目的。就此，亞奎那提出三種自然目的。第一，就是眾生皆分享共同的目的。意即，萬物的存在有一個很自然的傾向，就是存在。因此，由此推出的自然法則就是保護生命，而反對死亡。第二，就是人與動物共同分享的目的。意即，動物有一個自然傾向，就是生育和養育下一代。第三，只屬於人類的目的，這是與人的理性有關，包括對上主的認識和按上主的心意計劃生活秩序。對於亞奎那來說，這些基本的法則是直覺式的，而不需要透過一種推論形式就可以出現。

由這第一因開始，我們就可以得出第二序的法則。相對於第一序的法則，第二序法則更具體指出，生活模式配合他們所屬的目的。例如，在第二種自然目的下，我們可推論不是為生育的性行為是不對的，但這推論又絕非絕對的，它可以有很大的討論空間。由此看來，第一序的法則是不變的，而第二序法則卻可以存在很大的差異。話說回來，我們如何避免錯誤地演繹自然法則？基於此，亞奎那便提出積極上主法則和積極人的法則。這一切有助我們明白自然傾向的意思。當然，積極人的法則可以違背自然法則，但人的理性仍可以自我批判。

可惜的是，歷史的發展指出，自然法則變得固定化，將第二序的法則變為第一序的法則。那麼，第二序就變得欠缺彈性和自由。雖然如此，但從歷史的發展，我們看見自然法則後來如何成為支持國際法和人權理論的基礎。

初步看來，自然法則可以為常理提供一定的理論基礎，但實際上又不必然如此，因為自然法則也面對因後現代思潮而對所謂客觀的真實世界之否定的挑戰。尤其是當社會的一切東西已被視為建構的結果時，第一序的自然法則不再是不證自明了。或許，我們又不需要過分悲觀，因為挑戰昔日第一序自然法則的合理性，這不一定表示是要否定它的存在，而是對它重新檢視。再者，我們反而見證著更宏大的國際合作的發生與可能性。當然，這合作可能只是基於一種利益關係，但這也不能抹殺它是以自然法則作為其基礎。

離婚的常理

> 美玲已結婚十八年，並育有一名女兒（十五歲）。在朋友面前，美玲和她的丈夫是模範夫妻，甚至在他們父母面前，他們都顯得恩愛。然而，他們早在其女兒出生時已產生嫌隙。他們兩人不但已經分房（後來甚至分居），甚至在日常生活中也沒有很多溝通。若要找出原因，這只可以說，女方對男方沒有信心（指感情），而男方的生活也沒有讓女方感到有信心。但為了女兒的緣故，他們還是勉強地走在一起。雖然如此，美玲亦曾嘗試挽回她的婚姻。例如，他們曾尋求輔導意見，但最後沒有結果。美玲也曾向她的長輩尋求意見，但所得到的，只是不同的「治夫術」，並建議她對丈夫多容忍和接納。這是美玲所不認同的，因為她認為婚姻關係是雙向的。事實上，美玲曾有衝動提出離婚，但最後還是鼓不起勇氣。最後，她的丈夫終於提出離婚，而她也接受了。當美玲跟她的要好朋友分享這事時，她卻遭她的朋友批評，他們認為她做得不夠好以挽回她的丈夫。不但如此，因美玲計劃再婚，她更被批評為犯了姦淫，需要悔改（可十 1～12）。

基督徒對婚姻有一套獨特理解。所謂獨特不等於奇怪或不好，而是指不是非基督徒可以完全理解的。這屬於一種道德的非實在論。簡單來説，基督徒會將婚姻視為基督與教會關係的預表（弗五 22 ～ 33），所以，寬恕和犧牲被視為婚姻中的相處之道。當然，這不是説愛並不重要，而是説愛以寬恕和犧牲的形式來表達。一方面，我們不需要排除寬恕與犧牲；另一方面，我們切忌強迫受害者要寬恕和犧牲。奇怪的是，我們常聽見的基督徒見證，多傾向指出作妻子的，要對丈夫有無比的寬恕和犧牲，而到最後，她必須挽回丈夫的心。第二，「在上主所配合下，人不可以分開」的原則下，婚姻是神聖的。這不但對夫妻二人來説，更是對社會來説。所以，離婚不是兩個人的事，而是對社會秩序的破壞。

信徒認為基督徒離婚是罪，因為他們違背了承諾，也破壞了上主對婚姻的原意。雖然如此，但他們仍會接受因姦淫或因不信的一方不願意與其信徒配偶一起作為離婚的原因，因為這是人於無可奈何下聖經所容許的。相對來說，那些因被虐待（暴力或精神虐待）、意見不合或感情趨淡等等原因而離婚的個案，卻不被接受，因為聖經沒有提及這些理由。然而，若離婚不是上主對結婚雙方的心意的話，上主卻接受例外（因姦淫）。從這些例外中，我們發現：第一，這意味著離婚不必是罪不可赦的，反而有些離婚個案是情有可原的。第二，這些例外沒有必然成為另一律法，反而我們需要因應我們的時代思考婚姻的例外。以上的説法，並非要為離婚開綠燈，而是不希望將離婚化約為罪。甚麼是當下的例外？這並非是本文的關注，但當這當下的例外存在時，我們對上主就可能會有新的認識。

按傳統的説法，罪往往被理解為某一些行動（例如：離婚），但更重要的是，罪更關乎疏離。在離婚這議題下，疏離不只因離婚而來，更可以在婚姻裏發生。例如，一位被丈夫虐待的妻子，已深深體驗與其丈夫的疏離；一對全無感情但又要維護婚姻關係的夫婦，也深深體驗與自己的疏離。由此看來，某些離婚者在未經歷罪（離婚這行動）之先，已經歷了被罪所犯。因此，那些不按理地指控離婚者為犯罪者和得罪上主的人，他們並沒有雪中送炭，而只是落井下石。這與福音書記載的耶穌有天壤之別。再者，離婚可以被理解為上主拯救之道。試想想，一段已沒有愛的關係仍要持續下去，乃是如何痛苦。可惜的是，為了不被濫用，教會不但沒有宣講拯救之道，更欺壓在困苦中的人。

離婚者所需要的，莫過於從上主而來的復和。事實上，上主亦會以復和者的身分與離婚者相遇，而不是以審判者的身分出現。復和並不必然重建已破壞的夫妻關係，因為感情一事是不可勉強的。因此，上主帶來的復和有三層意思：第一，在上主眼中，離婚者是被接受、被擁抱，甚至被赦免（若需要的話）的。他不是次等的基督徒。第二，上主的復和使當事人與自己復和，甚至可能因而有勇氣離婚。上主帶來的復和就是充權（empowerment）。第三，上主的復和使離婚雙方向對方尋求寬恕與赦免。雖然夫妻關係不可繼續，朋友的關係也不易維持，但卻要放下憎恨。

離婚沒有值得被歌頌之處，但這不是不可接受的。基督徒當傳的福音，就是上主帶來的復和，而不是不按理地宣告離婚就是罪，得罪上主。這是基督徒應有的信仰的常理，而不是不用頭腦去理解信仰。一位朋友曾跟我說：「當我的婚姻出現危機時，我認識了耶穌和祂的教會，從中我得著安慰和鼓勵。但當我決定離婚時，那曾使我得釋放的信仰卻壓迫著我，使我透不過氣，因為教會說：離婚是罪。」這是教會的常理。

延伸閱讀

Biggar, Nigel and Rufus Black, eds. *The Revival of Natural Law*. Aldershot: Ashgate, 2000.

Charles, J. Daryl. *Retrieving the Natural Law*. Grand Rapids, MI: Eerdmans, 2008.

Pope, Stephen J. "Natural Law and Christian Ethics." In *The Cambridge Companion to Christian Ethics*, 77～95. Edited by Robin Gill. Cambridge: Cambridge University Press, 2001.

林慶華：《當代西方天主教新自然法理論研究》。香港：香港中文大學天主教研究中心，2008。

10
妥協與堅持

■ ■ ■

光明與黑暗

有人認為，二〇一〇年六月二十五日是香港民主運動最黑暗的一天，因為民主黨背棄了對選民的承諾，選擇以支持政府二〇一二年政改方案，來換取政府接受區議會改良方案（政改方案沒有提及二〇一二年以後的民主發展，所以，反對者認為，通過這方案無助民主發展）。相反，有人卻認為民主黨的妥協開拓了一個新局面，就是開展了民主黨與中央政府的對話。再者，若在二〇一七年和以後的選舉中都沒有真普選的話，在區議會改良方案下的立法會，比政府所提出的方案更民主。究竟誰是誰非？

其中主要有三個關注：第一，民主黨是否出賣民主？又社民連和公民黨對二〇一二年政改方案的否定態度，是否等於維護民主？其實，是次民主黨的取態，也在我們的生活世界中以不同的形式出現，即妥協與堅持、策略與原則、兩惡擇其輕等。例如，我不贊同公司裁員的決定，但為要維持公司的競爭力，裁員是一個兩惡擇其輕的選擇。我接受離婚是生活上的一個可能，不是因為我對婚姻沒有堅持，而是因為有些婚姻關係是傷害性的。然而，有人卻認為以上的思維並不適用於民主黨身上，因為這是對出賣原則者的美化。那麼，政治生活是一回怎樣的事？甚麼事可以妥協？甚麼事要堅持原則？又堅持原則者要堅持到甚麼地步？「順服上主，不順服人」是否就可以解決妥協與堅持原則的矛盾？第二，民主黨的妥協是否意含它從中獲取利益？利益不一定是指物質性的，也可以是權力及其影響力。這一懷疑的本身，反映出一種觀點，就是政治世界是講利而不講義的。所以，妥協者只可能是受利益所誘，與義無關。相反，堅持原則者就是講義者，不受利益所誘。這邏輯有其吸引之處，因為黑白分明。然而，生活世界絕非這麼簡單。更重要的是，這邏輯是以結果或一個人的行動推論他的動機，但這推論犯了一個基本錯誤，就是結果或一個人的行動可以因不同動機所導致，絕非單一動機。第三，民主黨的選擇是否一個好的策略？這絕對需要討論，但按第七章所提及的道德運氣，歷史也不可以決定民主黨的策略是對還是錯。基於此，我嘗試以德性倫理來理解道德人在生活世界中的妥協與堅持、策略與原則、兩惡擇其輕。

政治與道德

韋伯（Max Weber）在其〈政治作為志業〉（“Politics as Vocation”）一文中，提出終極目的倫理（ethic of ultimate ends）和責任倫理（ethic of responsibility）之分別。他認為宗教倫理屬於終極目的倫理，因為宗教倫理是關乎無條件的順服。例子之一，就是聖經的山上寶訓。至於責任倫理，則屬於政治倫理，因為它的原則是基於對當下的評估和有效性、而非關乎終極。再者，政治是一個妥協的領域和兩惡擇其輕的世界，而非一個由價值決定的世界。他說：

> 誰人想參與政治和以政治作為志業的，一定要認識倫理的矛盾。我重複，他需要讓自己進入那已潛入一切暴力中的殘忍力量⋯⋯那些尋求靈魂救贖的人，無論是為了自己還是他人，都不應該在政治領域中尋求，因為政治的不同任務，只可以透過暴力來解決的。政治的天才或政治的魔鬼，與上主是愛存在內在的張力，而這張力則帶來不可復和的鬥爭。[1]

政治不但屬於一個現實世界，更是一個解魅（dis-enchantment）世界，宗教不再可以有任何權柄。韋伯要指出政治領域是講求政治資本，與道德無關。所以，韋伯建議那些想從一個只講求實際的解魅世界中逃走出來的人，應走向教會，因為「教會向他們寬廣和仁慈地開放」。[2] 有趣的是，韋伯卻巧妙地用「志業」（vocation）一詞，描述那些進入政治領域的人。「志業」一詞的運用，跟基督教是分不開的。按基督教的理解，志業指出政治領域不是一個不受上主管轄的領域，而是上主給不同人在不同職分上的不同角色。當然，韋伯沒有企圖將政治領域再魅，也不相信政治可以容納終極目的倫理，但在基督教的理念下，政治人可以是「為政治而被呼召」。他不只是按責任倫理做好政治家的職責，更是一個對政治有熱忱、努力地在某程度上實現終極目的倫理的人，因為他相信政治領域也是上主的領域。以上的理解，不限於基督徒，更包括那些被價值感召的人。例如，甘地（Mohandas Gandhi）、曼得拉（Nelson Mandela）和昂山素姬（Aung San Suu Kyi）等人。

縱使政治領域有其獨特的倫理，但不因此表示，基督徒就不可以被呼召參與其中，承擔其政治召命。若按馬丁．路德（Martin Luther）兩個國度論（doctrine of two kingdoms）的理解，基督徒參與政治應以責任倫理來參與，不應與教會倫理混淆。但若承認這兩個國度都屬於上主的話，絕對目的倫理與責任倫理就不可避免在政治領域裏糾纏，而非各不相干。我們需要有辨識能力，決定這張力該如何良性地互動，而非將絕對目的倫理從政治領域中挪開（第 11 章將討論這問題）。

此外，一個不考慮價值的政治領域，不等於在政治領域中就不應該考慮價值的問題。事實上，我們沒有可能擺脱任何價值。民主是一種價值，社會主義也是一種價值。不同政黨的出現，正反映出不同價值正主導政治。或許，在很多政治議決上，政治家都需要考慮與不同政黨合作，甚至需要就自己的立場作出妥協，但不因此表示，他就沒有需要考慮價值，因為沒有對價值的堅持，就談不上妥協。事實上，那些專制政權也要利用作為價值的意識形態説服人民。問題是：政治家的價值如何被建立？又我們以甚麼價值批判政治家可能有的自利？這一切都不是責任倫理可以提供參考的。一個不強調價值的政治領域，容易成為當權者的政治工具，以滿足其野心。又當政治被視為權力鬥爭時，被邊緣化者的利益往往被犧牲。因此，價值對政治領域來説顯得十分重要，因為政治可以成為實踐更高價值的媒介，而非只是一場權力遊戲。

其實，韋伯提出的宗教倫理與政治倫理，只是倫理理論的義務論和目的論之爭。問題不是哪一個倫理是最合適或如何可以結合，因為他們兩者都以如何決定作為對倫理的解釋。相反，近四十多年來復蘇的德性倫理，正為這爭論提出另類可能。意即，德性倫理所關心的不是決定，而是道德人。道德人可以不受限於義務論或目的論，反而可靈活運用倫理理論。在德性倫理下，一個人是好人不是因為他對某事的堅持，而是因為他是好人，所以，他所做的是好事。雖然如此，但德性倫理不排除好心做壞事的可能性。然而，沒有一個倫理理論可以避免帶來壞結果的可能，因為結果是屬於將來的，並受很多因素影響。

以上的討論，目的是要指出政治領域不是一個不可以談價值的領域。縱使政治領域有其特性，但這絕不等於它是一個自由運作的領域。在此，我提出道德對政治領域的意義。對一個政治家、政黨或團體來說，道德就是他願意堅持他所倚賴的價值，而這價值是超越他個人或政黨的目的，並得到某羣眾的共鳴。[3]這由道德建立的資本，沒有必然為參選人賺取選票，但會為公眾帶來福祉，因為他不讓政治領域淪為爭奪權力的遊戲。有別於得到公眾的歡迎，道德資本是基於對價值的承擔，而非靠其他吸引人之處。因此，一個有道德資本的人，不必然是一個受羣眾歡迎的人；一個受羣眾歡迎的人，不必然是一個有道德資本的人。例子之一，就是曾於一九九八至二○○一年任菲律賓總統的特拉達（Joseph Estrada）。他獲選為菲律賓總統，是因為得到民眾的支持，但他也因貪污（不道德）而被民眾拉下來。用韋伯的概念，特拉達可能只是一個富魅力的領袖，[4]而非本文所指的擁有道德資本。雖然如此，但我不認為政治家、政黨或團體只需考慮道德資本，將政治資本擱置。反而我們需要接受一個事實，就是道德資本需要長時間累積，但不一定得到民眾的重視。但在動盪和充滿危機的日子中，我們才體會道德資本的價值。這可以從前南非總統曼德拉和前捷克總統哈維爾（Vaclav Havel）身上看得到。

縱使以上嘗試將道德資本放在政治領域內考慮，但這嘗試卻有以下的困難：第一，道德資本往往在危機出現的時候才發揮其重要作用，而在一般日常生活中，我們不會太留意它。因此，強調有效性作為處事原則的政治家、政黨或團體，往往不願意為道德資本而投資。第二，因政治牽涉妥協和權力，強調道德資本，便給人一種不切實際的感覺。說得直接一點，決定成為政治家，就不會是一個強調道德資本的人。第三，選民和民眾對道德資本的嚮往程度，塑造我們的政治領域。可惜的是，民眾多是自利的。

雖然以上的討論均集中於政治倫理的層面，但這其實也是在日常生活的不同層面上常遇見的。一方面，路德所講的地上政府不只是一個政權，更是一切社會制度，包括經濟、商業和家庭等；另一方面，如前文所說，政治世界面對的妥協與兩惡擇其輕，乃是對現實生活的描述。就以本文以民主黨支持政府政改方案為例，民主黨是否放棄其道德價值？批評者是否認識政治世界的邏輯？民主黨所謂的務實是否出賣道德價值？是否反對政改方案就是堅持道德價值？這一切問題牽涉我們可以如何理解德性，並如何在政治世界表達德性。

政治世界的危機

簡單來說，政治資本是關乎技能、知識和網絡的結合，配以行動，為要帶來政治影響力。[5]因此，對一個政治家、政黨或團體來說，其政治資本的多寡，可以左右其理念或計劃的推行和實現。[6]政治資本的建立牽涉政治網絡、政治知識、政治興趣、政治參與和政治信任等。[7]從政治學來看，政治家、政黨或團體積極增加和累積其政治資本，並沒有甚麼不妥當之處，不但因為這是政治秩序的邏輯，更因為這是對民主和公民社會可以帶來正面意義的。[8] 雖然政治資本屬於一種策略，但當它成為對政治的主要解讀時，我們便會漸漸失去考慮道德和價值在政治上角色的能力。我的憂慮並非多餘，因為：

1. 在政治資本下，有效性（effectiveness）是政治最終的價值，而不是道德。選民不需要基於甚麼價值或理想投票，而只需選一位有能力辨事的人就可。選民不需要考慮候選人的道德，甚至也不需要考慮他的手段，因為有效性才是準則。道德已被趕離政治世界。
2. 當政治資本成為政治家、政黨或團體的追求目的時，價值理性就變得次要，反而重點在於如何運用各種方法和手段以維持或增強其的權力。所以，政治被理解為權力鬥爭多於對價值的辯論。我並非認為強調政治資本的人，就等於只反映其權力慾望，而是當政治資本不受道德規範時，就會容易令政客變得不擇手段。
3. 因增加政治資本是政治家、政黨或團體所關心的，所以，不同社會制度也會被視為加強其政治資本的來源。結果，生活世界變得很政治化。教育、醫療和經濟等都要為政治服務。
4. 在以上的政治運作影響下，民眾亦傾向以工具論來理解政治家、政黨或團體的道德行為，因為他們已不相信政治可以是道德的。所以，當有政治家去慰問受害者及其家人時，他的行動往往被視為「做秀」。

以上對政治資本的懷疑，並非要否定政治資本的重要性，而是要指出，當道德在政治領域內被剔除時，政治資本就會完全成為政治家、政黨或團體的工具。又當政治家、政黨或團體以贏取權力為其優先考慮時，我們將失去反省政治目的的機會，以及限制了將價值落實於政治的想像力。

道德人與政治世界

凱恩（John Kane）在其著作中嘗試探討不同政治領袖的道德資本。[9] 透過對政治領袖所提出的價值和目的，並由此而來的實踐之分析，凱恩指出政治領袖由道德資本所建立的楷模，不但成為他們面對各種困難時的支持力量，更成為民眾對道德價值重要的象徵。當然，我們知道擁有道德資本的政治家，不一定能成功為其帶來政治權力，因為政治世界是一個講求現實和行動的世界。雖然如此，我們卻不能否定道德資本在政治世界中的重要性。凱恩的研究指出，道德資本對於我們理解政治運作是不可或缺的。事實上，在日常生活中，我們見證著不同人因其對價值的委身，以致願意放下一己利益，甚至挑戰權力。德性對政治生活的影響可以以不同形式出現。

第一，德性倫理指出個人動機對一個人的選擇和決定扮演重要角色。當然，個人在一個建制中並非可以完全自由地作決定，即所謂「人在江湖，身不由己」。但不因此表示，個人就不可以改變建制的文化，問題在於在何等程度上改變之；而程度上的問題，又在於個人的道德資本究竟有多少，以及個人的能力如何。若不是這樣相信的話，我們就不需要考慮誰當領袖的問題，更也無需追究失職的領袖，因為我們可以將問題歸咎於制度的錯。以前台灣總統陳水扁為例，他個人對中國共產黨的不信任，使他沒有在其任內團結不同種族，反而令社會分化。此外，他個人也有貪污行為，利用其職權中飽私囊。還好，在民主制度下，政治領袖的低劣品格，並不能完全破壞社會福祉。但相反，若政治領袖不是為私利的話，他便更可以促進公共福祉。基督教對德性的塑造，在於它認同生命是有目的的（簡單來說，愛上主與愛人如己），而這目的則是透過教會生活及其服務表達出來，並非純粹一種理念。若政治領袖是基督徒的話，基督教對生命價值的塑造，便會使他對誠信和服務有更大的委身。這是否意味著基督徒政治領袖比非基督徒領袖更有德性，甚至更有領導能力？如起初所說，德性與領導能力並不成正比，但不因此表示，一個有領導能力的人，就可以不理會德性。此外，我們亦無需用效益主義來看待宗教的價值，反而若接受宗教是生命中的一環，我們就可以開放地欣賞宗教對政治領袖的影響，而無需以比較的角度看待不同的宗教，以及宗教與非宗教的關係。

第二，有別於民主社會，君主制社會的弱點，就是欠缺有效的監察制度。人民只好期待好君王的出現，卻沒有能力參與選擇君王。再者，人民對君王的批評可引來殺身之禍。當然，歷史並非一面倒的，它向我們見證著不同時代人民的政治參與、對政權的監察，以及改變社會制度的種種行動。除了對個人的塑造外，基督教的道德資本也成為批判政權的力量。這一批判的角色，可以以宗教領袖或宗教組織的形式出現。以香港為例，有批評者指出，天主教教會的陳日君樞機主教對政府的言論，是一宗教干預政治的例子。他們的批評是依據韋伯的分類，並錯誤地接受兩個國度的分別，而非視兩者為一種辯證式的聯合。結果，他們簡單地以政教分離來理解宗教與政治的關係。[10] 我卻認為，民主社會不必然事事講求理性，但不因此認為，民主社會就非我們所追求的。正因民主社會是我們所追求的，我們就更要留意民主社會可能會有的野蠻和不理性。就此，宗教的角色在於它喚起人對公義與嚮往和平的心靈。面對一個充滿種族歧視的美國民主社會，馬丁．路德．金牧師

（Martin Luther King）藉著爭取公義，喚醒了美國人對和平夢想的追求。面對教會正因同性戀一事而製造的社會分化，杜圖主教（Desmond Tutu）勇敢地向教會說出「對同性戀的恐懼就像種族隔離」一話，他喚起人對他者的尊重。宗教的影響力不在於其動員力量，因為信徒並非如一般人想像般沒有主見。事實上，宗教的影響力在於其道德的力量，以致非宗教人也會認同。這才是至為關鍵。它說出人心底的話，也揭穿人的虛偽。然而，當宗教與政府走得太近、與政治團體行得太密和以一己利益為優先考慮時，它將會失去其道德力量。[11]

第三，以上兩個層面（個人和制度）是相對地針對有基督教信仰的人來說的。然而，作為道德資本的宗教，對非宗教為主的民眾亦有其重要性。若教會與社會的結連做得好的話，它所見證的道德資本，就不只是宗教人士自己的資本，更可成為社會的資本。不同研究均指出，政治資本的出現在於社會資本的形成，而社會資本的形成，卻在於非政府團體（non-government organizations, NGOs）的工作。「第三部門（非政府團體）的出現非因利益而產生，也非政府認為它是必須的。因此，第三部門（非政府團體）的形成就有賴於一些人或團體的使命感。換言之，首先是人們對社會現象的變遷有敏感的觸覺，從而產生回應，然後是使命感的形成。最後，化為行動。」[12] 我們明白到，不同社會對宗教的非政府組織，會有不同程度的認受性。雖然如此，但宗教不應因外在限制，而變得只滿足於成為貝拉（Robert Bellah）所說的「以生活形態為主的俱樂部」（enclave lifestyle）。

總結

我們承認政治領域的獨特性（如韋伯所講的責任倫理），

但若它沒有價值理性作主導的話，人民就很容易淪為為政治服務，而政治只為政治家、政黨和團體服務了。基於此，我提出德性和道德資本的重要性。然而，我總要承認，要肯定一個人的德性不是一件容易的事，因為行為本身不足以反映一個人的動機。雖然如此，這不等於德性在政治世界中沒有其角色。因為若沒有德性的人與培育德性的社羣存在，人就不會為有需要者多走一步、多做一點事。話說回來，民主黨對政改方案的支持是否為忍辱負重？德性不是由單一行動所決定的，而是一個持續的結果。

延伸閱讀

Gilman, James E. *Fidelity of Heart*. Oxford: Oxford University Press, 2001.

Kane, John. *The Politics of Moral Capital*. Cambridge: Cambridge University Press, 2001.

Sison, Alejo G. *The Moral Capital of Leaders*. Cheltenham: E. Elgar, 2003.

第三部

社會想像

11
在公共中的基督教倫理

■ ■ ■

以上各章的討論可能給人一個印象，基督教倫理只是處理個人倫理。事實絕非如此，因為基督教倫理是一個向凡俗社會說話的倫理。一個向凡俗社會說話的基督教倫理，究竟會是一個怎樣的基督教倫理？以下，我先以馬丁．路德（Martin Luther）的兩個國度論（doctrine of the two kingdoms）作為討論基礎。

兩個國度論

在路德的時代，教會與政府的關係是緊密融合的，且從沒有被質疑。縱使有時政府權力在教會權力之上，但大抵上，當時政府仍接受神治社會。在這背景下，路德提出兩個國度論。兩個國度分別是靈性國度和地上國度，他們皆是上主所設立的。他們有其不同的呼召，目的是宣告上主的救贖。路德說：

> 上主在人類中設立兩個國度。第一個國度是靈性的，它沒有配劍，但有上主的道，藉此人成為美善和義⋯⋯另一個是地上政府，藉著刀劍，維護人與人之間的和平⋯⋯他們都是上主的事，而不是人類的權力。[1]

這兩個國度是上主的雙手，在不同層面為公共福祉作出貢獻。這兩個國度有它們自身的邏輯，不容混淆。雖然如此，但它們又不相分割，反而存在一種辯證關係。它們不是彼此對立，而是共同為上主旨意而服務。一方面，兩個國度指出，那些沒有藉著靈性國度與上主連繫的人，卻透過上主的創造和主權國度，經驗上主的恩典。上主的恩典不僅透過靈性國度、也透過地上國度而臨在。然而，兩個國度不等於包含要建立一個神治社會的意思，因為這正混淆了兩個國度。有別於靈性國度，地上政府是短暫的，因為世界不是永恆的。有一點要補充的是，地上政府不只是指政府，更是指一切維護地上生活的社會制度，其中包括婚姻、商業和職業等等。縱使靈性國度沒有參與地上政府的管理，但地上政府是為上主服務而不是獨立於上主的。然而，這兩個國度並不如想像般和諧。路德不認為這是因為它們本身的不同，而是出於那惡者。[2] 因此，靈性國度有責任向地上國度指出它遠離了自身被建立的目的。這不是因為靈性國度沒有犯錯，而是因為上主的道在靈性國度裏宣告。所以，路德十分關心教會是否正確宣講上主的道和執行聖禮。鑑於當時的政治局勢，路德不贊成以革命方式推翻不稱職的地上政府，因為這會導致社會更大的不穩定。當下的民主制度正可減輕路德的憂慮。話說回來，兩個國度是一個神學的論述，地上政府沒有必要認同這看法。雖然如此，教會仍需要準確理解這兩個國度的關係。可惜的是，當下教會卻出現以下危機。

第一種情況，就是混淆了兩個國度。錯誤者往往憑藉耶穌這句話——「該撒的物當歸該撒，上主的物當歸給上帝」(可十二17)——認為教會不應牽涉政治，而應專注關心宗教或靈性的事。因此他們認為，教會對民主的關注是干擾政治，教會對社會建制不公義的批評是將宗教政治化。持這觀點者甚至說，若宗教干擾政治，政治也可以干擾宗教。這帶有恐嚇之嫌的論點，混淆了甚麼是政治。一方面，政治不是一個不可侵犯的領域；另一方面，政治不是關乎爭取權力，而是追求有愛與公義的社會。事實上，當時的猶太人觀眾清楚知道耶穌的話——「給上帝的物當歸給上帝」——與十誡第一誡(除了上帝以外，不可有別的神)有直接關係，即地上政府不是上主。當地上政府看自己是上主、人民的救贖主時，教會便有責任揭示它的虛偽，而不是以「該撒的物當歸該撒，上帝的物當歸給上帝」這句話來逃避責任。另一種錯誤，就是教會與政權搭上，甚至願意為政權提供合法性。持這論點者認為，這是聖經的教導——「在上有權柄的，人人當順服他，因為沒有權柄不是出於上帝的。凡掌權的都是上主所命的。」(羅十三1)然而，若我們讀這段經文時不停在這處，我們便會發現經文繼續說：「他是上帝的用人，是伸冤的，刑罰那作惡的」(十三4)，並「作官的原不是叫行善的懼怕」(3節)。原來，順服政權是有條件性的，而不是不問理由，不辨是非。換句話說，若當下所面對的是一個政權，叫行善的懼怕和刑罰那作善的話，那麼，順服絕對不是聖經所鼓勵的取態，反而教會應有勇氣拒絕順服，並站出來挑戰它。

教會不是上主，政府也不是上主。所以，我們反對教會裝扮成上主以推動神治社會(theocracy)，也反對一個在制度上不容許被挑戰的政權。另一方面，教會不是政府，政府也不是教會，但不因此表示，它們是互不相干的。因它們都隸屬於上主，它們之間存在一種二元的辯證關係，即距離性的合作（distancing co-operation）與批判性的同在（critical solidarity）。因此，教會需要在上主和批評者面前謙卑、聆聽和反省，讓教會成為世上的光。

反公共的基督教倫理

當教會積極參與社會時，我擔心它忘記了兩個國度的不同，反而企圖將凡俗社會改變成為教會的延伸。這正是美國基督教右派（Christian Right）所出現的問題。一方面，它是神學上的基要主義；另一方面，它奉行政治的保守主義。它積極和投入參與社會事務，並努力以公共理性表達它對基督教價值的理解，從而影響社會政策。表面看來，這沒有甚麼不妥當之處。但問題是：基督教右派參與社會的神學，究竟是一種怎樣的公共神學？

公共神學積極擺脱聖俗二分，努力爭取在教會以外的社會空間發言和發揮其影響力（尤其意圖影響社會政策），建立一個美好社會。當基督教長期被批評具有走向信仰私人化的傾向時，[3] 肯定和回復信仰的公共性是一件好事。按韋伯（Max Weber）理解，現代社會是一個解魅社會，因為現代生活不再需要參考宗教的詮釋，而是以理性、量化和科技作為其基本原則。然而，解魅不必然等於自由。事實上，韋伯也用鐵籠（iron cage）描述解魅後的現代社會，因為現代性逃避不了官僚化。[4] 哈伯瑪斯（Jürgen Habermas）也指出：「現代理性主義的一個教訓是，科學實證主義在現代的發展中不是加強、而是削弱了道德的教化。」[5] 他論證説，由於理性的片面發展，演變成工具理性，導致倫理的虧空。那麼，回復基督教的公共性，是否可以被理解為一個對社會再魅（re-enchantment）的行動？這行動可以兩種不同的形式出現。第一種形式：基督教的公共性不但反對現代社會將宗教限於個人的神祕經驗中，視之為與社會政治無關，更在一個只講求有效性的政治領域裏，以其價值理性挑戰鐵籠生活的非人性化。這種基督教的公共性，以建立更人性化的社會為目的，並對何謂人性化社會持開放態度。基督教價值沒有必然的優越性，而只是參與者之一。第二種形式：基督教的公共性以宗教右派的形式出現。它不是以挑戰鐵籠生活的非人性化為目的，而是計劃以其宗教理念主導社會。以美國基督教右派為例，它企圖以基督教價值拯救美國社會，並相信基督教價值是惟一的和絕對的，它甚至以全球性運動的形式進行。[6] 第二種的基督教公共性是一種反公共的公共神學，因為它所理解的公共性，並非如哈伯瑪斯所理解的公共性，即溝通的平台，而是需受基督教價值所支配的。

第二，公共神學努力以非基督教的語言和按公共理性原則，表達基督教價值和觀點。其目的不只是希望以此說服其他參與者，更是希望藉以接受批判和進行自我修訂。當然，公共神學不是由公共所建立的神學，所以，教會對其神學傳統的堅持是可以理解的。一個明顯的例子，就是縱使天主教教會傳統並不接納同性戀關係是道德的，但它沒有因此強行濫用理性為此辯護，反而只重申這立場是屬於上主的啟示。然而，為要說服公眾，反公共的公共神學傾向以公共理性作為一種手段，以包裝它自身的教會傳統，但卻不尊重公共理性的原則。結果，反公共的公共神學不但反公共理性，也淡化神學本身的公共性。一方面，當遇到不利於建立其立論的理性時，反公共的公共神學傾向選擇性地運用理性，甚至隱瞞事實的完整性。又當它對真理的理解違反理性時，反公共的公共神學就不接受這樣的理性。另一方面，反公共的公共神學缺乏勇氣公開承認啟示是其神學的來源，因為它知道這樣的宣稱會減低其社會認受性。反諷的是，當反公共的公共神學努力以基督教影響社會時，它卻默認宗教不適宜以其宗教身分和理性參與公共空間之討論。在此，我並不認同宗教理性不具備公共理性的要求，而是宗教理性不應以一種虛假的公共理性之形式出現。

最後，一個反公共的公共神學傾向維持社會現狀（status quo），並將當下社會現狀所代表的秩序等同於公共利益。它特別批判自由主義，並認為自由主義只是個人主義和相對主義的代名詞，對社會帶來破壞多於建設。它這一傾向往往與當權者不謀而合，因為在一個缺乏民主的社會中，自由主義往往挑戰當權者的合法性。以香港為例，中國政府和香港特區政府（因缺乏民主）需要社會穩定以鞏固其管治，而反公共的公共神學就成為他們吸納的對象。因過分側重於維持社會現狀，反公共的公共神學傾向政治保守和比較關心道德議題（例如：性議題和家庭議題）。相對來說，對貧窮、資本主義的貪婪、文化保育和人權等議題，則多選擇不發言。按反公共的公共神學的解釋，它的選取不是排他性的，而是因資源所限，只可以集中精力處理某些議題。然而，當反公共的公共神學以各種形式與政府合作時，我們就很難不相信反公共的公共神學是一種親政權的神學。

說到底，反公共的公共神學普遍是一種帶有中產意識的神學。對中產人士來說，維護社會現狀是最重要的，因為他們今日的成就，主要是倚賴某種社會秩序而獲得的。[7] 他們不希望他們的生活有任何重大改變，更不願看見自己的子女因社會改變而失去競爭力。由此看來，反公共的公共神學不只是關乎宗教的霸道和自義，更關乎對某種經濟階級意識的傾斜。所以，反公共的公共神學甚少以「上主優先關注窮人福祉」（God's preference option for the poor）或婦女神學在所追求的自主性下的相互性，作為它參與公共空間的基礎。這不是基於神學上的理由，而是基於經濟階級的考慮。若公共神學「嘗試從其信仰資源中提供獨特和建設性洞見，目的是要建立一個美好社會、限制邪惡、阻止暴力、建立國家和在公共領域建立復和等等」的話，[8] 反公共的公共神學往往卻帶來相反的結果，因為它是一種單向的溝通模式。它所堅持的底線不訴諸理由，而訴諸以教條形式出現的真理。這不可動搖性使得它在許多議題上，差不多完全沒有自我修訂或妥協的空間。

反神學的基督教倫理

若有反公共的公共神學，就有所謂反神學的公共神學。簡單來説，若反公共的公共神學是破壞公共的話，反神學的公共神學就是失掉其神學元素。侯活士（Stanley Hauerwas）對這一情況特別留意。在他的美國處境中，侯活士對美國的教會和神學有如此的批評：

> 普世主義不但是文化和社會侵略的結果，它更扭曲信仰的本質。為了要維護我們假設的信仰普世性，我們的信仰化成為一系列對人性理解的普遍真理，而基督就成為一個方便的象徵。我們的普世性不是建基於對人性之共同性的假設，而是基於我們所相信的上主，祂藉著耶穌使人知道祂是眾人的上主。當我們以人性的普遍性替代我們亞伯拉罕、以撒和雅各的上主的信仰時，我們將會失去信仰的終末性。基督教倫理就變成為所有人而設、而非首先為上主的終末子民而設。[9]

這種以公共理性取代神學的表表者，就是曾盛行於美國的基督教現實主義（Christian Realism）。侯活士說：

> 我想那些將尼布爾（Reinhold Niebuhr）等同天使的一方，要承認他的神學是極端薄弱的。在任何的理解中，尼布爾的上主都不是一位可提供救贖的上主。自我改變的態度，不可以代替教會而給世界提供另類的可能。[10]

簡單來說，尼布爾的基督教現實主義將世界劃分為公與私，並將基督教信仰視為私人領域。又因他對罪與權力採納一種不可逆轉的態度，基督教信仰的角色，不是要挑戰當下的世界，而是避免它趨向更大的破壞。換句話說，基督教現實主義沒有為世界帶來和平，反而將暴力合理化，視之為不可避免的。侯活士認為教會對世界的貢獻，不在於滿足世界對理性的要求，反而是忠於自己的傳統，並以其傳統向世界說話和作見證。對那些相信公共論域所強調之公共理性的神學家來說，侯活士的立場只會將教會從社會切割出來，因為侯活士的態度等於放棄參與公共論域。但這批判的假設在於對有效性的理解，即批評者認為以公共理性表達的基督教價值，可以使人明白基督教價值，更可以使基督教信仰影響社會政策。但問題是，這只是一廂情願的想法。就此，我認為利科（Paul Ricouer）的距離性（distanciation）概念，可以提供另一個視角：距離不必然是一種疏離的狀態，反而因著這一距離，可以產生一種正面和具創意性的結果。用侯活士的用語，教會對世界的貢獻就是成為教會，成為一個另類社羣。這另類社羣的出現，使世界面對一個既陌生又真誠的社羣，以致世界需要檢視其自身的敍事。反神學的公共神學之弱點，在於它以為公共神學只是一個語言翻譯的問題，甚至因成功翻譯而沾沾自喜，但事實是，語言是不能完全地翻譯的。

反神學的公共神學是一種對當下美國自由主義價值的認同，並由此認為維護美國社會的自由和民主是神學任務之一。[11] 侯活士對自由主義的批判，是它那種非社會性、非歷史性和以選擇為主的自由主義，而不是那對抗極權主義的自由主義。當下美國社會的自由主義拒絕共同敘事，並認為任何共同敘事都是壓迫性的——共同敘事等同極權主義。侯活士說：

> 自由主義成功地為我們提供一個神話，就是對我們社會的起源……在缺乏任何共同的歷史下，我們變得沒有甚麼是共同的，以致可以成為社會合作的基礎。自由主義提供一個哲學理由，讓社會可以如此設計，即人民不需要一個共同的歷史。人民所需要的，只是一個管治系統，給我們提供處理紛爭的程序，而人亦可繼續追求他們不同的利益。自由主義是政治哲學，它為一個可以追求自我利益的社會提供秩序和管治。[12]

自由主義的問題在於「（它）假設我們不需要任何價值來聯繫起來。我們的社會也不同意我們要成為一個怎樣的社會，任何嘗試主張甚麼是善或美德時，都會被看作是一種壓迫和侵犯自由之舉。在這樣一個社會，當公義成為社會實踐最重要的標準時，其意義只有一個程序規則，用來保障每一個人都能追求自己的私慾。」[13] 在自由主義下，我們關心人是否有宗教自由，但對於真理是否被宣講卻顯得無知。反諷的是，一個強調自由和民主的社會，卻成為對人民最大的壓迫，因為人民已忘記了甚麼才是真正的自由和民主，反而將美國主義等同自由和民主。[14] 托克維爾（Alex de Tocqueville）說：「在民主國家，公眾的意見不僅是個人理性的惟一導向，而且擁有比任何國家都大的無限權力。在民主時代，由於彼此都平等，所以誰也不必信賴他人⋯⋯如果一個公民的判斷不與大眾的判斷相同或接近的話，絕大多數人都是不會承認他是合法的。」[15] 結果是，當公共成為一股無法想像的巨大力量，以保護民主和平之名時，公民就必須接受強加於個體身上的公共意志。事實上，美國政府亦以民主和自由作為口號，向其他國家開戰。又當教會失去其敘事傳統時，它對自由、公義和民主的支持，只會使它變為公民宗教（civil religion）。

就著侯活士對自由主義的批判，我們有兩個考慮。第一，他所批評的自由主義是否對自由主義有正確理解？第二，是否一切參與爭取自由、公義和民主的教會，都是一種反神學的公共神學？就著第一個問題，侯活士對自由主義最大的批評是它的非社會性和非歷史性。對於第二個問題，侯活士所關心的，不是要為社會建立一套公義理論，而是教會要成為一個怎樣待人的社羣。按侯活士的理解，若建立公義理論是教會的責任時，公義只會淪為一個程序的概念。舉例來說，對正義戰爭（just war）的討論，已將基督教的和平主義（pacifism）否定了。再者，在自由主義下，公義已不是關乎憐憫，而是一個權利的議題。[16] 對於侯活士對自由主義的批評，我們要小心閱讀，因為其歷史場景是美國。相反，在亞洲地區，我們已看見共同敘事的破壞性，例如中國、緬甸和其他伊斯蘭教國家。

以上兩個對反神學的公共神學的批判，乃是針對它將公共神學獨立於教會語言，以及認同自由主義的非社會性和非歷史性。第三個反神學的公共神學之批判，乃是它將基督教信仰化約為一系列的「是」與「不是」，但對德性生活的追求卻是空白的。其實，強調「是」與「不是」和「難題解答」的倫理思維，是自由主義的伸延，因為當個人自主性變得最重要時，德性只留給任由個人選擇。那麼，反神學的公共神學，就是將道德從第一身轉為第三身，將人抽象化和將生活變為一個抉擇的問題。就以同性戀為例，教會往往將問題化約為對與錯、可以與不可以，但結果是，教會將精力放在一個對與錯的概念上，卻沒有藉此反省教會對單身與婚姻的倫理。侯活士特別批判一種將婚姻浪漫化的傾向，並指出若愛是核心的話，同性戀者所表達的愛並不遜於異性戀者。此外，侯活士認為在討論同性戀議題時，教會需要就婚姻與生育的關係先作討論。若有婚姻關係不帶來生育的話，這就可以成為對同性戀者的一個類比。反而，侯活士認為現今最大的敵人不是同性戀者，而是資本主義。他引用鮑爾（Nicholas Boyle）的評論：

> 脱離身體的再生產，性的偏好就與需要失去聯繫，而進入一個玩樂的領域，成為娛樂業的一部分，就是關心選擇，而不是對生產者的限制。世界性的消費主義利用同性戀作為一個媒介，消除對生產者角色的政治約束。若婚姻重新被界定為長期愛的關係，不論同性或異性，男女身體主要的生育本質已沒有制度上的意涵。身體被視為只有消費，而沒有生育。生育因而被壓抑在我們的集體潛意識中，而特別作為生育者的女人，更被剝奪其對抗剝削的政治的抗爭工具。[17]

在資本主義下，長期委身是沒有效用的，反而最好的是維持短暫關係。因此，當教會看婚姻為一生的委身和忠誠時，這已是最有力地對資本主義的抗拒。最後，侯活士説：

> 我知道我的生命和我教會的生命是被那向我説他是同性戀

> 者的人所豐富。我深切關心他們的生活是否可以找到他們所需的教會的支持。我不知道我的立場是否反對或支持同性戀。我只希望這使我能忠於那生育我們出來的教會。[18]

脫離日常生活的基督教倫理

按以上所說，基督教右派不是一種與世分割的神學，反而積極投入參與社會事務。然而，基督教右派表達出來的積極投入，不等於它投入人的生活，因為基本上，它的思考是從上而下的，而沒有真正進入人的日常生活。對基督教右派來說，三一上帝中的聖子道成肉身是對世界的拯救，而不是與在世的人一起生活和掙扎；例子之一，就是他們對家庭價值的態度。

基督教右派認為，維護家庭就是維護一男一女的婚姻制度，但維護一男一女的婚姻制度與維護家庭卻是兩回事。相反，將家庭議題化約為一男一女婚姻制度的做法，可能更破壞了家庭。一位同性戀者跟我分享：「令我最傷心的事，就是我傷害了我的父母。我們一家都是基督徒。他們很愛我，我也很愛他們，但他們不斷怪責我的同性戀傾向。同性戀是罪嗎？」她流著淚說：「我向他們隱瞞我現在的生活，但我知道他們是知道的。」

同性戀者可以接受自己的朋友因為他/她是同性戀者而不跟他/她交朋友，但這邏輯不一定適用於家庭關係上，因為家庭對家庭成員的接納實在太重要了。一位同性戀者說：「總有一天，我要讓爸爸、媽媽能夠接受我、了解我。也許到了那一天，我才能夠真正接受我自己。」另一位說：「多年後的一個晚上，我在同性戀這件事情上與妹妹起了口角，我跟她說媽媽是支持我的。妹妹回答我說：『你知不知道媽媽在晚上為你偷偷的流了多少眼淚？』我呆呆地楞在那兒說不出話來。」一位母親說：「假若我的學生是同性戀者，我真的可以全然地真心接受；然而，假若自己的兒子是同性戀者，我還是會很難過。但若我不接受自己的孩子，他又怎麼辦？」

若同性戀的兒子已跟另一位同性住在一起，作為父母當如何看待他們？維護家庭者會向這家庭說甚麼話？是否說他們的兒子破壞了家庭？這些有同性戀孩子的家庭，要求那些為維護家庭而大聲疾呼的人要重新思考：甚麼是維護家庭？為了政治正確，使他們不敢面對這些家庭，也不敢向有需要者提供協助，更不敢維護這些家庭，免得陷於矛盾。家庭不只是由一男一女的婚姻制度的意識來界定的，而應由當下各式各樣的家庭處境，界定維護家庭的內容。一位同性戀者充滿喜悅地跟我說：「媽媽終於願意接納我，與我一起吃團年飯。」看來，她更著緊並投入於維護家庭。

公共是由有血有肉的經驗所形成的，即強調作為在事件中的存有（being as in event），而不是一個乏味和抽象的理論或觀念對存在的解釋。我們意識到我們是說故事的人。我們將我們的經驗帶入日常生活之中。我們的經驗不只是關乎我們所承受的傳統，更包括我們的具體生活和在日常生活世界中的不同經驗。不幸的是，基督教右派不歡迎這些經驗。它認為強調經驗就是為後現代主義和相對主義鋪路。結果，它使人從他們自己的故事和經驗中分離出來。基督教右派所遇見的，是沒有主體性的人，只是一系列的價值和觀念。

日常生活鼓勵一種參與性的生活。這是關乎對他者和世界的投入和具體化的關係。巴赫亭（Mikhail Bakhtin）認為，日常生活的核心是與他者相遇。他說：「身體不是自足的，它需要他者。」[19] 日常生活不是孤立之個體的空間，而是個體彼此參與的關係。所以，與自己討論的對手是一個主體，而不是客體，更不是一個理念。在日常生活中，作為在事件中的存有，一定需要在生活中體味生活，而不是來自遠方的默想。一個有成果的溝通，不是滿足於得出一個客觀的結論，更是讓我們明白參與討論中的人之人際關係。但基督教右派所反映出來的參與，只是一種爭取話語權的態度。結果，對方只是一個競爭對手，而不是在關係中的他者。

日常生活沒有最後的，因為生活本身就是動態的。因此，日常生活的主要關注，就是如何支援持續性的道德對話，並明白生活是基於對對方平等的尊重。在日常生活的觀點下，公共是一處我們相遇、看對方是人多於解決分歧的領域。在日常生活的理解下，赫契考普（Ken Hirschkop）有這樣的描述：

> 公共是一個劇院，而不是一處辯論的場合。成為公共，就是要成為劇院，而不是一個平台。在這理解下，甚至由國家元首所講的話，仍是私人和個人的，尤其是他所表達的，只是一個單一或集體的內容。[20]

當公共論域是一個劇院、而不是一個平台作討論之用時，它便沒有限定溝通的內容和方法。劇院要求參與者學習聆聽、維護不同人的參與權，並建立一個多元化的劇院。然而，這不是基督教右派對社會的願景，因為它的道成肉身神學沒有真正的成為肉身。

延伸閱讀

Browning, Don S. and Francis Schussler Fiorenza, eds. *Habermas, Modernity and Public Theology*. New York: Crossroad, 1992.

Mathewes, Charles. *A Theology of Public Life*. Cambridge: Cambridge University Press, 2007.

Storrar, William F. and Andrew R. Morton, eds. *Public Theology for the 21st Century*. London, T&T Clark, 2004.

12 看守我的兄弟姊妹

■ ■ ■

因著近年來對性議題的討論(例如:性權是人權),[1] 人權備受教會懷疑、甚至冷落對待。雖然如此,我們卻同時見證著不同人被踐踏和殺害(以父權主義、恐怖主義和國家主權等形式進行)。後者的經驗,提醒我們不要太快質疑人權的價值。人權是關乎人成為人的基本權利,但很多人卻被剝奪這人的基本權利。基本權利就是生存的權利、表達與行動的自由和免受酷刑威嚇等等。(強調公民和政治權利亦有不足之處,所以,後來也提出社會和經濟的權利,以及文化和種族的權利等等。)雖然《世界人權宣言》(*Universal Declaration of Human Rights*)是在第二次世界大戰後的處境下誕生的,但保護人類尊嚴的運動,早已在不同時代出現。[2] 究竟教會可以如何參與維護人權?神學又可以作出甚麼貢獻?

從他者出發

人權的基本關心,就是對於那些有迫切需求或正在受苦的他者負上道德責任。在這前提下，我們進一步探究我們關懷的範圍和程度如何。從這角度來看，人權的關注基本上是超越自我，並願意承擔對他者的責任和義務，而不是由關注自己個人的權利開始。

從他者出發，使我不選擇從「人是上主的形象」這方面開始思考人權，反而選擇從一種人際關係開始。當然，這沒有否定前者的重要性。人是上主的形象也是一種關係，但人是上主的形象的那種關係，乃是透過人際關係表現出來的，而不是從概念和定義開始。就此，我想起聖經一段故事：

> 有一日，那人和他妻子夏娃同房，夏娃就懷孕，生了該隱〔就是得的意思〕，便說：「耶和華使我得了一個男子。」又生了該隱的兄弟亞伯。亞伯是牧羊的；該隱是種地的。有一日，該隱拿地裏的出產為供物獻給耶和華；亞伯也將他羊羣中頭生的和羊的脂油獻上。耶和華看中了亞伯和他的供物，只是看不中該隱和他的供物。該隱就大大地發怒，變了臉色。耶和華對該隱說：「你為甚麼發怒呢？你為甚麼變了臉色呢？你若行得好，豈不蒙悅納？你若行得不好，罪就伏在門前。它必戀慕你，你卻要制伏它。」該隱與他兄弟亞伯說話；二人正在田間。該隱起來打他兄弟亞伯，把他殺了。耶和華對該隱說：「你兄弟亞伯在哪裏？」他說：「我不知道！我豈是看守我兄弟的嗎？」耶和華說：「你做了甚麼事呢？你兄弟的血有聲音從地裏向我哀告。」(創四 1～10)

當上主問該隱「你兄弟亞伯在哪裏」時，上主是出於無知，還是讓該隱有機會面對自己的殘暴？類似的問題，也在創世記三章

9 節發生，當亞當和他的妻子吃了分別善惡樹的果子後，上主便問：「你在哪裏？」有別於亞當因罪疚帶來的歉意，該隱卻掩飾他的錯誤，甚至說：「我豈是看守我兄弟的嗎？」一方面，該隱的回答要帶出他沒有責任或義務守望他的兄弟，所以，上主不應該向他問亞伯的事。亞伯的事是他自己的事，該隱認為與自己無關。另一方面，看守在原文上有保護之意，往往用來描寫牧羊人對羊羣的責任。[3] 所以，該隱說「我豈是看守我兄弟」這話時帶有點諷刺之意。即若亞伯連自己也保護不了，他何來可以牧羊呢！然而，故事並未因而結束，因為亞伯的血向上主哀告。

該隱與亞伯的故事，帶出一個很重要的聖經信息，就是人與人應有彼此守望或互相保護的關係。縱使我們可能沒有像該隱般殺害別人，但這並不足夠，因為上主要求我們積極地保護他者，而不只是消極地不傷害他者。這種主動和積極關愛他者的信息，在聖經中隨處可見。例如，利未記十九章 10 節：「不可摘盡葡萄園的果子，也不可拾取葡萄園所掉的果子；要留給窮人和寄居的」；以賽亞書五十八章 6 至 7 節：「我所揀選的禁食不是要鬆開凶惡的繩，解下軛上的索，使被欺壓的得自由，折斷一切的軛嗎？不是要把你的餅分給飢餓的人，將飄流的窮人接到你家中，見赤身的給他衣服遮體，顧恤自己的骨肉而不掩藏嗎？」至於新約聖經，耶穌那「誰是我的鄰舍」之比喻，也帶出對他者憐憫的重要性（路十 29 ～ 37）。[4] 當然，在聖經時代的人，不會用權利的角度去理解他們與社會的關係。縱使他們懂得提出權利的問題，但其權利也不必然獲得尊重，因為權利的落實，需要聆聽者認同這是他的責任，以致他會超越自我，維護他者的尊嚴。責任與權利是相互關連且共生的概念：也就是說，責任或義務的概念就像是某人欠了另一個人某些東西一樣；而那個人，相對地有權利向對方要求索取這種責任與義務。甘地（Mohandas Gandhi）說：「權利的真正根源就是責任與義務。」[5] 責任與義務的產生，在於一份憐憫和羣我感（we-ness），並對他者的轉向。[6] 這是基督教信仰對人權基本的態度。事實上，這也是《世界人權宣言》第一條的內容：

> 人人生而自由，在尊嚴和權利上一律平等。他們賦有理性和良心，並應以兄弟關係的精神相對待。

因人權過分著重權利，所以，有神學家傾向以對人的尊嚴這一關注來取代人權，並關注人對他者的責任。

這種對他者的關愛，不是基督教信仰獨有的，其他宗教也有類似看法。例如，印度教的經典《吠陀經》（*Vedas*）和《奧義書》（*Upanishads*），它們都強調神聖的真理絕對是普遍性的，而所謂宗教信仰，必須是一種內化於人心的生活方式。它強調善與惡的存在，智慧與道德行為的重要，以及身為人都必須懷有寬容與憐憫的美德。[7] 印度思想家甘地認為，自己是遵從正統印度教教義的人，並強調永遠都不能傷害其他人。此外，中國傳統也有類似看法。例如，孟子認為政府有責任透過慈悲和正統行為來培養這些自然的人性特質。如果統治者對人民施予壓迫，因而無法完成這些使命，那麼這些統治者便是違背了所謂的天命，其也就失去統治的正當性。不同宗教和文化傳統對人的理解，都表達出對人的關愛是不同文化的共同遺產。這對人權普遍性的討論有一定重要性。列維納斯（Emmanuel Levinas）說得好：對他人的責任先於人的存在。我的存在不是從成為自我開始，而是從身為他人的「人質」開始，並且永遠不能擺脫這種狀態。身為人，就是要為他人承擔比他人為自己所承擔的更多的一些責任。[8]

他者有甚麼需要

如起初所說，人權牽涉我們關懷的範圍和程度如何。先讓我探討關懷的範圍。朗雷根（Bernard Lonergan）提出人有三個層面的關係，分別為特定需要、建制的秩序和人際關係。[9] 特定需要指到那些滿足人生理需要的東西，當中也包括教育、交通和法律援助等等。朗雷根稱此為特定的，因為它因著不同時空而有所不同。這是我們一般所講的社會和經濟權利。然而，人的特定需要之可以得到滿足，需要建制的配合。這建制包括家庭、鄰里、朋友和其他有關建制（例如：學校、法院、政府）等等。所以，只談憐憫是不足夠的，憐憫需要制度將它實踐出來。這一切建制不是固定和不可改變的，反而人透過其反省，不斷讓這些建制趨向更有效和更能滿足人的需要。好的建制不但是要保障人的不同權利，更要維護人的權利免受干擾。這解釋了為何人權與民主、人權與法治是分不開的。

至於人際關係，更是不可或缺，因為沒有人際關係，人就不會為他者著想。所以，有怎樣的人際關係，就塑造出人與人之間怎樣的相處和相待方式。然而，這不只是關乎個人德性，更牽涉文化價值，即一個社會裏看為重要的價值。文化價值就是一種社羣倫理。在文化價值下，人被培養出人際關係。相對於前兩個層面，人際層面和它帶出的文化價值，與自由主義所強調的個體自主性存在著一定的矛盾，因為自由主義者認為，以社羣主義出現的文化價值，可以是一種集體主義的化身。雖然如此，倘若沒有這樣的社羣價值，人就不必然會使建制的秩序能夠滿足人的特定需要。這種說法並非認為自由主義者是對他者沒有承擔的人，而是說，對他者承擔的態度，究竟是一種個人選擇，還是社會整體的態度？按筆者對聖經的理解，基督教對人權的理解，不會只停在特定需要和建制的秩序層面，更會努力建立人際關係層面。教會傳統往往稱此為公共福祉（common good）。話說回來，對人權的理解和落實是否必須考慮文化價值？又文化價值是否必然侵犯個人自由？

從義務轉向權利

對人權的認識不是先由「人是甚麼」來決定的，而是由人對他者的關愛開始。這說法並非指不需要考慮人是甚麼，而是若從對他者的關愛開始的話，我們就有充裕的空間探究非人類的權利（例如：動物權利、生態權利等等），以及避免將人權淪為以人為中心的論述。雖然如此，但在歷史發展（如改教運動、啟蒙運動）中，我們見證著人從強調對他者的義務轉向權利、從社羣轉向個人。當然，這轉向並不排除義務的價值，但義務的價值卻被淡化了。

在這方面的代表人物，就是十七世紀的葛羅秀斯（Hugo Grotius）。這位偉大的荷蘭法學家和外交官，建立了現代國際法的體系。他在《戰爭與和平》（*De iure belli ac pacis*，1625年）一書中主張自然法（natural law），即不論是其物質層面或道德層面，都獨立存在於任何政治權力與權威之外。他宣稱自然法存在於任何由人類創造的政府之上，同時扮演了衡量標準的角色，使我們能夠評斷任何政權所訂的法律及其執行法律的過程；另外，自然法也確保人類某些特定的自然權利能夠受到保障。任何人——無論信奉何種宗教，無論他的公民地位如何——都必須獲得公正且平等的對待。從這時候開始，歐洲發生了很多反抗暴政的活動。例如，英王查理一世（Charles I）於一六二八年被迫簽下〈權利請願書〉（"The Petition of

Right")。這份文件重申：未經法定程序，任何人不論任何原因，都不得在沒有正當理由底下被逮捕及監禁。於一六八九年，英國通過〈權利法案〉("Bill of Rights")。這份文件強而有力地限制君主政體之權力，確保法律的執行與人民的財產權，確立了代議制的政府以及自由的選舉，保障了宗教自由及對宗教的寬容，設立陪審團制度，以及禁止酷刑等等。

另一位代表人物是洛克(John Locke)。在其《政府論第二篇》(*Second Treaties of Government*，1690 年)中，他提到自然權利是先驗存在於任何具體組織規模的社會之上。人生來就處於完全平等的狀態，在自然的條件下，一個人對另一個人並不具有任何優越性與管轄權。就著政府，他認為人建立社會和成立政府制度的目的，主要是為了保障人有自由的權利，而不是讓政府有權力控制人。因此，政府與人民的關係是一種契約關係。那麼，當政府違反契約時，人民就有權利與它解取契約。這觀點充分地在美國的〈獨立宣言〉中表達出來：

> 我們認為這些真理是不言而喻：人生而平等，他們都從他們的造物主那邊得到了某些不可轉讓的權利，包括生命權、自由權以及追求幸福的權利。為了保障這些權利，因此才在人民之中成立政府；而政府的正當權利，則是得自被統治者的同意。如果哪一天有任何一種形式的政府損害了這些目的，那麼人民就有權利來改變這個政府，或廢除這個政府，以建立一個新的政府。

權利是針對當時政府對人的暴政和不公義的對待。然而，以權利為基礎挑戰政府，不一定能得到各人的支持。例子之一，就是霍布斯(Thomas Hobbes)於十七世紀寫成的《利維坦》

(*Leviathan*)。他說：「人性就是對權力永無止盡且貪婪的追求與慾望。」他悲觀地指出，如果沒有一個強而有力的政府來保護人，人就會轉向只關心屬於自己的利益，因而也就可能導致「每一個人反對每一個人的戰爭」。為了防止這種情況，霍布斯主張：統治者的權力必須是絕對的、且至高無上的。然而，經過二百多年的發展，霍布斯應該可以放心，因為民主制度的落實，展現了它是最不需要用暴力來處理人際衝突的社會制度。

再談人權

就著權利概念，米什萊恩(Micheline Ishay)指出有五種理解人權的角度，分別為效益主義論(utilitarianism)、社羣主義論(communitarianism)、無產階級主義論(communism)、自由主義論(liberalism)，以及平等主義論(egalitarianism)。[10] 他們對人權理解有一定的差異。雖然如此，但大抵上，他們都會認同人權是屬於任何一個人的，只因為他們是人。因此，侵犯人權就等於否定人作為人的尊嚴。這主要是建基於自然權利(natural rights)的立場。[11] 自然權利對人性的假設是道德性和非科學性的。事實上，這理論無法全面以理性印證為何只有人才有這樣的權利、為何某些權利是人的權利，而動物卻沒有。例如，辛格(Peter Singer)就批評人權可能只是一種物種主義(speciesism)。說到底，自然權利跟提倡者背後對人的理解有關。因此，自然權利論總給人一種直覺主義的印象。

除了自然權利外，康德式倫理將權利淩駕於善的意義之上。他認為「人與道德是一起的，當人有道德，他就有尊嚴」。[12] 基於此，他繼續說：「道德本身已站在一個自然可靠的理解上，不需要太多的教導，而只需要說明。」[13] 康德認為，道德的普遍性包括人對法律理性的尊重，而這道德的普遍性是由法律的普遍性來界定的。正因這種可尊重的普遍道德律已存在於每一個人的普遍理性之內，所以，每一個理性的人，也應尊重道德律。這得出康德著名的立論，就是人永遠都是他本身的目的，而不是工具。康德認為人的理性可跨越處境的偶發性，為自己和他人思考何為絕對和普世性。在這一理解底下，人權的意義並非直覺性的，反而是可以藉理性而得出的結論。但問題是，理性是否某種文化下的理性？將理性等同普遍性可能誇大了理性的能力。事實上，當下對人權中的選擇概念和福利概念，就反映了不同理性的著重點，對人權也有不同的理解。簡單來說，選擇概念傾向保障人的自由選擇，而福利概念則傾向保護人生活的社會經濟條件。兩者並非對立，但強調不同的著重點就會帶來明顯不同的結果。又例如，自然權利和康德式倫理皆傾向從人的主體和義務論來考慮人權，但目的論倫理卻提出社會層面的考慮，即人權的討論需要放在公共福祉的意義上來討論，甚至公共福祉比個人權利本身的理念更優先。事實上，當然權利（prima facie rights）的出現已挑戰著權利的絕對性。究竟如何界定甚麼是當然權利和絕對權利？這是一個仍需持續討論的課題。

當下西方社會所講的人權，大多傾向自由主義論。歷史上，人權的出現與自由主義有極密切的關係。米爾（John Stuart Mill）說：「稱得上自由的，就是人可按其方法追求人的善，但卻要在不試圖剝削別人或阻止別人獲取這自由的原則下進行的。」[14] 基於這理解，言論、思想和集會等自由就形成了。自由主義者認為，權利應以個人為基礎。個人的實現依靠權利的確認，權利令個人的尊嚴得到有效的保障。明顯地，自由主義是針對集體主義的，因為集體主義傾向看個人利益必須符合集體利益，甚至為了集體利益的緣故，個人權利可以合理地被犧牲。再者，在集體主義下，個人所享有的權利會有很大程度的差異，因為權利的分配是基於個人身分的高低及不同的價值取向。基於集體主義帶來的不公義，自由主義是要保障個人在選擇上的自由，並維護對個人平等的尊重。表面看來，自由主義並沒有甚麼不妥當之處，但實際上，當自由主義愈來愈傾向將人獨立於其所屬的社羣，甚至將個人權利看作為終極時，問題就開始衍生。馬克思（Karl Marx）批評說：「所謂人的權利，只不過是私己主義者的權利，這些人與其他人及社區都是彼此隔離的。」[15] 施特勞斯（Leo Strauss）也批評說，人權無疑將個人的自我安置於道德世界的源頭與中心。[16] 究竟人權在自由主義景觀底下是否必然走向極端的個人主義？我們無需否定人權傾向一定程度的個人主義，但個人主義可以是一種關係式的個人主義。一方面，關係式的個人主義肯定了對個體尊重的重要性；另一方面，它也肯定了社羣關係成全個體的自由，而個體的自由也促進社羣關係。關係性並不是集體主義，而是人不可能在關係以外成為個體。《世界人權宣言》第二十九條第一和第二款是這樣說的：

> 人人對社會負有義務，因為只有在社會中他的個性才可能得到自由和充分的發展。
> 人人在行使他的權利和自由時，只受法律所確定的限制，確定此種限制的惟一目的在於保證對旁人的權利和自由給予應有的承認和尊重，並在一個民主的社會中適應道德、公共秩序和普遍福利的正當需要。

就此，我不反對人權對個人主義的傾向，但卻擔心現代人不再以關係性的角度理解自由。結果，我們多講權利，少講義務。這解釋了為何我選擇從他者開始討論人權。

神權與人權

若自然權利、康德式倫理和自由主義等等都未能為人權提供普遍基礎時，有人就認為宗教本身的超越性就可以發揮其作用。[17] 這一論點就如宗教為道德提供一個超越性的基礎。然而，唐納利（Jack Donnelly）卻提出：

> 人權不是由上主、自然或生命給予人類的。若我們如此思考時，我們已將人連繫於某種對人的理解。像其他社會實踐，人權是從人的行動而來。人權代表我們選擇某種對人潛在的道德的理解，並選擇某種制度將它實現出來……我們可以說，人權背後的人性是由自然、社會、歷史和道德等等元素結合而成。[18]

唐納利的理解不需要被視為企圖將宗教剔除，反而反映了任何嘗試從人權製造出來的信條，都是一種對人自己的偶像崇拜，因為它看不見人權受社會歷史的影響。因此，問題不是為人權建立一個神聖基礎，而是謙虛地不將人權膨脹化。我們需要認識到，我們對人權的理解只是一個開始，而不是結束。那麼，基督教與人權關係的重點，在於基督教的參與是否可以擴充對人權的討論，而不是為人權的討論劃上句號或提供超越的根基。

基督教可以豐富對人權的相關討論嗎？雖然我在起初提出基督教對他者關愛的肯定，但奧拉夫森（Frederick Olafson）卻質疑，甚至提出要將人權獨立於基督教以外。[19] 其理據是教會歷史已說出教會對異己的殺害和壓制思想自由的個案。他的批判是不爭的事實，但這些事並不是基督教的全部。因為基督教的歷史也同時是一個尊重和維護人權的歷史。例如，不同基督教志願團體的出現（從第三部門〔the third sector〕理論來看，沒有利他精神就沒有志願團體）。那麼，問題的核心不是哪個歷史才算是基督教的歷史，而是基督教需要謙卑地自我批判。只有如此，基督教才會發揮它對人權的保障。意即，當教會宣講自由和平等時，教會也要批判其內在的父權主義；又當教會支持多元社會時，教會也要批判其內在要求信徒遵從某一正統和趨向一致的傾向。

或許，以上對基督教的辯護，將得不到某些教會的支持，因為他們傾向將人權與神權對立起來。即在當下自由主義當道下，人權已被視為與上主般神聖不可侵犯。這樣，人權是否就以維護人的尊嚴為名，拒絕上主？縱使今天所提出的人權真的已脫離了基督教價值，教會是否就要反對之？又若要反對的話，教會可以甚麼方式反對之？以下，我嘗試從撒母耳記上八章一個有關以色列人向上主要求立王的故事，作為反省的基礎。

這故事描述以色列人向上主要求立王。單從八章來看，要求立王一事是錯誤的，因為這是以色列人對上主的拒絕。然而，若留意八章至十二章時，我們又得出另一個解釋（來源批判學〔source criticism〕）。[20] 一方面，立王一事是厭棄上主（撒上八 1～22，十 17～27）；另一方面，立王一事與厭棄上主無關，反而對以色列人有利（九 1～十 16，十一 1～11）。撒母耳記的編者沒有就此事下結論，反而將這兩個觀點放在一起。由此看來，將以色列人對立王訴求的行動等同為對抗上主，是不必要的。雖然如此，但我以下仍選擇以第一個解釋（即厭棄上主）來理解這故事，因為這是華人教會的傾向。就這故事，我有以下的觀察。

第一，肯定以色列人有罷免管治者的權力。面對貪圖財利、收受賄賂、屈枉正直的士師(撒母耳的兒子約珥和亞比亞),以色列人提出選擇另一種管治制度,罷免不稱職的士師。上主沒有拒絕他們的要求,惟擔心他們所選擇的君主制度,最終導致他們失去罷免管治者的權力。因為士師不是世襲性的,且不牽涉一個權力集團,所以,士師的更換比君王的更換相對地較容易。

第二,對神治社會(theocracy)的再界定。當這故事被理解為以色列人與上主之爭時,這似乎意含神治社會比任何形式的社會更理想。甚麼是神治社會?誰人代表上主執行管治?誰人有對上主旨意的解釋權?從中古世紀基督宗教與政權的關係到今日伊斯蘭教的國家,我們卻見證著神治社會極容易被當權者濫用或以宗教理由迫害異教者。因此,「神治社會」應被視為一個對上主尊重的社會,而不是制度上以宗教管轄社會。由此來看,君王制度的設立,並不必然就是推翻「神治社會」,因為重點在於君王是否按上主心意管治,還是以權謀私。

第三,上主尊重以色列人的選擇。對上主來說,以色列人是祂的子民,而不是奴隸。縱使以色列人的決定並非上主的旨意,但上主仍沒有強迫他們按祂的意思而行。上主賦予人有選擇的自由,包括了選擇魔鬼的自由。這就是「自由」的弔詭之處,如果人只能選擇善而不可能選擇惡,就不算擁有真正的自由。限制人的自由令人無法成熟,並難以享用上主所賜最寶貴的禮物。雖然如此,但沒有限制的自由卻會使人沉淪,傷害自己和別人。所以,當上主尊重以色列人的自由時,祂也頒布妥拉(*Torah*;即律法)。

第四,自由生活的重要。從上主的警告中,我們發現上主所關心的,不是祂在以色列人心中的地位,而是以色列人不會成為別人的奴隸。上主擔心下一代以色列人難以逃避這厄運。

由此看來，上主希望以色列人在政治和經濟上可以自由地生活。上主希望以色人不要只為自己設想，也要為下一代著想，因為下一代將要承受這一代人的決定。

第五，上主繼續牧養以色列人，沒有放棄他們。雖然上主威嚇日後不再理會以色列人的哀求，但事實卻不是這樣。一方面，上主替以色列人預備最好的君王（掃羅、大衛、所羅門）；另一方面，上主亦差派先知批判背離正道的君王。先知成為建制以外、監察和批判政權的代表，為受欺壓的以色列人討回公義。

雖然這故事不是針對本文所講的人權，但卻指出上主沒有因人可能的錯誤而不尊重人的自由，不容許人有犯錯的可能。反而上主用不同方法（例如：警告和興起先知）保護人的自由免受剝奪。上主明白沒有自由，人有待完成的就沒法實現，因為沒有自由，人就缺乏行動（agency）。此外，神權不是用來反對人權，而是反對殘踏人的行為。神權與人權可以站在同一陣線，而不必然處於對立位置。一方面，人的自由不只等於自由選擇，更應包括去實踐人生的目的，因為自由是讓人完成他有待完成的東西。然而，人的自由又不應過分地被指引；否則，人就無法實現他有待完成的東西。另一方面，我們需要保障人的自由不被別人的自由所剝削或壓迫。所以，為了保障別人而對人的自由有所限制是必須的。對自由的保護和限制，正是消極自由和積極自由的關係。

未完的討論

葉禮庭（Michael Ignatieff）說：「若人權被視為一個世俗宗教的話，人權就被誤解了。它不是一條信經，也不是形而上的。若這樣做的話，我們便將人權變成為偶像崇拜之一，就是人文主義對自己的崇拜。人權之所以得到普世的認可，是因為它對權利薄弱的理論，就是對任何生命最基本條件之定義。」[21] 即是讓生命不受阻地達成它的理性目的。他繼續說：「我們要停止思想認為人權勝利，反而開始思想人權作為一言語，創造了一個基礎，讓我們討論。」[22] 那麼，基督教可以如何討論？

第一，生態倫理指出，以人為中心的倫理只會帶來對生態的破壞。因此，當下以人為中心的人權思想，正是生態倫理要批判的對象。就此，基督教不是主張由以人為中心轉向以上主為中心，反而主張一種相互關係的倫理。不強調以上主為中心，不只是因為生態倫理的洞見，更是因為在正教會的傳統下，人最後是參與三一上主的生命（energy），與三一上主聯合。在相互關係下，我們對人權的理解有兩方面：一方面，人權需要從社羣理念來理解的。社羣當然可以很具壓迫性，但不要以為沒有社羣，人的自由就必然得到保障。因為若沒有一個社羣自覺有責任保護他者，人權所講對權利的宣稱，就不會被理會了。我們也沒有需要為別人爭取權利。所以，我們要批判的，不是社羣，而是某一種社羣。另一方面，人權沒有關注人在社羣中應如何生活，因為這已被理解為個人的事，與別人無關。結果，我們社會變成一個只講權利，不講責任的社會。但這樣的一個社會，不會為宇宙福祉帶來貢獻，因為社會不是由一個個獨立個體獨立地生存而形成的，而是彼此相連。在生態倫理下，這彼此相連不限制於人與人，更包括人與自然。

第二，人權過分關注人的權利，卻沒有提及人的德性。人身為人，不只在於權利，更在於德性（這是亞里士多德的看法）。在自由主義的基礎下，德性往往被視為是對人的思想和實踐之控制。自由主義認為人要對自己生活負責任，就是從自己的選擇開始。所以，保障人的選擇權比教導人怎樣選擇來得基本和重要。再者，若德性成為人權的發展方向時，人權就會傾向為一種當然權利，而不再是絕對權利。他們恐怕「沒有相配合的德性就不應有相關權利」這一邏輯容易形成。所以，不談德性的自由，成為當下對人權理解的基礎。

當人是上主的形象時，人也被上主呼喚效法上主（太五 48）。「形象」(image)不僅是一個名詞，更是一個動詞(imaging)。「形象」作為動詞，意指「人是上主的形象」可被視為一種潛在性，需要經過一個過程才能完全實現出來。德性倫理為此提供一個很好的途徑。德性倫理對人權的批判在於它少提及對他者的義務、寬恕和自我約束等等，但這一切又是人生命的基本。結果，人權只會無限地自我膨脹，合理化任何個人的喜好與行動。

以上對人權的批評不是反對人權，而是指出人權論述的限制。然而，我們的責任不是在法律上完備有關的人權法，因為人權法傾向一種消極的自由。因此，我們需要在文化和軟性力量方面多做功夫，為人權建立一個有愛與關懷的文化。以下，讓我以種族、性別和性傾向為例，探討基督教的角色。

種族歧視

在初期教會，一個主要的爭論點是外邦人信徒的地位問題（參徒十五章）。但當外邦人信徒的數目不斷增加時，外邦人信徒反過來對付猶太人（例如：三〇六年艾爾維拉〔Elvira〕大會禁止基督徒與猶太人通婚和一起進食；一〇五〇年納博訥〔Narbonne〕大會禁止基督徒住在猶太人家中；一二一五年第四次拉特蘭〔Lateran〕會議要求猶太人穿著特別服飾，從基督徒中分別出來）。這些經驗指出，宗教也逃避不了種族歧視的問題，所以，教會不要自滿，以為那些相信「上主愛世人」的人，就不會有種族歧視的傾向。

歧視往往出現在多數對待少數的情況中。所以，若在美國，我們會留意中國人和其他族裔人士是否受歧視；在香港，我們則會留意菲律賓人和其他族裔人士是否受歧視。然而，歧視也不一定是多數對少數的，因為身為多數羣體仍可以是沒有權力的。經歷殖民統治的香港人深明這一道理。此外，歧視不只是人與人的關係，更是一種集體意識下的表現。例如，若說對黑人沒有好感，不只是我個人的態度，更是受社會對黑人的意識形態的影響。例如，「黑」令人聯想起不好（是非黑白）、污穢和壞（黑社會）等等。意識比權力更難改變。香港的情況又如何？

香港的華人對種族歧視問題絕對需要有敏銳的自覺性，因為華人是香港社會絕大多數（佔百分之九十五），以致華人會較易忽略從少數族裔的角度看事物。縱使華人仍有一定機會接觸少數族裔（留意：這接觸是非常片面的），但又因大部分的少數族裔朋友都是從事勞動工作和身為海外雇員，華人那份高高在上的雇主心態，使他們輕視了種族歧視的問題。我們需要對《種族歧視條例》有所認識，這不是為了避免觸犯法例，而是為了不因無知而帶來對人的傷害。只有如此，歧視的情況才不會無形地繼續出現。

種族歧視可以另一種形態出現，就是優待外籍英語人士，從而對本地人產生不公平、甚至歧視。這是一種後殖民地心態，即人沒有因離開殖民地的角色身分而變得自主，反而昔日管治者的思維繼續塑造他今日的管治態度。例如，有大學內部指引表示，外籍英語申請人需優先聘用。其實，我們社會仍有很多人對歐美人士存在迷思，以致歐美人士比華人和菲律賓人等獲得更有禮貌和寬厚的待遇。這種後殖民意識需要更認真被認識和批判。

話說回來，歧視牽涉權力不平衡和錯誤的意識，所以，我們也需要從充權方面考慮，讓少數族裔有平等參與社會的機會。在就業、教育、福利和保護其文化傳統等方面，社會需要積極提供支援，而不只停留在呼籲人不要種族歧視。

我喜見有教會推動「與家傭同行」運動。雖然這運動的重點是改善雇主與雇員之間的關係，但在香港社會，這絕對是關乎種族的課題。這不只是一種軟性運動，它更為雇員爭取合理工資。此外，有基督徒團體在深水埗推動種族共融運動。例如，一個名為「Colour in Peace」的運動。雖然語言和文化的差異，使我們不容易同枱吃飯，但當因耶穌基督的死與復活，使聖殿的幔子，從上到下裂為兩半時（太二十七 51），教會認識自己身為種族間和好使者的職分，實乃是上主的呼召（林後五 17～21）。

兩性平等

按香港法律四百八十章性別歧視條例 22 條：

> 如為某有組織宗教的目的而作的雇用，只限提供予某一性別的人，以符合該宗教的教義或避免傷害其教徒共有的宗教感情，則本部不適用於該項雇用。
>
> 如為某有組織宗教的目的而授予的授權或資格，只限授予某一性別的人，以附合該宗教的教義或避免傷害其教徒共有的宗教感情，則第十七條不適用於該項授權或資格。

明顯地，第 22 條指出性別歧視條例並不適用於宗教團體。究竟這是宗教團體的特權，還是社會對宗教團體的尊重？另一方面，條例以附合宗教的教義或避免傷害其教徒共有的宗教感情為準則，以釐定某宗教團體對個別性別的偏用和授權，這又是否合理呢？究竟我們如何理解教義，如何衡量宗教感情，如何決定誰的教義和誰的感情呢？然而，到今日為止，平等機會委員會還未接獲有關這方面的投訴。

或許，當我們仍被以上問題纏繞時，讓我們聆聽上主的話：

> 所以，你們因信基督耶穌，都是上主的兒子。你們受洗歸入基督的，都是披戴基督了。並不分猶太人、希利尼人、自主的、為奴的、或男或女。因為你們在基督耶穌裏都成為一了。（加三 26～38）

保羅這番話不是以法例形式來表達的，因為兩性平等不是基於一個政治哲學的概念，而是基於基督教信仰的合一。合一所關心的，是兩性以愛和同在彼此相待，而不是權利的分配與平衡。因愛與同在，兩性平等絕不是權力鬥爭，也不是施捨，而是尊重和敬愛的表達。我們之所以能夠合一，不是基於我們人性的美善，而是基於耶穌基督的救贖。祂的救贖將一切人為的阻礙一一衝破，並將我們從標籤式的關係、排他式的關係，帶進一個合一的關係中。然而，這絕不是一個形而上的理念，而是一個生活的事實。因為耶穌基督的救贖是真實的、且是具體的。這正是為何保羅的說話，對當時的社會來說是很具革命性和政治性的。奇怪的是，我們今日卻倒轉過來受法例保護。

在追求和實踐合一時，個體個別的身分並不會因此而消失。在合一之中，男仍是男，女仍是女。沒有尊重男女於性別上的分別的兩性平等，並不是合一，而是劃一。在劃一中，兩性失去他們的獨特性，而性別就純是一個社會化的結果（角色），並沒有任何本體性的意義。合一是容許不同，但不因不同而分等級。當有教會以教義為由拒絕女性接受牧職時，我們就不禁要問，他們所持的是哪一個信仰基礎？事實上，在耶穌基督的救贖裏，我們已經合一了，究竟有甚麼教義可以使我們漠視基督救贖的意義呢？又當有教會以避免傷害信徒宗教感情為由而剝削女性事奉的機會時，我們已忘記了耶穌所成就的合一，卻將教會變得政治化。

我們追求兩性事奉平等，是以愛與同在為基礎的，並尊重和發掘個體性別本身的獨特性為原則，並要求對現存不平等提出反省與批判。若男女雙方沒有這樣的委身和態度，兩性事奉不但沒有平等，更會帶來張力。

性傾向歧視

一九九三年，由多個亞洲國家發表的《曼谷人權宣言》（*Bangkok Declaration on human rights*）指出，人權受不同文化影響，絕非普世性的。若人權是受文化影響的話，怪不得有人指出當下對人權的理解太受西方社會影響，以致同性戀也被視為人權之一。所以，當香港政府被批評為不尊重同性戀者的人權時，香港政府可以不予理會，因為這是西方霸權，一種後殖民主義。人權是否普世性？第一，若接受人權受文化影響的話，我們對中國政府侵犯人權的行為就要沉默，因為中國政府解釋這是中國國情，與中國文化和社會有關，其他人不會完全明白。第二，我們需要分辨政治及公民權利與福利權利之不同。後者是受社會文化和不同政治經濟影響，但前者卻不是。事實上，人權的普世性是針對前者而言的。第三，人權的普世性並不等於對人權的認識已完全可在《世界人權宣言》中表達出來。換句話說，《世界人權宣言》只是一個基礎。在這基礎上，我們仍可以作出補充。例如，十九世紀的歐美社會就強調解放受奴役之人、扶助被剝削之人、照顧受傷害之人和保護受迫害的人等等，但當下卻傾向強調個人自由。例如，《世界人權宣言》第十六條，即有關婚姻和家庭方面，正備受同性戀人士的挑戰。

> 成年男女，不受種族、國籍或宗教的任何限制，有權婚嫁和成立家庭。他們在婚姻方面，在結婚期間和在解除婚約時，應有平等的權利。
>
> 只有經男女雙方的自由的和完全的同意，才能締結婚姻。
>
> 家庭是天然的和基本的社會單元，並應受社會和國家的保護。

反對同性婚姻者堅持他們沒有違背《世界人權宣言》，因為婚姻是指男女關係。相反，同性戀支持者卻以《世界人權宣言》第七條反駁：

> 法律之前人人平等，並有權享受法律的平等保護，不受任何歧視。人人有權享受平等保護，以免受違反本宣言的任何歧視行為以及煽動這種歧視的任何行為之害。

同性戀支持者甚至認為，《世界人權宣言》第十六條是在沒有認識同性戀（或對之充滿偏見）的處境下制定的。這差異性正指出，人權的內容還沒有完成，仍在建立中。

事實上，因著對性傾向議題的討論，基督教變得很防衛性，甚至陷於一種政治恐懼。就此，可從二○○九年年初有關《家庭暴力條例》（簡稱「家暴條例」）修訂一事反映出來。爭議焦點是：是否應將同性同居伴侶納入條例受保障範圍。反對將同性同居伴侶納入條例者認為，這是間接將家庭進行定義，會為日後同性婚姻合法化鋪路。支持者卻認為，同性同居伴侶應平等地獲得條例保障，而這不應與爭取同性婚姻混為一談。前者主要以某類基督教人士為主（例如：蘇穎智牧師），後者包括基督宗教人士、人權倡導者、法律學者、性小眾等等。我不是要在此評論他們的差異和探討其他可能性，而是嘗試分析反對者中某類基督教人士由恐懼而建立的理性和行動。

若我們接受宗教與恐懼有一定的關聯時，宗教則同時為人類提供某種安全感，讓人類有信心和盼望面對艱難與恐懼。這與討論宗教是否真實沒有必然關係。然而，當宗教所提供的安全感化身為或等同於某種社會制度或秩序時，宗教人士便會漸漸失去對宗教超越性的體驗，反而被自己設計的恐懼所困。例如，當有基督教人士以婚姻和家庭（一男一女的公眾關係）來克服他們對關係秩序的恐懼時，他們就很容易將一切與一男一女不符的公眾關係視為不可接受、甚至邪惡。關鍵不必然在於離婚、同居或同性關係等，是否對社會秩序帶來破壞或它們本身是否邪惡，而是在於基督教不再讓人有信心和盼望面對恐懼，反成為維護社會現狀的力量。

在此，我們不需否定宗教對幫助人面對恐懼的價值，但宗教人士需要不將宗教提供的安全感，等同於某一社會秩序或意識形態。否則，宗教容易成為公民宗教（civil religion）。再者，縱使同居（不論同性或異性）可能令某些基督教人士感到不安，但基督教人士需要肯定安全感是來自上主，而不是某種社會秩序。

恐懼往往使人失去對人的信任，甚至充滿猜疑。這正是當下某類基督教人士的情況。第一，他們運用滑坡理論（theory of slippery slope）證明他們觀點的可信性。例如，蘇穎智牧師說：「條例通過將會鼓勵同性同居」。雖然滑坡理論提醒我們要留意可能的影響，但極端的推論（或想像）往往是恐嚇多於鼓勵思考。第二，雖然他們振振有詞地反對一切暴力，但他們卻看他們所定義的家庭比受虐者更重要，以致他們只要求他人讓步（例如：修改條例名稱），而不是自己先讓步。第三，他們只看見（或自製出）同志組織的陰謀，而看不見受虐者的臉容。縱使不少法律界人士已指出，條例所指的家庭不是定義婚姻，但他們仍傾向選擇抱持最懷疑的態度，因為「魔鬼在細節」的心態使他們要努力找出魔鬼，而看不見上主。

重點不在於以宗教理性參與公共論域是否合理，而是類似蘇牧師的言論和抱持「魔鬼在細節」的心態，只會令人對基督教產生懷疑。

不是一切不認同同性關係的基督教人士，都是敵視同性戀者的。但當不認同同性關係的取態是以政治運動的形式進行時，不認同他們做法的人，也不願公開批評他們的不合理。例如，有人無奈地說：「我不可以公開反對教會對條例的立場，否則我將工作不保。」當那些反對將同性同居者納入條例的人自覺自己是先知時(指在舊約聖經時代，宣告上主的話和對不公義批判的人)，他們便不會覺得自己有錯，因而缺乏自我批判的能力。先知的身分使他們不但不會考慮妥協，更以被批判和被辱罵為榮。

麥金太爾說：

> 面對黑暗時代……若這德性的傳統能夠在黑暗時代下仍能生存的話，我們就不是全然沒有希望……我們所等待的不是果陀（Godot），而是與他很不同的聖本篤（St. Benedict）。[23]

縱使這時代真的如某類基督教人士所說的是黑暗的，但如麥金太爾所言，教會要展現聖本篤的生命，就是透過教會細小的羣體，肯定信心與盼望、友誼與和平、尊重與自我反省等等德性，而不是製造恐慌，以維護自己的安全感。我們等待的，不是自以為先知的教會，而是聖本篤的教會。

延伸閱讀

Adeney, Frances S. and Arvind Sharma, eds. *Christianity and Human Rights*. New York: State University of New York, 2007.

Newlands, George M. *Christ and Human Rights*. Aldershot: Ashgate, 2006.

Reed, D. Esther. *The Ethics of Human Rights.* Waco, TX: Baylor University Press, 2007.

Regan, Ethan. *Theology and the Boundary Discourse of Human Rights*. Washington, DC: Georgetown University Press, 2010.

13
正義是對他者的虧欠

■ ■ ■

當討論人權時，我們不能不同時探討甚麼是正義。因為人權是否被尊重和落實，乃是正義所關心的；同時，正義的實踐反映對人權的理解。簡單來説，正義就是公平，即一個人應得到他當得的權利。例如，縱使犯法者要得到應得的懲罰，我們也要考慮他是否得到公平的審訊和判刑。坐牢時，他又是否得到公平對待等等。執筆時，香港正就有關最低工資和政制改革進行討論。正義是否等於通過三十三元的最低時薪？正義是否等於實行普選，並廢除立法會中的功能組別？

無知之幕

當討論公義時，我們不能不留意羅爾斯（John Rawls）《正義論》（*A Theory of Justice*）一書。[1] 基本上，羅爾斯的正義論是以自由主義作為基礎，即希望在承認多元的前提下，包容不同的價值主張和生活方式，在差異中建立合一。有別於效益主義，正義論沒有將人視為工具，反而為建立一個正義的行動提供原則。羅爾斯的正義論是針對社會的基本結構（即對於基本權利和義務），以及分配社會合作的利益，而提出所應該採取的方式。[2] 換句話說，正義論不必然適用於宗教團體、私人組織等等。

按以上理解，正義論所關注的是正確與否，而不是美善，所以，它是一種純粹程序正義（pure procedural justice）。純粹程序正義沒有一個獨立標準，先於程序，並由這標準決定甚麼程序可保證所要達成的結果。相反，純粹程序正義只針對確立一個公平程序，不論結果如何，就是公平。就著美善，羅爾斯說：

> 一個對正義觀念深層的分別，在於一方面容許理性對美善有多樣的理解（縱使有矛盾）和另一方面強調有理性和合理的公民持一個美善觀念⋯⋯政治自由主義假設有不止一個美善的觀念，並容許矛盾存在。[3]

事實上，每一個人心中都有正義感（sense of justice），但各人卻有不同的理解。正義不是決定哪一個對正義有更正義的理解，而是讓不同的正義可以在正義下自由發揮。例如，黑皮膚的人不能讀大學是不正義的，但正義不是等同於每一個人都要接受大學教育。在不同正義下，一個公平程序之所以能夠建立，需要得到社會全體的同意。否則，純粹程序正義就不可能是正義了。有別於完全程序正義（perfect procedural justice），純粹程序正義不需要有一個獨立標準，但仍可以確立一個正確程序。在純粹程序正義下，不是以結果來決定一件事正義與否，而是程序。要達到社會全體同意純粹程序正義，羅爾斯接受社會契約觀念。有別於傳統社會契約觀念，羅爾斯以原初立場

（original position）來建立他的正義論，即人在一個公平處境，以自由、平等和理性等原則作選擇，而這些原則是最合理的正義原則。對羅爾斯來說，「正義是社會建制中第一個德性，就正如真理是思想系統的德性一樣。」[4]

按羅爾斯理解，每一個人都是不同的個體，並且是自私的，多為自己利益著想。基於此，人會傾向選擇有利於自己的理由。一方面，我們不可能只靠個人喜好和需要來決定社會政策，因為人會犧牲他者的利益；另一方面，我們需要主動保障人的基本需要，以致當人遭遇不幸時，他也可以維持基本的生活，並自由地落實他對美好生活的實踐。甚麼才算是人需要的基本？羅爾斯認為它包括權利與自由、機會、收入與財富、自尊等等。[5]對於這處境，羅爾斯提出無知之幕（veil of ignorance）的假設。簡單來說，無知之幕就是立約者無法知道不同可能的選擇會對他產生甚麼影響，所以，立約者會傾向採用一個原則，就是考慮所有可能決定中的最差情況，並以最差情況中的最好結果作為選擇對象，因為在自利的原則下，這選擇是對自己最大的保障。無知之幕的無知，就是對外在一切環境的無知，也不知道自己身處在一個甚麼處境。然而，無知只是對身處環境的無知，而不是對知識的無知。所以，立約者對人類社會有一定的一般知識，以致他可以去評估不同事件的影響。對於無知之幕的假設，批評者認為是不切實際的，因為我們根本不可能真正處於這種狀態。雖然如此，但我認為若無知之幕的抉擇最後能呈現出正義，這不失為一個好的構想，但卻不足夠。當然，羅爾斯只處理一個程序正義，而不是對美善的界定。

羅爾斯所講的正義，是一個「對的概念」，而不是「善的概念」。在自由主義的基礎下，羅爾斯不會預設任何對善的理解，反而容讓不同人可以有其選擇。雖然如此，羅爾斯接受有所謂基本的善，就是那些為維護個人基本自由而有最基本的善。沒有這些最基本的善，人就不可能實現人的目標。那麼，正義就是保障人有這最基本的善。一方面，正義要求我們平等地對待國家的公民；另一方面，正義要求讓公民可以有合理的生活，以致他可以行使他的基本自由和落實他對美好生活的理解。對羅爾斯來說，社會基本的善仍是一種很薄弱的善理論，而不是完備的善理論。

基於以上的考慮，羅爾斯提出正義中的兩個原則：

1. 每個人應該同樣地享有最廣泛的基本自由，例如，集會和言論自由。
2. 社會和經濟上的不公平制度之所以被接受，在於：一、這使社會弱勢者得益（差異原則）；二、但條件是，職位和地位是向所有人平等開放的（均等機會）。[6]

第一原則指出一個正義的社會，必須賦予每一個公民相同的基本自由，不能因身分、地位、種族和性別差異等而有所不同。因第一原則不是要處理平等問題，所以，第二原則就是針對社會經濟所出現的不平等而設計的。然而，第一原則優於第二原則，所以，第二原則不能否定第一原則，也只有在第一原則被滿足下，第二原則才會成立。

換句話說，如果一個制度是為了得到較大的社會或經濟利益，而違反第一原則的話，這仍是一個不正義的制度。羅爾斯說：「對平等自由的制度來說，不可以為了更大的社會和經濟利益而放下第一原則。」[7] 此外，在第二原則下，均等機會原則優先於差異原則。例如，一個機構中的一個小職員，雖然他表現傑出，其能力足以勝任部門主管，但是若差異原則優先於均等機會原則，則這個職員可能要做一輩子小職員，而這個制度仍是正義的。因此，在均等機會原則優先下，這個職員就有機會發揮其能力。

在無知之幕下，羅爾斯認為人會選擇第一原則，享受最大的基本自由。同時，人也會支持第二原則，就是物質分配，因為他不知道自己是否就是那最不濟的人。然而，現實不一定如此，因為這牽涉社會財富。羅爾斯很清楚指出，當生活條件得到一定的改善後，相對於自由所帶來的利益，進一步提升經濟和社會利益的邊際意義就會減少。所以，當實踐平等自由權利的條件越充分時，自由的利益會愈加增強。但這又不等於說，只有等到所有物質上的需要都被滿足時，人才會優先看待自由。弔詭的是，縱使物質條件豐富，這又不等於人會追求自由，因為人也會利用不正義的制度，為自己謀取更多的利益。

雖然羅爾斯視維護個人自由為最重要，但他不是純自由主義者，而是平等主義者（egalitarianism）。這就是羅爾斯對正義作為公平的理解（fairness as justice）：以公平作為對正義的理解是針對平等的機會，而不是平等的結果。意即，若不平等是來自社會和家庭因素的話，正義就是為他們提供額外支援，甚至提供優待，但這不保證受惠者與其他人得到一樣的結果。所以，羅爾斯所講的正義，不是一種分配式的正義。

按羅爾斯最新的想法（《正義論》的修訂版），社會是一個公平合作體系，所以，我們必須對參與合作的人的能力有所規定。就此，他認為人需要有一種正義感的能力，即一種能夠了解、應用並依從正義原則行事的能力。此外，人需要具有一種實現某種人生觀的能力，即一種修改及理性地追求不同人生計劃的能力。沒有這種能力，人不但不會尊重正義、不投入維護正義，也會缺乏人生理想。然而，羅爾斯是要保障一個實踐自由的條件，而不是保障或推動某一種人生價值觀。人如何可以邁向這過程？羅爾斯接受道德心理學的理解，即人從權威的道德、社團的道德，到最後進入原則的道德。當成熟的道德主體意識到自己及所關心的人都是社會安排下的受惠者時，便會自覺遵從和捍衛正義的制度。但若人基本上是自利的話，羅爾斯對人的期望是否過於樂觀？若不是的話，他對無知之幕的假設又是否成立？

基本上，羅爾斯已接受了人是自利的，而在理性的原則下，自利動機會選擇利他的結果。個人自利的動機，在社會運作上會被轉化成為另一種價值。相反，若過分強調利他，社會整體發展可能會受到嚴重的阻礙。因此，羅爾斯拒絕任何一種社會價值，反而將自由視為最基本和最後的。問題是：無知之幕不一定可以製造羅爾斯所講的正義感。第一，羅爾斯對人性過分樂觀，以致他相信人會自覺地維護正義。例如，在深受父權意識影響的社會中，女性被壓迫的經驗便使她們質疑這種自覺性。第二，當下以不同形式爭取正義的事，已反映出無知之幕對促進正義的有效性並不如想像中有效，以致人民要用不同的方法促進正義。第三，無知之幕只是一個假設。相反，羅爾斯只是用這假設推銷他個人認同的價值，即政治自由主義。我們不可能純粹從自利的角度討論公義，因為正義需要有人願意為他者多走一步，甚至放棄自己的權利。

對正義更多的考慮

按羅爾斯的理解，正義需要考慮差異原則，將人因不幸而對其實踐自由所帶來的影響，減至最低。然而，這所謂的不幸，是否包括受個人因素影響？例如，一個人選擇吸毒，並因此可能面對居住、生活和醫療等等需要。從正義的角度來說，社會是否需要負擔他的需要？他個人的責任又如何？他的現況是屬於不幸，還是與不幸無關？其實，類似的例子，也發生在那些因沒有控制食慾而導致膽固醇過高或糖尿病等人的身上。社會是否應該為他們提供免費醫療服務？或許，我們可以就著不幸一事加上一個合理的原因，以決定差異原則是否適用，但問題是，合理的原因本身都存在著爭議性。另一方面，當將焦點集中在個人身上時，我們發現個人選擇跟其所屬社羣是有關的。換句話說，一個人的選擇是受其社會和家庭影響的。那麼，他的選擇就不純是他的個人選擇了。例如，有研究指出，勞動階層比白領人士有更多人抽煙。所以，當我們說，一個人要為他自己的選擇負責任時，我們也發現他的選擇已受其所屬之階層決定和影響。他仍可說是不幸嗎？

第二，正義不在於人的責任，而在於每個人都有一種共同價值，需要被同等對待。再者，平等是重要的，因為這牽涉到人要有足夠資源，實現人的基本目的。我們相信沒有人會反對人要同等地被對待，但問題是，甚麼是同等？這牽涉不同的考慮。第一，同等是否受制於對公民的界定？意即，在某些事上，不是香港人便得不到香港人的對待。第二，甚麼是足夠，以致我們可以對某些過分的要求不予理會？香港社會曾就綜援津貼中有關電話服務一事引起討論。這是否人的基本需要？

第三，社羣主義認為人不是獨立的，反而與其所屬之社羣有密切關係。人不是完全按他自己定下的目的而活的，而是受其社會影響。按這理解，無知之幕不但不成立，正義也不是普世性的，反而受社會文化影響。在羅爾斯的理解下，正義被視為自我利益和自我追求，而人對社羣則沒有任何責任，可見他對社羣完全缺乏認識。此外，在強調程序正義下，人對其他人的結果不需要負任何責任。最後，人退縮到私人領域，而不需要承擔任何社會責任。沃爾澤（Michael Walzer）說：「一個社會是正義的，意思就是人可以過著某種生活，而這某種生活是其社羣成員所共享的⋯⋯正義是植根於由地方、工作和不同事所建立的共同生活。」[8] 忽視這一切，乃是不正義的行為。對於沃爾澤的觀點，我們仍有保留。一方面，中國社會可以理直氣壯地指出，它不需要完全遵守人權公約，因為正義是社羣的；另一方面，女性主義者亦可指出，所謂社羣，只是父權的社羣。那麼，在社羣下的正義，仍可以是不正義的。

第四，諾齊克（Robert Nozick）有關資格式正義一說，反映了人對社羣主義所存的憂慮。他認為正義即資格，就是人擁有合法取得財產的權利，而且只要沒有侵犯他人權利，人就可以隨心所欲地處置自己的財產。按他的理解，一個正義的分配需要滿足三個原則。第一，獲取原則，即關乎一個人對他所擁有的之合法性；第二，交易原則，即關乎一個人轉讓他的擁有權的合法性；第三，賠償原則，即對那些不遵守前兩個原則的人之要求。他不贊同差異原則，因為人所擁有的物質是來自他自身的努力，而非從剝削而來的。因此，他認為現時政府透過稅率機制，對愈富有的人徵收愈高的稅項是不公平的做法。

面對以上批評，羅爾斯在其另一著作《政治自由主義》（*Political Liberalism*）中解釋說，他的關注是政治而非生活的全面性。所以，人不需從社羣中釋放出來，仍可以在其生活的世界中追求和參與不同社羣的美善。這正解釋了為何他認為人在政治領域中的關注，可以跟不同人的理念共存。他對正義的理解，只適於一個奉行民主制度的社會。換句話說，他所講的正義並不是普世性的。然而，羅爾斯認為，個人層面與政治領域是不同的，因政治領域要求人從他們的目的分別出來，但在個人層面則無此需要；但社羣主義卻對此不表認同，因為人的政治表達，與其人生目的是息息相關的。

憐憫比公平更正義

以上對正義的討論，帶出幾個相關的概念：第一，交易正義。這是處理人際間的公平交易。第二，分配正義。這是處理國家對國民按其貢獻與需要的比例所應該付出的。第三，法律正義。這不只是一種程序上的正義，更是成員對團體應該公平的付出。第四，社會正義。它指社會有責任提供適當的環境，使每個人因其身為人已經享有的人性尊嚴得到尊重，而因此尊嚴所衍生的權利亦得到保護和行使。教會對公義的討論在於聖經對貧窮人、受欺壓者和被邊緣羣體的憐憫。聖經有這樣一段話：

> 因為天國好像家主清早去雇人進他的葡萄園做工，和工人講定一天一錢銀子，就打發他們進葡萄園去。約在巳初出去，看見市上還有閒站的人，就對他們說：「你們也進葡萄園去，所當給的，我必給你們。」他們也進去了。約在午正和申初又出去，也是這樣行。約在酉初出去，看見還有人站在那裏，就問他們說：「你們為甚麼整天在這裏閒站呢？」他們說：「因為沒有人雇我們。」他說：「你們也進葡萄園去。」到了晚上，園主對管事的說：「叫工人都來，給他們工錢，從後來的起，到先來的為止。」約在酉初雇的人來了，各人得了一錢銀子。及至那先雇的來了，他們以為必要多得；誰知也是各得一錢。他們得了，就埋怨家主說：「我們整天勞苦受熱，那後來的只做了一小時，你竟叫他們和我們一樣嗎？」家主回答其中的一人

> 說：「朋友，我不虧負你，你與我講定的不是一錢銀子嗎？拿你的走吧！我給那後來的和給你一樣，這是我願意的。我的東西難道不可隨我的意思用嗎？因為我作好人，你就紅了眼嗎？」這樣，那在後的，將要在前；在前的，將要在後了。（太二十 1～16）

這段聖經可能令很多人感到不安，因為這位比喻上主的主人，對市場經濟和現代管理似乎一曉不通。若按他所行，公司必然倒閉。因為：第一，他不是按工作需要而進行招聘，反按人對工作的需要而作聘請的決定。這不但會減低利潤，更為日後製造龐大冗員的危機。這對公司發展肯定是負面的。第二，雖然有人會認為這故事是關乎合約精神，所以，這主人沒有甚麼不對，反而雇工不遵守合約。然而，這不代表他懂人事管理。或許，做一小時的工人會感激這位主人的慷慨，但其他工人肯定因主人的做法而被分化。這對員工關係是破壞多於建設。話說回來，這位主人的行為卻似曾相識，因為他的管理模式，有點像我國於還未提出有中國特色的社會主義前所倡議的行為。或許，我們對這主人的不認同，正反映出以公平為原則的正義和以憐憫為原則的正義之間的矛盾。

另一方面，這故事令我們產生更大的不安，原因是它竟用來比喻天國。不安有兩個可能原因：第一，天國竟是如此。尤其對於耶穌那句「在後的將要在前，在前的將要在後」，聞者心裏感到不是味兒。這有違我們習以為常的排隊和「遲來先走」的文化。第二，若天國是我們社會的遠象時，我們如何能接受這種社會秩序？這必引起社會動亂。

當我們正為著這故事的「不合時宜」大傷腦筋之際，便發現我們往往太快將自己與第一批被主人聘用的人產生認同。但事實上，我們都是屬於沒有氣力、沒有能力的一羣。我們之所以被聘用，全是上主的恩典。以我為例，若不是父母對我的養育、內子對我的信任、教會給我的機會、無名氏給我經濟援助以完成學業、社會對我的培養等等，我豈能有今天的工作與成就呢！不論今天你們如何高薪厚職，我們也是受上主和其他人恩澤。此刻，這比喻不再是關乎人事管理，也不牽涉企業運作，而是關於羣體的關係與建立，就是人如何彼此看待。一方面，稍為有能力者究竟該如何看待有需要者？他們的出現是要搶去有能者的福利和飯碗？還是有能者應看自己所擁有的一切，皆是由無數的人對他們培育的結果，以致向有需要者的分享是應當和樂意的？另一方面，有需要者又該如何看待有能力者？他們的能力是否必然是從剝削他們的生活而來？還是看有能者的財富也可以是他們努力的成果？當富裕者厭棄貧窮者，並認為他們「連累」他們時，又或者當貧窮者抹黑富裕者的人格，並認為他們是剝削者的同義詞時，我們已陷入一種彼此猜疑的關係。對方已從「你」成為一個死物的「它」。耶穌的比喻，正指出我們需要一顆感謝和憐憫的心靈。否則，其他人的出現，只會成為一種威脅或可被利用的工具。

當下我們的社會變得愈來愈個人主義，看自己的利益為最重要和最優先。「人不為己」變得很天經地義；相反，一份為他人著想的心，卻被視為傻子。人的自私和自利不是在市場經濟後才出現的，但卻在市場經濟模式下變得十分自然，甚至變得合理。在市場經濟模式下，是個人的利益使我們聚合，而不是因有共同的社會願景。此外，我們處處強調物質取向的個人利益，對那些沒有帶來個人利益的活動並不熱中。我們認為終極倫理的規範，是要讓個體可以追求他認為最有經濟回報的事，而不是社會公義。事實上，個人主義是一種將個人從社羣中獨立出來、且退縮至一個以家庭和朋友為主的世界圈內。在這個細小的羣體中，他們建立自己的旨趣，並樂於讓外面的社會自行運作。對他們來說，友誼不是公開的，而是封閉的；友誼不是接納陌生人，而是排斥外人。

一個最教人失望的社會，就是人與人之間以陌生人相待，別人的事不關自己的事、人與人的關係只關乎利益和物質。這是一個無情的社會。縱使這樣的社會也講正義，但正義只單被解作對自我利益的保護；縱使這樣的社會也講憐憫，但憐憫卻是一種有空和有餘才行的事。一個有正義而沒有憐憫的社會，將是一個冷酷的世界，因為人與人之間不談犧牲，只講權利。耶穌的比喻向我們揭示出一個真理，就是我們的社會是否願意為弱勢羣體放下自己的權利，而多做一點、多走一步。憐憫不在於我們有多少能力，卻在於我們對正義的嚮往；正義不在於我們擁有高尚道德，卻在於對有需要者的憐憫。然而，耶穌的比喻不是要我們仿效它的運作模式，因為這是天國，這不是我們可以做到的。但它卻為當下的社會提供一個視野、一份嚮往，就是沒有以憐憫為基礎的正義是冷酷的。

正義是公共福祉

從神學角度來看，正義並非限於個人，而是關乎公共福祉。人不只是公共福祉的惟一對象，更包括非人類的受造物。所以，公共福祉是一個生態的概念。至於公共福祉，則是上主的福祉。在上主的福祉之下，世界才得著真正的福祉，因為上主的福祉是為世界的福祉。所以，公共福祉是世界共同分享的上主禮物，也共同承擔彼此的責任。一方面，在基督教的信仰下，公共福祉是指向終末的，因為只有在上主裏，世界才可經驗公共福祉；另一方面，這終末的公共福祉又成為社會應要邁向的目的，而教會的責任就是將基督徒的生命吹進世界裏。相對於基督教，天主教教會對公共福祉有較全面的看法（指《教會社會教義手冊》〔*A Handbook of Catholic Social Teaching*〕）：第一，簡單來說，公共福祉指出個人與社羣的關係，以抗拒個人主義。第二，公共福祉是上主對受造世界的心意。每一個人在正義和愛之下可以公平地分享一切美善。第三，人類之間的團結，指出彼此的責任。第四，公共福祉有助促進原則之達成，所以，政府需要支持這些制度和組織，例如是家庭。第五，與貧窮人為伍的立場。[9]公共福祉所假設的乃是一種社會共同性，但當現實不是如此時，強調公共福祉的教會，又如何說服公共接受其對公共福祉的理解？

公共福祉往往給人一種獨裁的印象，所以，教會要特別留意教會對公共福祉的推動。事實上，若用哈伯瑪斯的公共論域作為解釋工具時，公共福祉則可以被視為一個由最好的理性所決定的結果。當然，所謂最好的理性的結果，不排除會存在一定的扭曲性。因此，公共福祉永遠是一個未完成的過程。再者，歷史已向我們證明，縱使人類有錯誤，但人的良知和對美好的嚮往，仍使他們有獨立的批判能力。

就著教會對公共福祉的參與，韓能巴（David Hollenbach）提出「智性的團結」（intellectual solidarity）。他說：「智性的團結是用來描述思想的指向，就是它視不同傳統的差異是一種對跨越宗教和文化界線的智性之刺激。」[10]這指向使人對差異抱著正面的態度，並希望透過正面與對方接觸，從而帶來理解。首先，智性的團結歡迎對美好生活的不同詮釋，並相信可以從中學習寶貴的經驗。這也是言說者的態度。智性的團結是一種相互的學習。沒有這種相互的學習，就沒有團結的可能，而誤解亦往往由此而生。因此，文明成為智性的團結十分重要的基礎。文明表現在與人的接觸上那種完全的相互性和互相尊重。[11]這種個人的德性，建基在每一個人都是平等和自由之上。因對平等和自由的尊重，智性的團結強調寬容，但同時亦強調透過合作和互動關係，加強彼此的連繫。就著社會探問本身，韓能巴提出聆聽和謙虛等德性。[12]第二，這種相互學習，發生在生活世界的各個層面中，並以不同形式出現。就此，韓能巴對於羅爾斯的「逃避方法」(method of avoidance)提出強烈的質疑。按羅爾斯理解，公共生活儘可能不要對任何宗教、哲學或道德，以及與其相關的哲學性真實和價值的地位作出肯定或否定。[13]只有如此，人民才有自己的生活空間。羅爾斯並以此為由，拒絕以宗教理由參與公共生活。現實上，羅爾斯的提議並不合理，因為人參與社會生活豈可能與自己的文化和歷史切割。相反，我們需要尋求合作，讓相異的彼此可以共存，並且讓各方均可有所貢獻。那麼，智性的團結不是採取抽離或對抗的態度，而是透過理性達至彼此可接受的決定。至於理性，則可以透過不同方式產生。例如，對話探索性模式就是認識他者對美好生活的理解，辯論模式則透過向他者陳明為何自己的立場比其他優勝。韓能巴指出，對話乃先在文化生活中產生，繼而在政治和經濟領域中進行討論。[14]換句話說，公共領域不只是一個獨立的空間，更是人與人交往的文化空間。第三，韓能巴認為公共論壇不是為要爭取各自更大的利益，而是探討為何某立場對整體社會是更好的。所以，他強調「有商有量」(deliberation)，而非「討價還價」(bargaining)。[15]「有商有量」式民主不是依仗參與者的一致性，也不是一種有既定立場的討論，而是一種從相互學習中尋求共同生活的最好方法。要達到這目的，言論自由、集會自由和宗教自由等是基本的。

韓能巴認為，基督教倫理不是只為基督徒而設的，反而是為了所有人，因為我們相信人類有同一位上主，並分享著共同的起源和命運。又因理性是上主給予人類最大的禮物，所以，人類可以用理性去發現和認識更多事物。事實上，在天主教傳統裏，理性與啟示並非對立。縱使理性不可能取代啟示，但啟示是實現理性，而不是否定它的。例如，在耶穌會（Society of Jesus, the Jesuits）的傳統中，榮耀上主與公益是不可分割的。尋求公益就是上主榮耀彰顯在地上，而尋求上主榮耀就是追求公益。聖依納爵勞耀拉（St. Ignatius of Loyola）説：「愈普世的美善，它就愈神聖。」[16]

在此，韓能巴特別引用天主教教會所提出的對話性普世主義（dialogic universalism）。[17] 對話性普世主義指出，理性總離不開歷史。換句話説，一切知識（包括科學）都是受其歷史影響，而每當新問題出現，就會帶來新的理論。理性的歷史性並不等同歷史的相對主義，人即使在歷史的限制下，仍可以尋求真理。這不只是對人文科學來説，更是對自然科學來説的。在這理解下，對話就是先認識自己的傳統，繼而與其他使人類邁向美善的傳統進行對話。對話就是相信人類的美善是值得追求的，而這美善亦是可共同分享的。因此，普世乃是一個對話後的結果，而非完全由教會所掌握。事實上，天主教教會亦承認，它今日對基督福音的理解，都是透過昔日的對話和不同概念的幫助而得來的。韓能巴認為，若因對話而帶來個別傳統的革命性改變時，這不應視為出賣信仰，而是一種對信仰的深化。[18]

總結來説，公共福祉是不同的人和羣體，相信共同生活的重要性，並嘗試透過彼此尊重、對話和理性溝通等，尋求美善的生活。因此，任何投身於追求公益的個人或羣體，都不應該被排斥。因美善生活有一定的客觀性，所以，對話和預期的討論結果，不應取決於投票和雙贏理論，反而應以謙讓的心，接受被改變和進行改變。

以正義合理化不正義

文中起首問過：正義是否等於通過三十三元的最低時薪？正義是否等於實行普選，並廢除立法會中的功能組別？就著第一個問題，最低工資對受保障的工人是福還是禍？我認為這是一個屬於於兩惡擇其輕的問題，但也是一個正義的課題。正義就是讓人的基本生活需要得到滿足，以致他們可以追求自己的生活理想。當一個人要每日工作十小時，而他所得的收入仍不能滿足其基本需要時，這是不正義的。

第一，工人得合理工資是合理的。合理不只是由供應和需求決定，更是由人的生活所需來決定的。這一要求不是對市場的干擾，因為社會不是市場。社會需要有願景，而最低工資就是邁向願景的實現。然而，最低工資的爭議，並不只是限於雇主和雇員的關係，更牽涉到對香港社會整體結構的檢視。其中的例子，就是地產、租金和高地價政策等。

第二，有某些雇主說：若最低工資定得過高時（指每小時二十七元以上），他們便會結束某些利潤不高的門市。有酒樓老闆說：他們只好不計算員工在兩更之間的休息時間，即變相減薪。也有某些學者說：香港的競爭力將會因而削弱，影響整體就業狀況。綜合來說，最低工資是「好心做壞事」。若人是自私的話，我相信有些雇主會用種種方法，以減低其對工資上調的承擔。

第三，反過來說，若最低工資定得過低時，整體社會就需要承擔低收入人士的生活。當企業將他們的責任轉移給社會時，這是不正義的，因為社會反對資助企業，並鼓勵高租金。

那麼，最低工資就不僅是雇員對雇主的要求，也是社會拒絕承擔企業當負的責任。

要保就業還是要有合理收入？如何制定最低工資的平衡點，以致雇員的生活能得以改善，而雇主又不用裁員或甚至結業？二十四元、二十七元還是三十元、三十三元？一方面，這是一個兩惡擇其輕的問題，即需要找一個中間點；但另一方面，這所謂稍輕的惡，究竟如何反映出向正義邁向多一點？即支持二十四元或二十七元者，需要向公眾解釋這時薪如何體驗更多的正義。

至於第二個問題，梁燕城曾撰文〈從羅爾斯正義論看功能組別〉(下簡稱〈梁文〉)討論，茲徵引如下：[19]

> 香港政改方案出台，可惜對功能組別問題未提方向。本人支持香港民主化，但反對廢除功能組別，因為這是保護少數羣體，維持正義原則的體制，然而功能組別須擺脱小圈子，經由普選去選出代表組別的議員。
>
> 當代哲學家羅爾斯(Rawls)在其名著《正義論》批判功利主義，指出公正的社會，不是只為最大多數人的最大利益，卻是要兼顧少數羣體的要求，正義的民主體制不能為了多數而犧牲少數的權利。羅爾斯認為，正義的原則須假設人人平等的「原初狀態」(original position)，正義建立要在「無知之臉紗」(veil of ignorance)背後，對一個人的背景、權力、社會地位、知識能力等必須無知，所有人要一律公平對待。
>
> 正義的第一原則是任何人公平地擁有與人人一致的基本自由。正義的第二原則，在社會與經濟資源分配上，一須人人有公平的機會爭取應得的位置，二是使社會佔少數的弱

> 勢羣體得到優先幫助。正義論保障每一個個人，由之引申，亦要保障由少數個人組成的羣體，正義的體制須讓每一少數羣體有平等的權利和表達的機會，不論其背景與地位如何，均應在政制中有發言權。若用羅爾斯的「正義論」看香港政改問題，依據「無知之臉紗」及第一原則，維持功能團體在議會是符合正義的，因為民主體制必須保障少數羣體的權利，不論其屬什麼背景。一個地產巨富羣體及一羣低薪勞工是有同等地位和權利，社會中不同少數羣體均須在議會有代表權。
>
> 香港政制設立功能組別存在，其原意是為了平衡各方的利益，保護社會有特殊和重大貢獻的少數精英，不會被多數人的意志壓抑其權益，這是按正義的原則。但過去卻忽略了另一少數羣體，就是貧困的階層，因此其正義原則未完成。故香港政改須考慮羅爾斯所提的正義第二原則，貧困的弱勢羣體應有平等機會，且應優先得到幫助，故此功能組別須增加弱勢者的組別。
>
> 作為民主的平衡原則，重視佔少數而影響大的精英是合理的，但必須同等重視弱勢羣體，讓其在議會有代表，才能達致真正的平衡與正義……
>
> 維持功能組別是保障少數者的利益，也能平衡多元的要求，但須避免走向另一極端，變成小圈子選舉，故功能組別須由普選決定，每一界別可推舉兩位以上的候選人，交全民投票，則可同時兼顧正義與民主的原則。

第一，〈梁文〉嚴重地錯誤理解羅爾斯的正義論。認識羅爾斯的人，皆知道他是一個政治自由主義者。換句話說，在維護和保障自由和民主的條件之下，他才討論差異原則和均等原則。但

〈梁文〉卻繞過這基本立場，不問現時香港的政制與社會是否維護人民自由，就以差異原則支持保留功能組別。第二，〈梁文〉進一步扭曲羅爾斯的差異原則，將商界、金融界和地產界等視為「弱勢」者。當〈梁文〉擔心少數精英和地產巨富被排斥於民主之外時，他竟然對因商界高度控制香港財富而導致嚴重的貧富懸殊隻字不提。第三，我或許會支持〈梁文〉提出功能組別須增加弱勢者的組別，但問題是如何具體地落實。有見及此，婦女團體已主動婉拒這好意。第四，〈梁文〉似乎刻意地不具體討論現時立法會分組點票的設計，而只抽空地討論功能組別的角色。意即，在現時制度下，任何由個人議員提出的議案，都需要分別在功能組別和地區直選議員中獲半數通過才可以接納。事實上，在主要由商界控制的功能組別下，很多有利民生的議案都被否決了。

〈梁文〉對羅爾斯《正義論》的扭曲不是一時錯誤閱讀，因為他清楚知道功能組別只是小圈子選舉。所以，他最後提出「每一界別可推舉兩位以上的候選人，交全民投票」。但他混淆了提名權與選舉權，沒有提名權的選舉權，就是一個象皮圖章，因為候選人可以是爛蘋果和爛香蕉。相反，若〈梁文〉忠於羅爾斯的分析，梁燕城應該會説，功能組別是不附合純粹程序正義，因為有人有兩票，但大部分人只有一票。

延伸閱讀

Hollenbach, David. *The Common Good and Christian Ethics*. Cambridge: Cambridge University Press, 2002.

Lebacqz , Karen. *Six Theories of Justice*. Minneapolis, MN: Augsburg, 1986.

Sagovsky, Nicholas. *Christian Tradition and the Practice of Justice*. London: SPCK, 2008.

Wolterstorff, Nicholas. *Justice: Rights and Wrongs*. Princeton, NJ: Princeton University Press, 2008.

第四部

和平的福音

14

在國際關係中的和平使者

■ ■ ■

按赫爾德（David Held）和麥克格魯（Anthony McGrew）的理解，全球化是指「跨越洲際的流動和社會互動模式的影響範圍擴大，影響程度的加劇、加速與更加深入。」[1] 這擴大和日益深化的相互結連，並不必然帶來和諧世界社會的誕生；相反，它可能製造出更多的失衡與衝突，以及不對稱的發展。前聯合國總幹事安南（Kofi A. Annan）說：「全球化有無限潛能去改善人類生活，但與此同時，它也可以破壞人類生活。那些不接受它的普及性和全面性的人，就會被遺下。我們的責任就是防止這事的發生，並保證它為全球帶來進步、繁榮和安全。」[2] 我們如何規範全球化的發展，讓它帶來人類社會的融和與繁榮？本文嘗試透過對國際關係和文化衝突的分析，提出德性倫理與教會作為志願社團對全球化發展的重要性。本文對教會在國際關係中所扮演的角色，傾向著重其道德和服務的「軟性權力」（soft power），多於其社會運動的角色。當然，這兩者不存在非此即彼的關係。所謂軟性權力，就是有關對構成國家或非國家在國際關係中的無形權力之態度潛能。[3] 例如，文化、道德和意識形態等等。

國際關係的特色

在全球化下，國際關係成為當下社會一個重要的課題。一方面，國際關係嘗試處理國與國的矛盾，減少彼此間的衝突；另一方面，國際關係嘗試加強國際合作，建立一個共融世界。然而，研究國際關係的學者指出：「國際關係研究是在處境下的社會互動，其中並沒有更高的權威去調停。此外，國際關係不在任何單一政府裁決權之內。」[4] 換句話說，國際秩序是一種無政府狀態，沒有跟從規範的必須性。[5] 例如，美國和澳洲並不會因為不簽署《京都條約》(Kyoto Protocol)而遭排斥，反而美國可以違反國際秩序，私自攻打伊拉克。那麼，我們該如何維持和促進國際秩序？這成為學者們專心研究的課題。

現實主義者(realists)認為，國家是國際關係最重要的演員，維護國家安全是政府最基本的關注。[6] 若國際關係的特性是無政府狀態的話，當有國家被侵略時，沒有一個組織可擁有超然地位，仲裁國家與國家之間的是與非。為了防止被侵略，國與國的權力平衡就成為了國際關係的基本邏輯。雖然權力平衡是需要的，但這不足以建立一個有道德的國際政治秩序。例子之一，就是在冷戰期間的軍備競賽，這只令國際趨向緊張關係。第一，權力平衡或許可以減輕衝突，但它不保證公義得到維護，反而可以藉此剝奪別國的利益。例如，一九三八年的慕尼黑(Munich)事件，英國和法國容許德國侵佔捷克，目的是為了平衡德國與英、法兩國的權力。第二，為要達至權力平衡，不同國家亦會結盟。當某些結盟勢力日益擴大時，弱勢者就要被迫加入。否則，它就會被孤立。由此看來，所謂權力平衡，可能只是另一種權力霸權。第三，當國家被視為國際關係中最重要的演員時，本國國民和其他國民的利益，隨時可以為了國家安全而被犧牲。例如，美國政府以反恐怖主義為名攻打伊拉克，也以反恐法剝削國民的自由。二〇〇八年，緬甸政府以國家自主為由，拒絕國外救援組織參與其國內因天災所導致的災難。現實主義的優點是它沒有將世界理想化，它提醒我們不要過分期望建立一個超級制度或政府來回應國際關係。弔詭的是，在現實主義下，國際秩序可能會趨向更緊張、更互不信任和更不公平的狀況。

除了現實主義之外，多元主義者提出國際關係並非全由國家決定，而是受不同因素影響。多元主義者認為，國際關係本身牽涉複雜的相互倚賴性、不同參與者互動的結果。例如，在經濟層面上，跨國企業的決定會影響其投資國家的政策；在民生層面上，跨國志願社團連繫各地社羣，並對當地政府的監察扮演舉足輕重的角色（例如：人權監察）；在文化層面上，宗教的發展對世局的影響亦不容忽視（例如：伊斯蘭原教旨主義的復興）。多元主義並非要否定國家在國際關係上的角色，而是指出國家只是國際關係這一領域的其中一部分。因此，國際關係並非純是一個國家與國家之間的權力平衡遊戲，非政府跨國團體也扮演著重要的角色。

除了現實主義和多元主義外，有關國際關係的理論還有馬克斯主義、後現代主義、婦女主義和建構主義等等。大抵上，我接受國家不可以擺脫其自我利益而追求全球利益。此外，我也不認為建立一個超級政府就可以維持國際秩序。相反，我認為促進世界和平、為貧窮人帶來公義，以及為尊重生態保育等等的力量，乃來自非政府力量多於政府力量。這說法並非要將國家與非政府社羣對立起來，而是指出在無政府狀態的國際關係特性之下，倚賴非政府社羣的影響力似乎更加適合，因為它所倚賴的是道德力量而非政治力量。再者，這道德力量可以發揮全球化的正面力量，即連繫不同地區、不同宗教和種族人士。孔漢思（H. Küng）的〈全球倫理宣言〉（“Declaration Towards a Global Ethic”）正是一個以宗教為基礎的嘗試。[7]然而，我們知道不同類型的全球倫理只屬於一種呼籲性文件，而非法律性文件。又縱使如《京都條約》般以彼此制約的形式出現，但美國和澳洲仍可拒絕簽署確認條約。[8]這正是軟性力量的限制，但這又不等於建立一個全球政府就可解決。如起初所說，國際關係的特色是無政府狀態。事實上，聯合國絕非我們想像般這麼有權力。

不同社會的文化特性

亨廷頓（Samuel Huntington）在《文明的衝突與世界秩序的重建》（*The Clash of Civilizations and the Remaking of World Order*）一書中指出文化之個別性的重要。[9]在全球化過程下，不同社會開始對其文化、價值取向和文化差異有明顯醒覺（尤其對民族、國家和宗教傳統的再發現）。這份醒覺的重要性，在於它能喚醒個別社會拒絕接受全球單一化的統治。亨廷頓認為，這種文化差異是不可協調的，因為文化關乎一個社會最基本的價值，而這些價值則反映在公民與國家、上帝與人、男人與女人、權力與責任、個人與集體、自由與權柄等關係上。對這些關係的不同理解，將構成每一個文化的獨特性，而這更是每一個文化與其他文化接觸的先天條件。他說：「其他文明中的少數派擁抱和促進這些價值觀（指民主、自由市場、人權），但在非西方文化中，對這些價值觀的主流態度既有普遍的懷疑，又有強烈的反對。」[10] 一方面，文化決定社會的結構；另一方面，它限制了不同社會的發展。亨廷頓進一步認為，這種固定和不可改變的文化，將會發展為與不同文化對立的源頭。尤其在全球化下，人與人的接觸變得頻密，而衝突也將加劇。他認為將要來的衝突，乃是西方文化與伊斯蘭文化、西方文化與東方文化、東方文化與印度教文化、東正教文化與日本文化等之間的衝突，而宗教就是文化的基礎。

對於亨廷頓的看法，我並不完全接受，因為他假設了諸文化沒有改變和對話的空間。又縱使有對話，他也認為不會帶來諸文化的彼此了解。但現實卻不是這樣的。再者，不同宗教之間正努力推動宗教對話，盼望可以避免由無知而起的衝突。例子之一，就是教宗本篤十六世（Pope Benedict XVI）訪問以伊斯蘭教為國教的土耳其，並與該國伊斯蘭教領袖見面和對話（二〇〇六年十一月）。雖然我不完全認同文化衝突是不可避免的，但亨廷頓指出文化獨特性這一點，仍值得我們深思。第一，任何嘗試建立一套普遍倫理體系都並不恰當，因為每一個文化都是獨特的。因此，強調自我認識、理解對方和彼此包容的倫理，比起建立一套跨越文化的普遍倫理更值得考慮。第二，全球化傾向單一化。這種單一化趨勢以文化、政治和經濟形式霸佔其他文化。因此，如何避免全球倫理成為全球單一化的輔助力量是我們應有的關注。例如，葉禮庭（Michael Ignatieff）便注意到，伊斯蘭文化、儒家文化和後殖民主義正對以人權為基礎的全球倫理提出質疑。[11] 伊斯蘭文化對宗教自由的理解便有別於《人權宣言》的理解；儒家文化（以新加坡李光耀為例）則強調人權的社羣性多於個人性；後殖民主義擔心任何一種全球倫理都有可能將政治和經濟控制合理化。因此，葉禮庭建議一種實用主義式的人權全球倫理，而非建基在任何形而上學之上

(包括人的尊嚴和神聖的界定)。

基於以上的考慮,我認為從德性倫理討論全球倫理更為合適。在德性倫理下,諸文化可表現出不同的德性,並願意對德性保持開放態度。因此,德性倫理更能突破國際關係和社會文化的限制。

從普遍倫理轉向德性倫理[12]

有別於普遍倫理,德性倫理所關心的,不是人的行為,而是踐行者本身。[13]一個被稱為有道德的人,不只是根據他的行為來決定的,也從他的品格來決定。換句話說,一個好的踐行者可以有錯誤的行為,但有好行為不一定代表他是好的踐行者。這並非指行為並不重要,而是沒有好的品格,好的行為也不必然會被遵守。要強調德性倫理,重點不是要建立全球價值,而是培育品格。只有品格被培育,人才會去遵守好的行為,並堅持道德的應然。

第二,德性倫理屬於一種目的論倫理(teleological ethics)。所以,強調踐行者的品格並不會導致自我主義。德性倫理關心個人如何成為他可以成為的本性。麥金太爾(Alasdair MacIntyre)說:「德性是那些讓我們達至實踐的內在美好的質素。」[14]這本性藏於人之內,也在人之外。在人之外的意思,並非指德性倫理受制於義務和規範,而是反映出人是在關係裏的人之現況。因人是在關係裏,故此人不可能只從自己的角度思考德性,更應考慮別人的觀點。開放性是德性之一。此外,德性不只是關注個人的美善,更以個人對美善的追求來嚮往社會的美善。

第三,人往往是透過一個社羣去認識和培育德性。卡丁漢(John Cottingham)說:「德性倫理的其中一個洞見就是過美好生活，美好生活需要一個有系統的生活模式……這有系統的生活模式的基礎，扎根於公民文化之內。這公民文化是指，正確的情緒和行動乃從幼時孕育，並透過長期的慣性訓練和培育而得到強化。」[15] 一方面，德性倫理要求我們對所屬社羣的傳統和文化有深入認識，其中包括欣賞與批判；另一方面，德性倫理要求我們以更寬闊、更全面和更包容心胸看待其他社羣的德性。按這理解，德性與文化有密切關係，但因著對德性的追求，文化不必然是封閉和不可改變的。

第四，德性並非是一種工具，而是目的本身。例如，勇敢這一德性不是作為一種工具，以協助踐行者達成某種目的，而是他身為一個勇敢的人而已。只有這樣，德性才不會成為一種結果論倫理。此外，德性是一種多元性的德性，而非像效益主義般成為一種化約的單一價值。然而，在多元性的德性中，具德性的人可按其道德完整性，在不同處境中作判斷。但這又會否導致個人主義？有別於心理學的利己主義（psychological egoism）或倫理學的利己主義（ethical egoism），當德性倫理肯定個體判斷的重要性時，它也要求判斷者就其所判斷的事物，作出自我檢視，並願意接受批判。

一般來說，德性都是關乎個體的倫理。它對國際關係可扮演甚麼角色？按羅伯森（Roland Robertson）說：「若多元主義必須成為全球體系的一個建構要素，就必須作為這樣一個要素而取得其正當性。」[16] 特納（Bryan S. Turner）和羅傑克（Chris Rojek）也指出，除非人類能夠容忍和接納文化差異和多元性，否則就不可能有一個健康的全球社會。因此，全球倫理應當被看為尊重他人和其他文化的道德基礎。[17] 由此看來，全球價值的核心不應是一系列的「可以」與「不可以」，而應是一種對待差異的尊重態度和文化。就此，我不認為一個從普遍主義入手的全球價值，可以培養出這份尊重，因為基本上，普遍倫理傾向將個別性消除。再者，在普遍主義下，人只被要求遵守尊重的規則，但沒有因此被改變過來。相反，以德性倫理入手的全球價值，似乎更適切一個多元社會，因為德性倫理容許不同文化對德性的解釋和表現，並從中進行對話和追求更高的德性。

第二，德性倫理並非純由個人決定，也非沒有指引。事實上，德性倫理和普遍倫理均屬於一種「指引性理念」(regulative ideals)。[18] 然而，普遍倫理只說出了「指引性理念」所牽涉的內容，但德性倫理卻將這「指引性理念」內在化，成為個人的品格。德性倫理不滿足於普遍倫理的要求，而更進一步追求生命的卓越。這份卓越並非普遍倫理可以包涵的。例如，身為一個好父親，並不等於能滿足普遍倫理對好父親的定義，而是一種內在化、甚至超越普遍倫理的定義，但又絕非完全否定普遍倫理的定義。話說回來，當《全球倫理宣言》第一條為「堅持一種非暴力與尊重生命的文化」時，德性倫理並非不可以接納波斯尼亞(Bosna)以武力反抗和自衛，但又不失其德性。這不是因為德性倫理沒有「指引性理念」，而是因為在利與弊的衡量下，一個具德性的人(非暴力)更有指引作出適當的判斷。

第三，道德應然的落實，在於有相關的人或羣體，接受這道德應然的要求。可惜的是，普遍倫理沒有認真考慮這些道德人或社羣的角色。結果，普遍倫理極容易成為曲高和寡。相反，德性倫理接受社羣對個人道德的影響，但又不必然陷於自我主義中，因為德性推動社羣以追求更卓越的道德生活為己任。例如，在德性倫理下，一個追求德性的穆斯林(Muslim)會問甚麼是一個更好的穆斯林。他不但在其所屬的社羣裏去問，更會去聆聽其他穆斯林羣體對好穆斯林的理解。他甚至會去追尋非穆斯林對好穆斯林的看法。這種從下而上和從內而外的對話式道德建構，可能更適合全球化下的全球價值。

如起初所說，對德性的理解和形成總離不開德性社羣。以下，我將探討宗教作為德性社羣在國際關係中的角色。

軟性力量的德性社羣

在國際關係上，對國際秩序影響深遠的「非政府」團體，往往是跨國企業和世界銀行、世界貿易組織和國際貨幣基金等組織。一方面，自由主義者（liberals）認為，跨國企業和世界貿易組織等的出現，將有助改善貧窮國家經濟；另一方面，倚賴論者（dependency theorists）卻認為這只是對剝削的美化，而國家主義者（nationalists）則認為，經濟改善的目的，是為要增強國家的獨立性和領導性，非只為了經濟發展。究竟哪一種全球政治經濟理論對當下有較正確的解釋並非本文的關注，但若倚賴論者的批評不是危言聳聽，我們便需要對自由主義加以監察。又若自由主義論者對國家主義論的批評並非言之無物，我們也需要對國家主義論加以留意。然而，是否建立一個有權力的監察機構，就可以解決經濟剝削的問題？或是否建立一個公認的組織，就可以共享經濟的成果？當下對世界貿易組織的批判，又向我們說明甚麼？若起初所說，國際關係的特性是無政府狀態，我們對建立全球政府就不要存過高期望。當然，我並不反對任何國際組織，但在國際關係下，個別國家仍可以不依循全球政府的政策。因此，我期望志願社團在國際關係上的角色，能多於政府或有龐大權力的組織。[19]

一般來說，志願社團指那些獨立於政府運作、非以商業或牟利為目的，但以服務公共為目的的組織。[20] 既然志願社團非因利益而出現，也非因政府認為是必需的，那麼，它的形成必有賴於某些人或社羣的使命感。換言之，首先是某些人或社羣對社會現象的變遷有敏鋭的觸覺，從觸覺產生回應，然後是使命感的形成，最後便化為行動。我們可以說，沒有利他的想法，根本就沒可能有志願社團的產生，因為惟有有利他的想法，才會使我們從觸覺產生回應，從使命感帶來行動。按以上的描述，參與志願社團運動的人是具德性的人，以致他們不但願意撥出時間參與，更委身於一種價值，就是對美善嚮往、對世界和周遭的人有情。在此，我無意將志願工作理想化，但最低限度，志願社團所反映的理想和價值是一種德性。透過服務，它影響周遭的人，並傳遞它的價值理念。一般來說，志願社團分為四類，分別為服務提供、壓力團體、社區發展和預防性工作。[21] 這種分類並不代表一個志願社團只可以屬於某一類型。例如，起初的綠色和平運動只由數位對環境生態關注的人開始，他們以「保護地球、環境及其各種生物的安全性及持續發展性，並以行動作出積極改變」為其價值。經過三十多年的發展，綠色和平運動已伸延至四十多個不同國家，並成功遊說政府和教育社會對環保的關注，以及扮演著監察跨國企業的角色。

社會科學對志願社團的研究，往往傾向它對公民社會的影響，而忽略了它所代表的德性。意即，若德性倫理強調美善先於正確的話，[22] 志願社團的行動，就往往反映了他們對其價值的堅持。若德性倫理強調道德人的品格時，志願社團的誕生正見證其發起人的品格。

提到基督教的國際組織，我們很快就聯想起宣明會（World Vision）、基督徒互援會（Christian Aids）、天主教救災會（Catholic Relief Services）、基督和平（Pax Christi）、救世軍（Salvation Army）和國際基督教團結陣線（Christian Solidarity International）等組織，甚至樂施會（Oxfam）也有基督教背景。

他們的關注從人道救援、社區發展、促進和平到爭取公義。由香港基督徒發起的國際組織有施達基金（Cedar Fund）。他們的貢獻是有目共睹的，不需要在此重複。在美國，基督教救援組織常常就著美國外交政策提出建議和批判，並影響美國政府對外交救援的政策。[23] 如起初所說，教會作為志願社團，是以服務、道德和靈性建立的軟性力量。在多元主義理論下的國際關係，教會的軟性力量不容忽視。當然，我們也無需過分誇大。若用社會資本理論，我們可以說教會在國際關係下也同樣扮演這樣的角色，即為國際社會培養友誼、責任和願景。然而，這角色取決於兩個條件。第一，教會是否清楚分別傳教與救援或服務？它們的關係應如何理解？按基督教傳統，傳教與服務是不可以分割的。他們兩者之間的關係之所以成為問題，因為：（1）當靈魂得救比身體需要來得重要時，傳教與服務就有先後和目的與手段之分；（2）身體的需要只被視為一個生理、心理與社會課題，與靈性無關。這種將靈性排除在健康概念之外的做法，使傳教與服務的關係變得緊張；（3）傳教者對宗教缺乏認識，以致傳教者的傳教做法顯得對其他宗教、甚至對人不尊重。按以上理解，問題不只在於傳教者，更在於社會對宗教的漠視。後者的問題就是我所提的第二個條件。國際社會是否毫無保留地接受威斯特伐利亞（Westphalian）的假設（即以土地領域決定一個國家的主權，不受其他國家影響），即認為宗教不應參與社會？要補充一點，世界銀行、西方政府和不同志願社團都視宗教為合作伙伴。

總結

沒有一個社羣可以避免其內在的破壞性，志願社團也不例外。尼布爾（Reinhold Niebuhr）說：「在每一種人類羣體中，羣體往往缺乏理性引導與抑制他們自身的衝動，也缺乏自我超越的能力，且又不能理解他人的需要，因而有比個人更難克服的自我中心主義。」[24] 若社羣的自我中心是很難克服的話，將德性建基在社羣上是危險的，因為社羣可以扭曲德性的內容。但獨立於社羣，人是否就可以達至自我認識和建立德性生活呢？這正是當下社羣主義對自由主義的批評。[25] 問題不是非此即彼的，因為人不可能獨立於社羣。我們需要一種社羣與社羣、個人與社羣的互動性批判，讓社羣可以培育人的德性、而非扭曲人性。一般來說，宗教往往自視為對真理有更深的認識和執著，但宗教不因此就可以擺脫自我中心。宗教的兩面性可以從歷史中得到印證。一方面，希特勒（Adolf Hilter）時代的德國基督教教會（German Church）支持希特勒的納粹主義。但與此同時，潘霍華（Dietrich Bonhoeffer）帶領下的認信教會（Confessing Church）卻積極反抗希特勒政府。同樣，有宗教以宗教為名進行戰爭和恐怖活動，但也有宗教跨越宗教、政治和民族等提供救援。[26] 宗教的自我中心傾向，並沒有窒礙宗教作為培育德性的社羣之一的可能性。第一，沒有一個社羣可以擺脫邪惡的一面，但不因此表示，所有社羣都是虛假的。一方面，我們需要對那些缺乏自我反省的宗教作出嚴厲批判；但另一方面，也需要對那些培育德性生活的宗教表示欣賞。第二，宗教是人類的豐富遺產。它不只保留人類生活對追求超越的體驗，更塑造和更新人類生活的心靈世界。因此，將宗教摒除在社會生活以外，是人類生活的一大損失。[27] 第三，對宗教人來說，宗教對人的影響更來自它的超自然力量。以基督教為例，基督徒不只從宗教傳統和宗教生活學習德性生活，更有聖靈的聖化，讓信徒有能力活出德性生活。[28] 身為基督徒就有責任批判教會中可能有的荒謬，讓教會對社會有正面貢獻。這要求也適用在其他宗教身上。

延伸閱讀

Banchoff, Thomas, ed. *Religious Pluralism, Globalization and World Politics*. New York: Oxford University Press, 2008.

Fox, Jonathan and Shmuel Sandler. *Bringing Religion into International Relations*. New York: Palgrave Macmillan, 2004.

Juergensmeyer, Mark. *Terror in the Mind of God: The Global Rise of Religion Violence*. Berkeley, CA: University of California Press, 2003.

Thomas, Scott. *The Global Resurgences of Religion and the Transformation of International Relations: The Struggle for the Soul of the Twenty-First Century*. New York: Palgrave Macmillan, 2005.

15
和平即共存

■ ■ ■

雖然衝突是人際相處不可避免的事，但我們可以選擇不用暴力處理衝突。這使我想起亞伯拉罕與羅得的故事（創十三1～13）。面對利益衝突和人事不和，亞伯拉罕選擇以讓步方式解決彼此間的矛盾。然而，亞伯拉罕的經驗始終有其限制。第一，亞伯拉罕的遭遇屬於個人層面，而不是社羣層面。美國神學家尼布爾（Reinhold Niebuhr）提醒我們，制度和社會沒有像人一樣有自我超越和反省能力。所以，國家不會為更大的善而選擇自我犧牲。第二，亞伯拉罕與羅得是親屬關係，這使亞伯拉罕相對地容易讓步。當然，親屬關係不等於人就自然會選擇亞伯拉罕的做法，但沒有親屬關係的話，人就更難為對方著想。那麼，衝突是否無可避免？

共存的可能

共存（co-existence）是一個處理衝突十分重要的價值。共存就是承認和尊重彼此間的不同，並容許對方合法地存在。只有如此，雙方才是獲益者。在共存之下，各方克制不採取暴力，不計劃將對方消滅，反而努力選擇以和平方法，解決彼此的矛盾。共存不純是一個理念，更可以具體落實在不同歷史處境。例如，一九五〇年代的冷戰沒有令美國和蘇聯開戰，甚至今日中國與台灣的關係也是如此。當然，這些例子只是一種消極的共存，不牽涉正義、平等和包容等價值。然而，在緊張關係下，消極的共存也有其積極意義，即不將衝突升級和矛盾深化。

話說回來，共存之能夠出現，是因為一方發現另一方的力量跟自己一樣強，而任何衝突均不會為任何一方帶來絲毫利益。所以，共存之出現在於權力平衡，並由此產生互相制衡。這正是為何一九八〇年代世界進入軍備競賽，但沒有帶來戰爭。雖然軍備競賽本身是一件危險的事情，但這似乎是一個為了締造共存環境而不能避免的邪惡。第二，共存之所以能夠出現，在於矛盾雙方走出意識形態之爭，而務實地回應當下的需要。例如，中國與台灣的矛盾，已走出共產黨與國民黨之間意識形態之爭，而進入一種務實關係。台灣需要中國的經濟，而中國亦需要以與台灣的關係為例，建立國內種族的互信關係。第三，共存之能夠出現，在於國際社會的參與。然而，這只可能適用於那些較弱小的國家。例如，國際社會可以介入盧旺達（Rwanda）和前南斯拉夫（Yugoslavia）的種族衝突，但不可能參與印度的種族衝突。按以上理解，共存本身就是一種政治現實主義，以致我們要衡量每一個個案的不同性質和可達到的目的。雖然共存不算是和平，但仍是和平的某種體現。然而，人民在共存的進程中不是如此被動的。人民（包括政府）可以積極推動政治共存和社羣共存，以致儘量避免誤解，並減少衝突。

以下，我嘗試以以色列和巴勒斯坦的衝突為例，探討共存的可能性。

不懂共存的社羣

因著國家滅亡和被放逐的經驗，舊約聖經的猶太人漸產生一種看法，就是他們的不幸與拜偶像一事有關，而拜偶像一事之所以出現，是跟猶太人與其他民族產生密切關係有關（例如：容許雜居和通婚）。例如，當猶太人在波斯帝國的控制下，猶太人尼希米說：

> 那些日子，我也見猶大人娶了亞實突、亞捫、摩押的女子為妻……我就斥責他們，咒詛他們，打了他們幾個人，拔下他們的頭髮……我又說：「以色列王所羅門不是在這樣的事上犯罪嗎？在多國中並沒有一王像他，且蒙他上帝所愛，上帝立他作以色列全國的王；然而連他也被外邦女子引誘犯罪。如此，我豈聽你們行這大惡，娶外邦女子干犯我們的上帝呢？」（尼十三 23 ～ 27）

在這意識底下，猶太人便對其他民族產生敵意。其他民族不但不可能是上主的子民，更是使他們離開上主的誘因。當編寫他們的歷史時，猶太人將這種意識滲入其中，以致消滅和驅逐住在他們當中的外邦人變得合情合理。例如：

> 我（上帝）又說：「我永不廢棄與你們所立的約。你們（猶太人）也不可與這地的居民立約，要拆毀他們的祭壇。你們竟沒有聽從我的話！為何這樣行呢？」因此我又說：「我必不將他們從你們面前趕出；他們必作你們肋下的荊棘。

他們的神必作你們的網羅。」(士二 1～3)

將自己一切的罪推在外邦人身上，使猶太人看不見他們的不正義才是上主懲罰他們的主因，而不是因為有外邦人在其中。上主說：

他們天天尋求我，樂意明白我的道，好像行義的國民，不離棄他們上帝的典章，向我求問公義的判語，喜悅親近上帝。他們說：我們禁食，你為何不看見呢？我們刻苦己心，你為何不理會呢？看哪，你們禁食的日子仍求利益，勒逼人為你們做苦工。你們禁食，卻互相爭競，以凶惡的拳頭打人。你們今日禁食，不得使你們的聲音聽聞於上。這樣禁食豈是我所揀選、使人刻苦己心的日子嗎？豈是叫人垂頭像葦子，用麻布和爐灰鋪在他以下嗎？你這可稱為禁食、為耶和華所悅納的日子嗎？我所揀選的禁食不是要鬆開凶惡的繩，解下軛上的索，使被欺壓的得自由，折斷一切的軛嗎？不是要把你的餅分給飢餓的人，將飄流的窮人接到你家中，見赤身的給他衣服遮體，顧恤自己的骨肉而不掩藏嗎？(賽五十八 2～7)

將信仰與生活分割，不但使人容易以宗教來合理化暴力，更使人看不見他者的臉容。更重要的是，共存變成惡行多於德行。

以上這種意識在當下以色列人中有多普遍？又掌權者如何引用這種意識協助它建立和鞏固其政權？猶太教是否有更新的力量？前兩個問題稍後交代，而至於第三個問題，以色列人不要忘記上主曾說：

耶和華對亞伯蘭說：「你要離開本地、本族、父家，往我

> 所要指示你的地去。我必叫你成為大國。我必賜福給你，叫你的名為大；你也要叫別人得福。」(創十二 1～2)

此外，上主為孤兒寡婦伸冤，又憐愛寄居的，賜給他衣食(申十 18；詩一四六 9；耶二十二 3)。這是一種積極的共存態度。猶太教是否可以發揮其締造共存的角色，還是甘願成為公民宗教(civil religion)？然而，巴勒斯坦人又如何？他們願意與以色列共存嗎？在探討這些問題之前，我們需要認識以色列與土地的關係。

應許之地

從舊約聖經傳統，我們認識到猶太人對上主的信仰，不純是一種個人的實存信仰，而是建基在上主的歷史行為之中。說得具體一點，上主的歷史行為往往與具體的地方(place)拉上關係。這種以地方為主的經歷，充分反映於猶太人以得到上主應許之地，作為理解他們與上主的關係。在曠野期間如是，在被擄期間亦如是。地方不只是一處空間，更是充滿記憶與盼望、過去與將來。地方永遠是一個發生故事的地方。布魯格曼(Walter Brueggemann)說：

> 空間意含一個沒有壓迫的自由地方，沒有壓力和權柄。空間可能是週末、假期或待我們選擇填滿的時間。空間就是從無意義的生活和受制中釋放出來。至於地方，則是一個歷史空間，即它記憶曾發生的事，並提供一個跨代性的延續。地方是一個空間，那裏有重要的話語，以建立身分、定義召命和憧憬命運。地方是一個空間，那裏有誓言、承諾和要求。地方是對那不妥協地追求空間的抗議。地方指

> 出人不可以在逃避、抽離、缺乏委身和沒有界定的自由中找到的宣言。[1]

這種對地方的理解，如何在舊約聖經時代中表達出來？又這種意識如何影響當下以色列的錫安主義（Zionism）？

從創世記開始，人是住在伊甸園，但因人的犯罪，人被驅逐。雖然如此，但人沒有因此過著以流浪為主的生活。亞伯拉罕及其家人就是展開一個邁向應許之地的旅程。雖然這旅程十分漫長，但他們知道自己最後是有地方棲居的人。曠野的經驗使猶太人認識到，他們對上主的忠誠與他們是否得著應許之地，是有直接關係。例如：

> 你們果然聽從這些典章，謹守遵行，耶和華—你上帝就必照他向你列祖所起的誓守約，施慈愛。他必愛你，賜福與你，使你人數增多，也必在他向你列祖起誓應許給你的地上賜福與你身所生的，地所產的，並你的五穀、新酒，和油，以及牛犢、羊羔。（申七 12～13）

換句話說，若猶太人不遵守上主律法，上主就會收回他們的地方。例如，猶大人被擄一事，不只是因為自己的勢力比人弱的結果，更是因為上主已離開猶太人，上主不再是他們的上主。因此，猶太人對上主悔改的體會，不滿足於個人的實存經驗，更是需要透過重得地方來理解的。例如：

> 耶和華的話臨到我說：「耶和華—以色列的上帝如此說：被擄去的猶大人，就是我打發離開這地到迦勒底人之地去的，我必看顧他們如這好無花果，使他們得好處。我要眷

> 顧他們，使他們得好處，領他們歸回這地。我也要建立他們，必不拆毀；栽植他們，並不拔出。（耶廿四 4～6）
>
> 當那日，耶和華—他們的上帝必看他的民如羣羊，拯救他們；因為他們必像冠冕上的寶石，高舉在他的地以上。他的恩慈何等大！他的榮美何其盛！五穀健壯少男；新酒培養處女。（亞九 16～17）

上主、猶太人與地方（應許之地）成為以色列的三角關係，但同時，這三角關係卻限制他們對上主的理解，以致耶穌基督所代表的彌賽亞，不被猶太人所接受，因為祂沒有帶來以色列復國，即地的擁有權。最嚴重的是，基督教錫安主義者看以色列復國（指一九四八年）是上主預言的實現。他們不但墮入猶太人的三角關係思維中，更因對這三角關係缺乏正確認識，以致將以色列復國看為上主的作為，故全力支持，甚至視此為上主應許的實現。結果，他們漠視當下以色列對巴勒斯坦人的暴力行為，甚至為此找藉口。

對地方的理解與當下的錫安主義有很密切關係。簡單來說，猶太人錫安主義是一場政治運動，企圖將分散的猶太人帶回他們的家園，就是當下的巴勒斯坦地，以建立自己的國家。以錫安主義這一名稱出現的運動是始於一八九〇年代，雖然錫安主義與猶太教並非等同，但他們對地方的理解卻是一致的。但有兩點需要補充：第一，不是所有猶太人都是政治上的錫安主義分子；第二，不贊同當下錫安主義的行為，不等於反對以色列有自己的國家。

按以上的理解，地方是透過猶太人對上主忠誠的關係來表達的，但當下錫安主義和以色列政府佔據地方的行為，卻與對上主的忠誠毫無關係。其中他們對待巴勒斯坦人的做法，更是違背了對上主的忠誠。此外，在此三角關係下，對上主的信靠是基本的，但於當下，猶太人是對政府的信靠。因此，當下以色列政府的行為，與上主的應許和預言無關，以色列政府反而以宗教合理化他們的錯誤。

從受壓迫者成為壓迫者

以下，我嘗試從歷史角度，補足對以巴衝突的理解。提到歷史，我們就要問：誰的歷史？從甚麼時候開始的歷史？基於此，本文選擇從聯合國參與巴勒斯坦問題的角度，探討以巴衝突的歷史。[2]

聯合國成立時，巴勒斯坦地已是一個待解決的問題，因為那時已有很多猶太人移居巴勒斯坦地（與上文提及的錫安主義有關），而當時住在巴勒斯坦地的阿拉伯人對此並不滿意（留意：當時的巴勒斯坦地仍受英國管治，而住在巴勒斯坦地的人，多是阿拉伯人）。一九四七年，聯合國建議在巴勒斯坦地建立猶太國和阿拉伯國。它們均政治獨立，但卻在經濟上聯合。然而，這建議得不到巴勒斯坦地的阿拉伯人和阿拉伯國家支持，因為這是漠視巴勒斯坦地的阿拉伯人已多年住在巴勒斯坦地的這個事實。雖然如此，以色列於一九四八年五月十四日在其被劃分的巴勒斯坦地上，單方面宣布獨立，並以武力霸佔其他地方，驅逐巴勒斯坦人離境。單從以色列獨立一事，我們就明白為何以色列與阿拉伯國家的衝突變得無可避免。於一九四九年五月，以色列更成功申請成為聯合國成員之一。當時以歐美國家為主的聯合國對以色列的接納，進一步使阿拉伯國家不信任歐美國家，並認為他們偏幫以色列，這種不信任態度至今仍存在。有基督徒為以色列辯護，認為以色列的暴力是出於自衛，因為阿拉伯國家不承認以色列的存在，但歷史卻指出，阿拉伯國家從不承認將巴勒斯坦地瓜分，所以，不承認以色列的合法性是有其道理的。

事實上，自以色列獨立後，它將住在境內的阿拉伯人（後稱為巴勒斯坦人）驅逐。單從一九四八至一九四九年，已有七十五萬巴勒斯坦難民湧現。在一九六八年以色列與阿拉伯的戰爭中，又製造五十萬巴勒斯坦難民。到二〇〇〇年，聯合國統計有三百八十萬巴勒斯坦難民。他們分散在約旦、黎巴嫩、敍利亞、西岸和加沙等地。面對以色列的不人道行為，聯合國分別於一九六七年和一九七三年肯定，巴勒斯坦人在巴勒斯坦地有不可分割的權利，包括民族獨立、自決權利和自治權。又於一九七四年，聯合國接受巴勒斯坦為其觀察員。

我曾於二〇〇八年到訪以色列。期間，我親身體驗以色列政府如何在巴勒斯坦地區建立猶太人殖民區（即地方的霸佔）、如何遷移巴勒斯坦社區和不容許他們回歸、如何在接壤巴勒斯坦自治區與以色列區的地方設立重重關卡（封鎖他們的活動範圍）、不人道扣押和迫害巴勒斯坦人等等。昔日猶太人因無家可歸而飽受歧視和侮辱，但今日它卻以壓迫者的身分對待巴勒斯坦人，剝奪他們家的權利。若自衞等於犧牲別人的生命時，這是自私而不是自衞。

最後，有人認為以巴衝突的惡化是由哈馬斯（Hamas）組織所引起的，因為哈馬斯於過去七年發射幾千枚火箭炮，造成幾十名以色列人死亡，以色列認為這些襲擊令居民活在死亡的陰影下，長期陷於心理惶恐和不安之中，提心吊膽，故不能容忍。所以，以色列對加沙為期數週的空襲及地面掃蕩是合理的（指二〇〇八年十二月開始）。其中，造成過千人死亡，加上加沙被圍，平民百姓無處可逃。若猶太人的心理健康是重要的，巴勒斯坦人的心靈創傷又可以被忽視嗎？話說回來，任何暴力只會帶來更大的暴力。面對以色列不人道對待巴勒斯坦人，哈馬斯選擇用暴力回應。面對哈馬斯的暴力，以色列以更大的暴力回應。若要求哈瑪斯先放下武器，以色列就不但需要放下武器，更需要放棄在巴勒斯坦地的猶太人殖民區計劃，並尊重巴勒斯坦自治區等等。否則，和平只會是短暫的。事實已說明了一切。

歷史上，不同程度的反猶太主義都是錯誤的。尤其那些以基督教名義（十字軍）對猶太人的迫害更是違反信仰。猶太人是歷史的受害者是不容置疑的事實，但不因此表示，猶太人不會成為新的壓迫者，這在當下的以巴衝突中便反映出來。基督徒對有關以色列復國預言的迷思、對主再來的錯誤聯想、對國際局勢的不認識、對上主選民的偏愛等，使他們過分同情和認同以色列，甚至為他們壓迫巴勒斯坦人這一行徑尋找不同藉口。耶穌說：「主的靈在我身上，因為他用膏膏我，叫我傳福音給貧窮的人；差遣我報告：被擄的得釋放，瞎眼的得看見，叫那受壓制的得自由，報告上帝悅納人的禧年。」（路四 18～19）在當下的以巴衝突中，這話的接收者是巴勒斯坦人，而不是猶太人。

將人民放在首位

以上主要針對猶太人傳統及其歷史行為如何導致當下的以巴衝突。然而，以巴衝突的主角不是只有以色列，更有巴勒斯坦人，而其中之一，就是哈馬斯。

簡單來說，哈馬斯組織於一九八七年成立，目的是要爭取在巴勒斯坦地區建立巴勒斯坦國。在二〇〇六年前，巴勒斯坦的執政黨是法塔赫（Fatah），而不是哈馬斯。雖然法塔赫成員中有些是來自武裝組織，甚至有使用暴力的例子，但它沒有被西方社會視為恐怖組織。事實上，在一九九○年代，有關以巴的和平協議都是與法塔赫有關的。但自從其領袖阿拉發特（Yasser Arafat）於二○○四年離世和法塔赫的領導層出現分歧後，哈馬斯在二○○六年巴勒斯坦國會選舉中，贏得一百三十二席位中的七十六席。按民主原則和理念下，我們應該尊重巴勒斯坦人選舉的結果，但有感於哈馬斯的威脅（因哈馬斯曾發動自殺式襲擊和發射火箭炮，並被視為恐怖組織），以色列干預巴勒斯坦的選舉結果，並限制哈馬斯只可以在加沙活動（不包括西岸）。此外，以色列重重封鎖加沙，甚至以追求和平為由空襲加沙。這簡短歷史帶出數個值得留意的課題：第一，哈馬斯在國會選舉的勝利，反映了巴勒斯坦人的意願；第二，哈馬斯的成功，反映多年來以色列沒有遵守讓巴勒斯坦國成立的協議，以致巴勒斯坦人被迫走向暴力；第三，以色列以各種方法干預巴勒斯坦的政治生活。單從這些現象來看，以巴共存似乎變得機會渺茫，不但因為雙方從未建立互信關係，更因為他們已相信暴力。但若相信人民才是國家的主人的話，我們就不要放棄締造和平的機會，因為人民比國家更嚮往和平。

在我訪問以色列期間，有多位巴勒斯坦人跟我說：「猶太人不是我們的敵人，以色列政府才是。我們的朋友中有猶太人，我們不但有互訪，更彼此慶祝。」另外一些巴勒斯坦青年人說：「我們不一定需要建立一個巴勒斯坦國。我們期望看見一個猶太人和巴勒斯坦人共存的國家。我們要共同生活，不要分割。」若從哈馬斯成功當選來看，以上的看法並不是巴勒斯坦人主流的想法。雖然如此，但這不等於這願景是不可能的，因為真正和平不只是維護自己的權力，更是看見他者是可接觸的，並能成為朋友。我相信透過這樣的民間運動，以巴衝突終有和解的一天。

宗教的角色

當權者不會明白將人民放在民族或國家之上的道理，因為他們已習慣人民為民族或國家服務，以致他們相信惟有民族或國家安全得到保證時，人民才會安全。令人吃驚的是，當某種民粹和國粹主義已滲透人民的生活時，人民也會變得瘋狂，且失去判斷是非的能力。更重要的是，人民已看不見他者也是人，也有家庭，也有夢想。宗教能否在此作出它的貢獻？

宗教要拒絕成為某一民族或國家的宗教，而要成為眾人的宗教。意即，當猶太教只成為猶太人的宗教時，猶太教就會被猶太人政治意識利用，而使其不能對整體人類作出更大的貢獻。同樣的邏輯也應用於伊斯蘭教身上。此外，基督徒也需要從錫安主義走出來，以致基督教不需要支持以色列才是正統基督教。當宗教可以擺脱成為公民宗教時，它就可以讓其信徒看見他者也是人的道理。

第二，宗教可以推動不同宗教人士接觸和交流，讓誤會得以化解。當伊斯蘭教信徒被標籤為恐怖分子時，宗教便需要努力打破這種迷思。事實上，當下很多誤會不但從偏見而來，更因長期缺乏接觸而來。宗教本身所代表的超越性，應可為彼此猜疑的雙方，製造彼此認識的契機，甚至可成為朋友。

第三，當時機成熟時，不同宗教可以考慮合作辦學、設立醫院和提供社會服務等。我相信這些合作有助各方對彼此有更多的理解。當不同宗教（基督教、天主教、正教會、伊斯蘭教和巴哈伊教等等）在以色列（特別在耶路撒冷）已有他們的教會或宗教建築物時，他們正是那和平之子，可積極推動宗教合作，並促進民族共融。

對於香港的信徒來說，以巴衝突可能太遙遠了。但諷刺地，不少香港信徒亦喜愛到以色列遊覽，可是他們多抱著朝聖心態，尤如活在一個二千多年前的世界，缺乏一種對以色列的批判態度。結果，香港信徒所做的，只不過是繼續美化以色列。令人感到可惜的是，有基督徒羣體常為著以色列人接受耶穌基督而祈禱，但在禱告中，卻鮮有記念那些正受以色列迫害的巴勒斯坦人。為了可以繼續「朝聖」，基督徒的朝聖團將宗教與生活強行分割。這正是上主要批判的假虔誠。

一位巴勒斯坦朋友說：「在還未要求將巴勒斯坦地分割為猶太國和阿拉伯國之前，我們跟猶太人一起住在這地，沒有衝突，和平共存。但以權力為核心的政治出現後，我們已不再可能是朋友了。」雖然時光不可以倒流，但因有盼望，我們仍可以開拓新的局面。

延伸閱讀

Atieh, Adel, et al. *Peace in the Middle East*. Geneva: UNIDIR, 2005.

Bennett, Clinton. *In Search of Solutions: The Problem of Religion and Conflict*. London: Equinox, 2008.

De Blij, Harm. *The Power of Place: Geography, Destiny, and Globalization's Rough Landscape*. Oxford: Oxford University Press, 2009.

尼布爾（Reinhold Niebuhr）：《道德的人與不道德的社會》。楊繽譯。台北：永望文化，1982。

16
愛你的仇敵

■ ■ ■

居住在自己的土地上，但卻有寄居者的經驗，這是一件很普遍的事。這不只是殖民地時代的事，更是當下的歷史經驗。例如，身處緬甸的少數族羣、馬來西亞的華人，以及以色列的巴勒斯坦人等，他們都是在自己地方的寄居者。身為寄居者，不只是因為他們得不到合理和公平的對待，更是因為他們被剝奪參與管理自己土地的權利。其中有些族羣更被否定可以學習自己族羣的語言，因為這被視為一種分離主義。他們走向政治上的自決似乎是一個可能的出路，但共存也是一個考慮。本文並不是要討論自決或共存的利弊，而是探討在自己地方的寄居者，如何回應欺壓者對他們的迫害。我認為後者的討論尤其重要，因為這可避免寄居者活在受害者的心態中，並將對方妖魔化。這說法不是責怪受害者，而只是避免自己和別人受害。在這篇文章，我特別引用耶穌在山上寶訓中「愛你的仇敵」這一句話，而本文討論的場景，則是緬甸其中一個少數族羣欽族

(Chin)。以欽族為討論對象，不只是因為欽族中基督徒佔九成之多，更是因為「愛你的仇敵」正挑戰著那以功效性為主的政治，而以功效性為主的政治，卻沒有為我們帶來真正的和平和公義。然而，我們也要承認「愛你的仇敵」並不保證能改變敵人。雖然如此，「愛你的仇敵」不是因為它如何有效，而是因為人生本應如此。

誰是敵人？

在馬太福音，耶穌的吩咐——「愛你的仇敵」(太五 44)——承認了在我們的生活世界中有敵人存在。但誰是我們的敵人？他如何成為我們的敵人？又或者我是否就是其他人的敵人呢？因佛教已融入緬甸文化之中，且成為緬甸的宗教，所以，我們先要理解佛教的思想。按佛教對非我(*Anatta*)的理解，敵人的出現，乃來自自我的解釋或創造。意即，當自我太倚賴和著緊所發生的事時，人就很容易創造自己的敵人，因為他太受自己的情感主導。相反，若一個人已達非我時，自我就變得自由，不再受情感限制。在這階段，敵人就不存在了，因為敵人從來不是不變的主體。在這背景下，佛教要問的問題，不是為甚麼和如何去愛你的敵人，而是為何你會有敵人或為何你要看某人為敵人。因敵人的存在是投射的結果，所以，人需要學習的，不是愛敵人，而是改變自己的思想，達到非我。當敵人和受害者都改變他們的看法時，就再沒有敵人可言。按這理解，這是否意指在佛教中沒有所謂公義？答案是否定的，因為佛教有所謂「業報」。簡單來說，業報就是一種因果律，人要為他所作的事負上責任，並由此帶來結果。然而，業報也可以只被視為一種命運。例如，人面對當下的苦難，可以被理解為前世所作的壞事的結果。因此，人只好接受當下的政治現實是無可避免的事，並以順服的心態接受當下的報應。當時間來到時，一切就會改變。尤其當被高度壓迫時，以上這種想法就很普遍。若是如此的話，佛教只不過是維持社會現狀。這正是當下緬甸軍政府期望佛教要扮演的角色。

雖然如此，但我們總要公平地說，在二〇〇七年九月，緬甸僧侶參與了一場和平示威，並引起全球關注。事實上，緬甸歷史確實顯示佛教僧侶有分參與對抗不義的政權。近期最好的例子，就是昂山素姬（Aung San Suu Kyi）指出佛教如何提升了她對非暴力和公義的投入。[1] 可惜的是，大部分僧侶都傾向內向，並只著重內在的操練和修煉。這不是來自筆者的評論，而是來自筆者在二〇〇八年六月訪問仰光的國際佛教宣教大學（International Buddhist Missionary University）時，一位教授的評語。再者，軍政府用盡不同方法控制僧侶。一方面，政府限制僧侶的影響力；另一方面，它用威迫利誘等方法，使僧侶不過問政治。[2] 政府期望將緬甸的佛教成為公民宗教，為政府服務。如何回復佛教的慈悲及其政治意含，是一個重要的關注。在這處境下，我認為基督教所講的「愛你的仇敵」就有其相關性。重點不只在於愛，更在於要認識你的敵人。這認識的重要性在於苦難的回憶，它使我們沒有忘記受害者，因為那令他們受害的不公義，仍繼續在當下存在。佛教的教導可能讓人避免指出敵人，因為這做法可能導致憎恨，這也是基督教的關注，但消除憎恨的方式，不是透過忘記或改變一個人的思想，而是透過寬恕和對抗。耶穌要求我們寬恕而不是忘記，也要求我們指出人的罪而不是對罪視若無睹（例如：馬太福音十八章 15 至 17 節）。在緬甸的處境下，愛的具體表達就是回憶，並向敵人伸出友誼之手。這正如前南非總統曼德拉（Nelson Mandela）在種族隔離政策廢除後，提出真理與復和。復和不等於對真理（或真相）漠視，但認識真理（或真相）不必然需要報復。原來，公義可以包括寬恕和尋求饒恕，而不是以牙還牙。以下，我轉向探討在耶穌吩咐中有關誰是敵人的問題。

耶穌的吩咐令人不安之處，在於他不只吩咐我們要愛我們的鄰里，還要愛我們的敵人（太五 43～44）。按山上寶訓，敵人就是那些迫害耶穌跟隨者的人。經文沒有清楚說出這些壓迫者是誰，也沒有交代為何他們要迫害耶穌的跟隨者。按馬太福音五章 38 至 48 節，霍斯利（Richard A. Horsley）提出，敵人是人際關係上的敵人，而不是外地人或政治上的敵人。[3] 按妥拉（出二十二 25～26）所示：「我民中有貧窮人與你同住，你若借錢給他，不可如放債的向他取利。你即或拿鄰舍的衣服作當頭，必在日落以先歸還他。」那麼，馬太所描述的處境，似乎是一個債主搶去一個人的內衣，而耶穌卻建議將外衣都給他。明顯地，這是關乎債主與欠債者之關係。然而，有學者卻認為馬太福音五章 41 節似乎指到，管轄者與當地人民就著強迫勞動一事之爭。霍斯利解釋說，在耶穌的時代，報復法律（*lex talionis*）不是從暴力程度和對個人的傷害程度來理解的，而是關乎對受淩辱者所受淩辱的準確計算之賠償。馬太的態度就是不向犯罪者追究，使他要上法庭。就此，霍斯利認為我們需要在當時的場景下理解敵人和侵犯者是誰。所以，那羞辱的掌摑、本地債主搶走欠債者的衣物、向人借貸和行乞者，乃是本地社羣的成員。耶穌的吩咐是針對日常生活中的貧窮、饑餓和憎恨等。盧茲（Ulrich Luz）同意霍斯利的詮釋。他說：

> 雖然耶穌所說的敵人可能包括猶太人戰爭中的社羣經驗，但這很難想像戰爭中的敵人是耶穌所吩咐的對象。[4]

雖然馬太福音五章 44 節所指是社會經濟關係，但亦不需要排除政治層面，因為生活本身就不可能排除政治，生活也不可以簡化地分為公與私。此外，卡特（Warren Carter）認為，馬太福音是要對抗羅馬帝國對世界主權的宣稱。它支持一個跟隨耶穌的另類社羣，期待著將臨的上主國彰顯於各事之上，包括對羅馬政權的摧毀。再者，當時羅馬政權的政治、經濟和軍事力量等已控制其管轄地九成人口，我們很難想像馬太不受其影響，尤其是在他對敵人的理解上。[5] 事實上，敵人是一個眾數而非單數，所以，它包括各類型的敵人。即個人、政治和宗教層面。那麼，欽族的經驗可以如何豐富我們對敵人的理解？

欽族的經驗

緬甸是一個多族羣國家。按二〇〇三年軍政府的報告，緬甸有一百三十五個族羣。在欽族中，又分開五十三個民族，最主要的有亞肖欽族（Asho）、卡米族（Khumi）、米摻族（Mizo）等。[6] 欽族人口有一百五十萬，佔緬甸人口百分之二點二，九成以上的欽族人口是基督徒。欽邦位於緬甸西部，與印度東北和孟加拉東南接壤。對一個佔接近三分一人口為少數族羣的國家來說，一個平等的族羣政策是十分重要的。只有如此，族羣之間的和平才能出現。然而，這不是緬甸政府的取態，相反，少數族羣卻在社會政治和經濟領域中被邊緣化，而緬甸政府本身更參與造成制度上的暴力和歧視。斯坦伯格（David I. Steinberg）整理出緬甸族在少數族羣心目中的形象：[7]

1. 緬甸族歧視少數族羣，並認為他們是不文明的；
2. 緬甸族不平等地佔據國家一切資源；
3. 緬甸族掌握國家的權力；
4. 縱使在殖民地時代，少數族羣仍有一定自主權，但在現時政權下，少數族羣的自主性卻被否定；

5. 第一次憲法曾承諾少數族羣所擁有的自主性從沒有被尊重；
6. 雖然少數族羣的土地有很豐富的天然資源，但他們沒有足夠地分享其利益。再者，他們被拒絕發展經濟；
7. 少數族羣的宗教（基督教和伊斯蘭教）被國家控制；
8. 緬甸軍隊對付少數族羣，就像外地軍隊對待敵人一般；
9. 少數族羣被拒絕可以用自己的語言接受教育。

若以欽族為例，以上對緬甸族的印象，究竟有多大程度上是真實的？我們需要先對欽族在緬甸的歷史有所認識。

不像其他在緬甸的少數族羣，欽族、克欽族（Kachin）和撣族（Shan）等在成為英國殖民地前從沒有隸屬於緬甸王國。因此，在一九四六至一九四八年期間，當與英國政府討論緬甸獨立時，當時緬甸過渡政府首相昂山將軍（Aung San）承諾在獨立後，欽族有權保留其自由獨立，以及成為主權自主的國家。與此同時，英國政府曾提出建立一個邊界地區，當中包括所有非緬甸族羣的族羣。[8] 欽族對於英國所提出的計劃表示支持，因為欽族沒有打算在二次世界大戰後改變其政治地位。然而，緬甸政府對於此計劃並不滿意。因著戰後英國政府的改組（即保守黨下台），再加上克欽族和撣族羣有意加入將要成立的緬甸政府，最後，只好放棄英國政府原初的計劃。為了不被邊緣化，欽族也加入緬甸政府。雖然如此，但欽族領袖要求要有一個獨立的聯邦政府，聯邦成員國有完全的自主性，以及立法、司法和行政權力。按一九四七年彬龍協調會（Panglong Agreement），緬甸族羣與其他少數族羣同意組成一個聯邦同盟，而族羣在其地區事務乃擁有完全的自主權。例如，他們有自己的議會，而其議會成員也是聯邦政府國會的成員。我們不知道這協議是否足以解決緬甸政府與少數族羣之間的矛盾，因為這協議因著昂山將軍及其內閣於一九四七年七月十九日全被暗殺而沒有被落實。

雖然事情出現變數，緬甸仍如期在一九四八年宣布獨立。由獨立至一九五八年，可算是緬甸第一次實現民主，[9] 但這不是少數族羣的經驗。例如，在吳努（U Nu）領導下，聯邦政府對宗教和宗教事務本應採取中立態度，但憲法中有關國家與宗教的關係一項，卻被修改為國家承認佛教的特殊地位，即佛教是大部分人相信的宗教。[10] 最後，於一九六一年，佛教正式成為國家宗教。此外，克欽族和撣族領袖欲於一九五八年退出聯邦政府，孟族（Mon）和若開族（Arakanese）也要求有自己獨立的邦，但這一切都被拒絕了。由一九六二年至一九八八年，在奈溫（Ne Win）將軍管治下，軍政府與少數族羣的關係並沒有改善。政府不但沒有回應少數族羣對自主的要求，反而在不同地區、城鎮和鄉村建立行政區，目的是要加強控制。此外，政府還強迫在全國推行緬甸語課程，為要消除少數族羣性身分。[11] 這就是政府所推行的緬甸化過程，而這一切都威脅著少數族羣的身分和自主性。

雖然一九八八年的軍事政變取代了當時的政權，但這只是權力的轉移。換句話說，這只不過是由另一個軍人政權上台。於一九九〇年，當時軍政府自信地以為它已消滅一切政治反對派，所以，它容許大選舉行。令他們吃驚的是，昂山素姬所領導的政黨竟然大獲全勝。軍政府拒絕交出權力，也不承認這次大選結果。更甚者，它採取高壓政策，所有在大選勝出的欽族政黨，都被判為不合法組織。於二〇〇三年，當將軍欽紐（Khin Nyunt）被委任為總理時，緬甸的氣氛稍為緩和，因為他相對地接受民主和政治改革。他也開始與不同少數族羣進行和談。不幸的是，他終於在二〇〇四年十月十八日被捕。很多支持他的軍人也遭同一命運。他們被控訴貪污和成為經濟罪犯。之後，強硬派人物將軍丹瑞（Than Shwe）重掌政權至今。這一切似乎暗示了以武裝對抗緬甸軍隊是惟一的選擇。[12]

以上簡短的故事，反映軍政府與少數族羣的矛盾。廉烏（Lian Uk）對欽族有這樣的評論：

> 在緬甸和印度的欽族不是一個少數族羣，而是一個國家。它有自身的獨特文化與文明、語言、文學、名字、價值觀、法律、道德等。簡單來說，我們有自己獨特對生命的視野。按國際法來說，在緬甸、孟加拉和印度的欽族，就是一個國家。[13]

因欽族有其獨特身分，一個可以容許他們獨立自主的制度是必須的，這可避免內戰。可惜的是，這不是軍政府的取態。軍政府認為，緬甸族人和佛教徒是緬甸的合法者，這從緬甸的反殖民主義中反映出來，因為參與者主要是緬甸族。所以，緬甸族是惟一有合法權力管治的民族。[14] 在這理解下，軍政府絕不容易分享權力。

就著有關欽族的報告書《宗教迫害：一個對付在緬甸欽族基督徒種族屠殺的運動》（*Religious Persecution: A Campaign of Ethnocide Against Chin Christians in Burma*），它指出：

> 在一九八八年全國民主起義之前，在欽邦只有一個緬甸軍營，但現在卻有十個。很多報導指出，緬甸軍人利用村民作為苦力，搬運他們的補給品和軍備。此外，村民平時被迫建設新路，並為士兵提供食物和金錢。同時，緬甸軍政

> 府有系統地消除欽族的宗教（基督教）、文學、文化和傳統等，好使他們融入緬甸文化。軍政府強行將佛教加諸他們身上，並限制其他宗教活動，而基督教則是欽族的主要宗教。[15]

這份報告詳細列明緬甸軍政府如何限制欽族的宗教自由、逮捕牧師和傳道、拆毀基督教教堂、迫令他們改信佛教、審查基督教出版和刊物、歧視欽族基督徒等。緬甸政府更在國內推行緬甸化政策，即"Amyo, Batha, Thathana"，意思就是一個民族、一種語言和一個宗教。在學校，欽族語言被禁止使用。在欽族地區，政府亦建設多間佛廟，其目的只有一個，就是將欽邦變得更不像欽族，也更不像基督徒。至二〇〇〇年起，欽邦被改造為「茶壺之邦」，數千畝農地被沒收和改造為耕種茶園，但人民沒有因此得到合理賠償。更重要的是，在基本糧食不足下，茶園種植根本沒有解決欽族人民生活的需要。為了增加政府收入，政府要求欽族人民付錢申請農耕許可證。[16]到今日，已有六萬多名欽族政治難民被其他國家收容。

這是對討論誰是欽族的敵人的背景。敵人就是軍政府。它的邪惡不是來自它的無知，而是有企圖的。欽族所面對的迫害不只是被殺、被捉和被流放，就連最基本的生活所需也被剝奪了。對欽族來說，敵人不是自我投射的結果，而是很真實地在每日的生活世界中發生。此外，軍政府有意加深基督徒與佛教徒之間的不信任、緬甸族與欽族之間的不信任。結果，這種不信任的態度彌漫整個國家。在這一背景下，究竟如何去愛那正殺害和迫害你和你家人的軍人？雙方怎樣再度建立互信關係？這是欽族基督徒對耶穌的吩咐——愛你的仇敵——之背景。

作為欽族的利未人

耶穌的跟隨者被要求要愛敵人，山上寶訓給予的理由是上主對眾人都有恩典（太五 45）；同樣，上主的兒女應伸延上主對眾生的愛。上主的性情就是一位滿有憐憫的上主，祂主動尋找罪人，讓他們可經歷上主的愛。基督徒被期望有這以愛建立的身分，而這身分正反映上主完美的性情。基督徒被吩咐去愛，不是因為道德原因，也不是因為策略安排，而是一個宗教原因 ——耶穌的吩咐被視為在上主國臨在之下的新倫理（四 17），這是一個對參與這新國度的呼召。

在馬太福音，愛敵人即不對敵人作出報復和反抗（太五 39），而是主動尋找機會向對方表達憐憫，即祝福他們、善待他們和為他們禱告（五 44）。更重要的是，愛敵人與愛鄰里是沒有分別的。約翰斯頓（Laurie Johnston）說：「愛敵人的吩咐，展示出在真愛之下，人對朋友和敵人的分類已無關了。」[17] 愛本身從來沒有問：誰是那被愛者？只有人在當下的可能性中，要成為怎樣的人。然而，如何在當下活出這新國度的倫理是一個神學和倫理的難題。馬丁．路德（Martin Luther）以兩個國度論，嘗試解答這一難題。他說：

> 兩個國度的分別，讓我們能明白這段經文（太五 38 ～ 42），並應用在不同的國度上。一個基督徒不應該反抗邪惡，但在他凡俗職位的限制中，他應該反抗一切邪惡。簡單來說，在基督國度的管治裏，應對所有人寬容、寬恕，甚至以善報惡；另一方面，在地上的管治裏，不應容忍任何的不公義，反而要對抗錯誤，並懲罰它。

另一個解決這困難的嘗試，就是以終末論來理解耶穌的吩咐。

因為上主國仍是將來的，所以，我們需要妥協，並現實地活在一個罪惡的世界中。換句話説，愛敵人不可以按字面來理解，也不適合應用在所有處境。這是基督教現實主義。

然而，欽族覺得以上兩個解釋都並不適合，除了因為有九成以上的欽族是基督徒外，欽族也看自己是利未人，就是被上主揀選的人。在他們眼中，欽族的基督教不是一個個人的信仰，更是一個族羣的身分。廉薩空（Lian H. Sakhong）解釋説：

> 在這個新的基督徒社會，節慶和宴會的中心是愛，一個超越家庭、家族和部落的愛。他們強調上主的愛和上主對人的愛。這是每一個人可以分享的。那麼，欽族對聖誕節、復活節和新年的慶祝，就不只是一個節日，更是他們從一個部落社羣，轉化為一個沒有界線的教會宗教社羣之慶祝。由此看來，欽羣是漸漸地從部落社會，轉化為一個在基督裏的信仰社羣。[18]

我們可以這樣説，愛敵人的吩咐，將欽族中不同的民族團結起來。沒有這愛，民族之間的界線不可能被克服。因此，耶穌對愛敵人的吩咐是真實的，並具體地在他們生活中體驗。雖然如此，但欽族的基督徒身分也會使他們變得自大，並有時瞧不起其他宗教，也不願意參與宗教對話。

另一方面，李曼（F. K. Lehman）有以下觀察：

> 對基督教的政治認同，給予欽族一種與緬甸族平等的感覺。傳統上，欽族是萬物有靈論者（animist），而這身分往往被緬甸族看為次等。至於緬甸族人，他們是有文字和文化的。就此，欽族有兩個選擇，成為緬甸族的佛教徒或

> 與其他宗教拉上關係。第一個可能是不可能的，因為這只會加強緬甸族的優越性，所以，只有第二個可能。[19]

基督徒身分令欽族跟緬甸族不再一樣，因其眾多基督徒人口，欽族成為緬甸十四個城邦中惟一一個基督徒城邦；這亦成為緬甸軍政府提供了一個鎮壓的藉口，即指控欽族是親西方和親美國的。結果，軍政府用不合法的方式迫害、殘殺，甚至向他們施暴。欽族的基督徒身分使他們經驗尊貴與羞辱。

因欽族看他們自己是上主終末的子民，而上主國度臨在他們所居住的地方。這是否意含他們會按字面接受耶穌有關對愛敵人的吩咐？欽族又是否寬恕軍政府對其人民的迫害？基督徒的身分是一個擔子還是一種釋放？教會可以為他們帶來公義與和平嗎？以下，我嘗試探討欽族的基督徒如何回應這挑戰。

欽族基督徒的回應

面對社會政治上的不公義和令人失望的政府，一些緬甸的少數族羣轉向以武力對抗軍政府。例如，克倫族（Karen）已反抗政府接近五十年。那些少數族羣不是喜歡使用暴力，這只是他們最後的選擇。事實上，若軍政府願意談判的話，大部分武裝少數族羣會願意停火。克倫族領袖亦曾表示，他們願意從武力抗爭返回會議桌的政治角力。到二○○八年，緬甸政府已跟不同武裝族羣達成十七項停火協議。但斯坦伯格評論這些停火協議只是口頭上和脆弱的協議。[20] 一方面，武裝的少數族羣仍繼續保留他們的武器，軍政府亦依舊派遣軍隊攻擊少數族羣的鄉村；另一方面，新憲法也伸延合一之意，即限制某些少數族羣的自治性。軍政府在各個層面上仍掌握控制權。自二○○四年十月緬甸總理被免職、二○○七年九月緬甸僧侶參與示威抗議軍政府、二〇〇八年五月颶風吹襲緬甸，以及二〇〇八年昂山素姬再度被軟禁等事件後，少數族羣已對政府失去信心，新的武裝勢力已經形成。

以欽族為例，欽族陣線（Chin National Front）於一九八八年三月二十日成立，這是繼承一九八八年學生示威的精神遺產。按它的官方網站所說，欽族陣線委身於維護欽族人民的自決性，並建立一個建基於民主和自由的緬甸聯邦政府。獨立不必然是欽族陣線的惟一選擇，民主式的聯邦政府亦是一個可能性。它繼續說：「我們是以正義戰爭（just war）來爭取，因為我們要保護自己的身分免被消滅，以及為要達成持久和平。」[21] 欽族陣線沒有排除暴力，但以傳統的正義戰爭自辯。這成為基督徒欽族一個具爭議性的課題。為了不被孤立，欽族陣線加入不同反對軍政府的羣體。例如，欽族陣線是全國民主陣線、緬甸民主聯盟、沒有代表的國家和人民組織等等的成員。對欽族陣線來說，這是重要的，因為這使他們的訴求不是基於一個社羣、一個宗教信念、一個地區或一個意識形態，反而擴大了他們的基礎。但若欽族和基督徒身分是不可分割的話，我們就不能忽略基督教的影響和參與。縱使欽族陣線不是一個基督教組織，但其成員與基督教有密切關係。欽族陣線的身分在欽族中仍是充滿含混性。

第一個問題：究竟欽族陣線得到多少人民支持？從我有限的訪問中，得知緬甸欽邦的家庭每年均自願捐三美元支持欽族陣線。那些在海外的，則捐十美元。捐獻者的羣體有多大？欽族陣線沒有提供資料。於二〇〇六年，緬甸政府在印度密索藍邦（Mizoram）與欽族陣線代表舉行和平討論。這反映了他們在欽族中有一定的代表性和支持度。然而，欽族陣線的成員也被批評在國外過著舒適的生活。

因欽族的身分不能與基督教分割，那麼教會又有何角色？牧者肯定有其重要角色，因為他們往往代表軍政府和欽族陣線，並成為人民的中間人。例如，在二〇〇六年緬甸政府在印度密索藍邦的和平討論中，教會代表也有獲邀出席。再者，牧者是欽族的教育工作者，因為神學教育差不多就是他們的專上教育。一些牧者和神學院講師會為欽族陣線在其教會和課堂組織活動，並批評軍政府的不是。因此，他們當中有些人會被監禁和成為政治難民。雖然牧者在欽族有其重要角色，但我們不能期望作為建制的教會，可以自由地和公開地表達立場，因為當中的代價實在太大了。其中一些受訪者表示，浸信教會一些牧者以政治與宗教分離的傳統為由，而不參與政治。另一方面，廉薩空卻認為浸信會傳統幫助欽族肯定自主、自決和民主的重要性。[22] 對於廉薩空的看法，我很有保留，因為父權社會和意識已深深影響欽族。究竟哪一個解釋才是當下教會的態度？這沒有清晰直接的答案，但有一件重要的事，就是慶祝是教會裏很普遍的儀節生活，而這卻為政府帶來一定的挑戰。例如，當軍政府禁止每年二月二十日欽族慶祝欽族國家日時，教會卻以基督教禮儀慶祝了。又軍政府禁止每年七月十九日慶祝殉道日（這日往往與昂山素姬的父親昂山將軍扯上關係），但教會卻以另一種儀式慶祝了。此外，教會的崇拜選擇以欽族言語進行，因為欽族言語被拒絕在學校中使用。教會沒有直接參與爭取欽族的自主，但教會提供一個建立欽族身分的空間。這解釋了為何政府要迫害教會，甚至看基督教是分離主義者。面對這樣的政治環境，用暴力對抗政府是否惟一選擇？

另類政治

愛敵人是耶穌的吩咐，但祂不停留在此。一方面，耶穌從沒有以惡對惡。祂接受一個不公平的審判，而因此被釘十字架。祂甚至為那些人迫害祂的人祈禱，並寬恕他們，但這不是耶穌全部的故事。耶穌的生命也展示出祂的愛並沒有出賣公義，反而祂卻著力挑戰當時由宗教和政治所形成的權力和社會結構。這導致耶穌的敵人要置祂於死地。耶穌被釘十字架一事，不應被理解為消極和順服的態度，而是祂持續地對不公義之批判和維護弱勢社羣的結果。換句話說，若維護公義不是耶穌的核心工作，祂的敵人就無需要將他釘十字架。雖然受不公平的對待，耶穌仍看祂的敵人是受害者。所以，寬恕成為可能。寬恕就是不報復，卻不是對公義漠不關心。當我們只講愛敵人，但沒有全面地參考耶穌一生，這將會是一件十分可悲的事，因為耶穌的吩咐被理解為我們不需要追求社會公義，只要求順服。相反，耶穌的吩咐指出一個以德性建立的新政治。以下，我嘗試以道德資本解釋耶穌所代表的新政治。

雖然現代社會的民主政治肯定有別於古代社會，但當中的政治道理仍是一樣。意即，政治的本質主要被理解為實現政治目的。政治本質是關乎競爭和勝敗。強調以競爭行動作為目的的政治，將有效性奉為主要的政治價值。這解釋了為何權力與妥協是政治的主要元素，因為有效性才會帶來政治實現。為了減少政治所帶來的暴力，強調政治討論中的道德理性就發展出來。這正是哈伯馬斯（Jurgen Habermas）所關注的公共論域。但現實卻是遠離哈伯馬斯所期望的，因為政治領域主要受恐懼、懷疑和貪婪所主導。這在民主或非民主國家也會發生。就此，我認為道德資本尤其重要。

有別於政治，道德品格本身就是價值。它管治我們所選擇的目的，以及幫助我們認清哪些方法是合適於我們所追求的事。然而，在有效性的政治下，我們的社會傾向從成果多於本質，以判斷一個人的道德性格。此外，在政治行動中，我們也傾向對政客的說話抱懷疑態度，因為他們所說的話多是自利的。這是否意味著以目的為導向的政治跟道德毫無關係？又或道德品格沒有在政治中扮演任何角色？就此，施特勞斯（Leo Strauss）認為：「政治是對目的的追求；合宜的政治是對合宜目的的追求。」他繼續說：「一個負責任和清楚分別甚麼是合宜目的的，是由政治預設的。」[23] 施特勞斯認為，決定一個永恆有效的合宜目的的責任，仍屬於傳統上一小撮人，他們是有靈魂的哲學家、有純正的目的、偉大的思想和默觀的訓練，以致他們可以超越不同利益所產生的矛盾，並容許他們看透和堅持哲學真理。施特勞斯的評論帶出一個重點：政治不應只滿足於一個不合宜的目的，反而政治本身需要被救贖，走出有效性的規律。基督徒羣體可以扮演甚麼角色？若要扮演某種角色，基督徒羣體就先要不怕參與政治。

若要有一個合宜政治，凱恩（John Kane）提出道德資本。道德資本指「人是有能力在一個相對地不受強迫的情況下，對政治價值作出好與壞之判斷。同樣，他也可以對那些將要實踐這些目的的政治家和政治組織作出判斷，即判斷其忠誠、真實和有效性。這些判斷一定有可能帶來政治結果，就像他們加強對個人、原因和組織的忠誠、效忠和服務。」[24] 他繼續說：「成為一個在政治中的聖人是沒有意義的，除非他的美善能配合技巧，以實現其他人認為有價值的目的。」[25] 在這理解下，妥協和越軌是可原諒和可接受的。若有一個更清楚和更大的目的，技術性的退讓可以是合適的。那麼，耶穌所吩咐的「愛你的仇敵」與凱恩的「政治上的道德資本」一說有何異同？

耶穌吩咐愛敵人可以被理解為一種道德資本，因為有效性不是它的核心關懷。相反，它是一種德性。然而，這不只是一個關於非暴力的吩咐，因為若沒有不恐懼、忍耐和包容，愛敵人就會變得沒有內涵，甚至淪為意識形態。就著沒有恐懼一點，昂山素姬說：「不是權力使我們腐化，而是對失去權力的恐懼和因權力的恐懼使我們腐化。」[26] 因著恐懼，人選擇反擊，甚至以公義為名掩飾人的恐懼。昂山素姬所說的，有如聖經說「愛裏沒有懼怕」（約壹四 18）。當人沒有恐懼，暴力對他而言已不會產生問題。然而，這不是政治的本質，因為政治多數是在恐懼下運作的。恐懼使人相信暴力的權力，甚至看別人為敵人。這正是軍政府的態度。從基督教的角度理解，愛使恐懼離開，而這愛是來自上主的愛，而不是來自某種計算。

如前文所說，愛敵人並不代表拒絕正義，但卻要求我們忍耐，好讓正義可以最終實現。但在有效性的意識形態下，忍耐被視為膽小和懦弱，而且，忍耐並不保證敵人會悔改，我們亦往往見證著那些為正義而忍耐的人被殺。這是耶穌的故事。雖然如此，但這不應成為我們報復和行使暴力的藉口，因為這一切都同樣不會保證帶來正義，這正從美國攻打伊拉克一事反映出來。昂山素姬向她的盟友說：「若他們真的暗殺我的話，你們要肯定從我的死亡中得到資本。」[27] 她所說的資本，並不是從中得到的政治力量，建立政治實力，而是從中學會沒有恐懼的功課。忍耐不只是代表堅持某人的信念，而更是意識到我們不是世界惟一的行動者。基督徒相信終末，而昂山素姬則相信業報，即正義總會按它的時間臨到。

最後，包容是對愛敵人的吩咐的另一重要德性。在耶穌的吩咐中，敵人與鄰里的界限被打破了。包容不是否定敵人的存在，而是伸延友誼。我們不是只與那些跟我們一樣的人建立友誼，更包括陌生人。然而，這不是政治的邏輯。在政治的邏輯下，友誼往往被理解為盟友，即透過孤立別人，維護個人權利。包容突破了一個在政治領域中所理解的利益關係，且創造信任和愛的關係。在緬甸，包容就是將不同族羣連繫，並取消歧視。

雖然我沒有將耶穌的吩咐解釋為非暴力，但不恐懼、忍耐和包容等德性也是傾向非暴力的。在此，我引用榮華太（Walter Wink）的評論：

> 我們已留意到身為白人和西方男性的美國人的自大，因為他們教導那受欺壓的如何在戰爭中作戰。我們留意到，他們當中也有很多是擁護非暴力作為一種方法去避免衝突……我們也留意到，和平主義者有時會將他們的純正，置於維護那些無辜者之上。[28]

榮華太的評論不完全正確，因為昂山素姬看非暴力為一種生活方式。然而，榮華太的評論也有正確一面，即非暴力不應淪為一種意識形態。我盼望以上從道德資本的角度來理解耶穌的吩咐，能給予我們一個新視野，即耶穌的吩咐是對政治一個另類倫理。這是一個以包容、寬恕、忍耐和沒有恐懼為特性的倫理，而不是由有效性所決定。換句話說，道德資本的累積，不是為政治服務，而是為上主國。這倫理是一種心靈革命，不是權力鬥爭。沒有心靈革命，我們便容易被憎恨轉化為一種正義和自決的意識形態。結果，在正義之名下，我們進行殺戮和壓迫。

按卡特的理解，馬太福音是在羅馬帝國宣稱主權的背景下寫的。基督徒社羣應該要以另類倫理來對抗它。在昂山素姬的生命下，耶穌對愛敵人的吩咐，向我們展示出這另類倫理不是建基於基督徒羣體可以獲得多少政治權力，而是他們可累積多少道德資本，以建立上主國。昂山素姬承認無能者的能力，但她說：「我們可以有很多方法去達到我們的期望。我們不應只看見自己的無助，並將自己完全放在有權力者的手中。」這就是軟性力量。[29] 有別於強硬力量，軟性力量不尋求政治權力，它也不會直接與政治權力對抗，但它會對人的社會文化生活帶來影響。然而，軟性力量不是相對於硬性力量，它卻是以另一個層面改變世界。

結論

我嘗試於本章以緬甸欽族的經驗，探討耶穌愛敵人的吩咐。欽族基督徒的特殊性促使他們要更認真回應耶穌的吩咐。然而，耶穌的吩咐不應被理解為懦弱、對正義漠不關心和只關注非暴力。它是對政治的一個呼召。就此，我選用道德資本作為一個概念，以解釋耶穌的另類倫理。因這倫理不是由有效性來決定的，基督徒羣體便需要有忍耐，但這並不是因為它最後可以成功，而是因為基督徒羣體是一個彌賽亞羣體。就著當下場景，基督徒羣體應該努力開拓對話空間，讓欽族與軍政府可以對話。另一方面，基督徒羣體應以類似耶穌的方法建立在欽邦的正義。

延伸閱讀

Aung San Suu Kyi. *Letters from Burma*. Penguin, 2010.

Chace, Kenneth R. and Alan Jacobs, eds. *Must Christianity be Violent?* Grand Rapids, MI: Brazos, 2003.

South, Ashley. *Ethnic Politics in Burma*. London: Routledge, 2008.

Thompson, Joseph Milburn. *Justice and Peace: A Christian Primer*. Maryknoll, NY: Orbis, 2003.

註釋

第 1 章　道德、想像與類比

1. A. Speer, *Inside the Third Reich* (London: Weidenfeld & Nicolson, 1970) .
2. Kung Lap Yan, " The Management of the Public Household: The Use of Theological Imagination on the Issue of International Debt, " in *Theology News* (Hong Kong: Divinity School of Chung Chi College) , 7 (2010) : 1 ~ 5.

第 2 章　想像、敍事與倫理

1. 一般而言，敍事神學認為神學的任務是重新描述基督教信仰。它避免將基督教觀念系統性地關聯到一些哲學人類學的觀念，並且拒絕讓神學走向人的自我主體。參曹偉彤：《敍事與倫理——後自由敍事神學賞析》(香港：香港浸信會神學院，2005)。但本文不認同這種對敍事的解釋，因為按利科 (Paul Ricouer) 的理解，文本與讀者的互動使文本原有的故事有新的內容。此外，可參 Alexander Lucie-Smith, *Narrative Theology and Moral Theology* (Aldershot: Ashgate, 2007)。

2. P. S. Fiddes, ed., *The Novel, Spirituality and Modern Culture* (Cardiff: University of Wales Press, 2000) , 2.
3. 劉小楓：《沉重的肉身》(香港：牛津，1998)，頁 xi ～ xix。
4. Zygmunt Bauman, *Life in Fragments: Essays in Post-modern Morality* (Oxford: Blackwell, 1995) , 44 ～ 55.
5. M. Featherstone, " The Heroic Life and Everyday Life, " in *Theory, Culture and Society*, 9 (1992) : 159 ～ 182, at 162.
6. William F. Lynch, *Christ and Apollo: The Dimensions of Literary Imagination* (New York: New Modern Library, 1963) .
7. K. Rahner, *Theological Investigations*, vol.4 (London: DTL, 1966) , 358 ～ 359.
8. Peter C. Blum, " Overcoming Relativism? Levinas's Return to Platonism, " *Journal of Religious Ethics*, 28 (2000) : 91 ～ 117.
9. J. Milbank, *Theology and Social Theory: Beyond Secular Reason* (Oxford: Blackwell, 1990) , 4.
10. Duncan Forrester, *Christian Justice and Public Policy* (Cambridge: Cambridge University Press, 1997) , 195 ～ 204; Duncan Forrester, *Theological Fragments* (London: T&T Clark, 2005) , 1 ～ 21.

第 3 章 生活、經驗與道德

1. E. Schüssler Fiorenza, *Bread not Stone: The Challenge of Feminist Biblical Interpretation* (Boston, MA: Beacon, 1984) , 3.
2. Simon de Beauvior, *The Second Sex* (Harmondsworth: Penguin, 1972) .
3. R. R. Ruether, *Sexism and God-Talk: Towards a Feminist Theology* (London: SCM, 1983) .
4. C. Gilligan, *In a Different Voice: Psychological Theory and Women's Development* (Cambridge, MA: Harvard University Press, 1982) .
5. Susan Frank Parsons, *Feminism and Christian Ethics* (Cambridge: Cambridge University Press, 1996) .
6. R. R. Ruether, " Feminist Interpretation: A Method of Correlation, " in Letty M. Russell ed., *Feminist Interpretation of the Bible* (Oxford: Basil

Blackwell, 1985) , 115.

7. W. Benjamin, " On the Program of the Coming Philosophy, " in M. Bullock and M. W. Jennings eds., *Selected Writings*, vol. 1 (Cambridge, MA: Harvard University Press, 1999) .
8. W. Benjamin, " Experience and Poverty, " *Selected Writings*, vol. 2, 734.
9. Michael Skelley, *The Liturgy of the World: Karl Rahner's Theology of Worship* (Collegeville, PA: Liturgical, 1991) .

第 4 章 靈性、禮儀與道德

1. A. MacIntyre, *After Virtue* (Notre Dame, IN: University of Notre Dame, 1984) , 23.
2. Shawn Madigan, *Spirituality Rooted in Liturgy* (Washington: Pastoral, 1988) ; Don E. Saliers, *Worship and Spirituality* (Philadelphia, PA: Westminster, 1984) .
3. E. Durkheim, *The Elementary Forms of Religious Life* (New York: Free Press, 1965) , 62.
4. Mircea Eliade, *The Sacred and the Profane* (New York: Harper, 1961) , 89.
5. Eliade, *The Sacred and the Profane*, 106.
6. M. Douglas, *Purity and Danger* (London: Ark, 1984) , 64.
7. L. Kolakowski, *Religion* (South Bend, IN: St. Augustine Press, 2001) , 165.
8. 如巴特 (Karl Barth) 說：「基督宗教的崇拜是人類生活最重要、最急切和最榮耀的行動。」引自 Duncan Forrester, James McDonald and Gian Tellini, *Encounter with God* (Edinburgh: T&T Clark, 1988) , 11。
9. Forrester, McDonald and Tellini, *Encounter with God*, 1 ~ 12.
10. R. Otto, *The Idea of the Holy* (New York: Oxford University Press, 1958) .
11. R. Otto, " Introduction, " in *On Religion*, F. Schleiermacher (New York: Harper & Row, 1958) , 19.
12. 涅托 (Jose C. Nieto) 對宗教經驗與奧祕經驗有以下的解釋：宗教經驗

是指與一位有獨立思維、情感和意志的他者接觸的超越體驗，而奧祕經驗（像禪悟）則沒有這經驗。J. C. Nieto, *Religious Experience and Mysticism*（Lanham, MD: University Press of America, 1997）。

13. 不同的基督宗派對聖餐有不同理解，而以下對聖餐的理解是按信義宗的傳統。
14. 可參龔立人：《願你國降臨》（香港：香港基督徒學會，1997）；Francis X. Meehan, *A Contemporary Social Spirituality*（Maryknoll: Orbis, 1983）, 39～46。
15. Bernard Cooke and Gary Macy, *Christian Symbol and Ritual*（Oxford: OUP, 2005）, 87～107.
16. Cooke and Macy, *Christian Symbol and Ritual*, 94.
17. M. Heidegger, *Being and Time*（New York: Harper & Row, 1962）, 58.
18. Paul Tillich, *Theology of Culture*（Oxford: OUP, 1959）, 7.
19. S. Schneiders, "Theology and Spirituality: Strangers, Rivals or Partners?" *Horizons*, 13（1986）: 266.
20. J. Cottingham, *The Spiritual Dimension: Religion, Philosophy and Human Value*（Cambridge: CUP, 2005）, 3.
21. Paul Tillich, *Systematic Theology* III（London: SCM, 1984）, 137.
22. Jürgen Habermas, *The Theory of Communicative Action*, vol.1（Boston, MA: Beacon, 1984）.
23. E. Anscombe, *New Essays on Plato and Aristotle*（New York: Humanities, 1965）.
24. 參 Max Weber, *The Protestant Ethic and the Spirit of Capitalism*（London: Unwin, 1930）；Max Weber, *The Theory of Social and Economic Organisation*（New York: Free, 1947）；Herbert Marcuse, *One Dimensional Man*（Boston, MA: Beacon, 1964）；Peter Berger, *Facing Up to Modernity*（New York: Basic, 1977）。
25. 參 David Fontana, *Psychology, Religion and Spirituality*（Malden, MA: Blackwell, 2003）；Mary Nash, ed., *Spirituality and Social Care*（London: Jessica Kingsley, 2002）；Douglas A. Hicks, *Religion and the Workplace: Pluralism, Spirituality and Leadership*（Cambridge: CUP, 2003）。
26. 林安悟：〈宗教修行、社會公義與心靈修養〉，載《跨世紀宗教與心靈改革》，鄭志明編（嘉義：南華大學宗教文化研究中心，2000），頁 1～27。

27. Mary C. Grey, *Prophecy and Mysticism* (Edinburgh: T&T Clark, 1997), 5～22.
28. J. Moltmann, *Theology of Hope* (London: SCM, 1967), 21.
29. E. Bloch, *The Principle of Hope*, 3 volumes (Oxford: Blackwell, 1986), 451.
30. D. Tracy, *Blessed Rage for Order* (New York: Seabury, 1975), 64～79.
31. 簡單來說，神義論的討論基礎是：上主從無創造，而祂繼續關心祂的創造。上主是愛、大能和不願苦難出現。但現實是，生活世界充滿各種苦難。那麼，以上對上主之描述的上主如何回應當下的苦難？
32. G. Lindbeck, *The Nature of Doctrine* (Philadelphia, PA: Westminster, 1984).

第 5 章　真理、多元與寬容

1. L. Wittgenstein, *Philosophical Investigations* (Oxford: Blackwell, 1958), section 242.
2. 這是伯林（Isaiah Berlin）的看法。參考 *Four Essays on Liberty*（Oxford: Oxford University Press, 1969）。其追隨者有泰勒（Charles Taylor）、格雷（John Gray）、努斯鮑姆（Martha Nussbaum）、蓋爾斯頓（William Galston）和凱吉斯（John Kekes）。
3. Berlin, *Four Essays on Liberty*, 122.
4. William A. Glaston, *Liberal Pluralism* (Cambridge: Cambridge University Press, 2002), 88.
5. John Gray, "Where Pluralists and Liberals Part Company," in Maria Baghramian and Attracta Ingram eds., *Pluralism: The Philosophy and Politics of Diversity* (London: Routledge, 2000), 85～102.
6. William A. Glaston, *Liberal Pluralism*, 41.
7. Cass Sunstein, "Incommensurability and Valuation in Law," in *Michigan Law Review*, 92 (1994) : 2, 779～861.
8. J. S. Mill, *On Liberty: Annotated Text, Sources and Background, Criticism*

(New York: W. W. Norton, 1975), 11.

9. D. Hollenbach, *The Common Good and Christian Ethics* (Cambridge: Cambridge University Press, 2002), 31.
10. A. E. Galeotti, *Toleration as Recognition* (Cambridge: Cambridge University Press, 2002), 101.
11. Galeotti, *Toleration as Recognition*, 113.

第 6 章　道德判斷的懸置

1. S. Hauerwas and Charles Pinches, *Christians Among the Virtues: Theological Conversations with Ancient and Modern Ethics* (Notre Dame, IN: University of Notre Dame, 1997), 129～148.
2. S. Kierkegaard, *Fear and Trembling; Repetition* (Princeton, NJ: Princeton University Press, 1983), 56.
3. E. Levinas, "Existence and ethics," in J. Ree and J. Chamberlain eds., *Kierkegaard: A Critical Reader* (Oxford: Blackwell, 1988), 34.
4. J. Derrida, *The Gift of Death* (Chicago, IL: University of Chicago Press, 1995), 67～69.
5. D. Z. Phillips, "Voices in discussion," in D. Z. Phillips and T. Tessin eds., *Kant and Kierkegaard on Religion* (London: Macmillan, 2000), 126.

第 7 章　道德運氣

1. I. Kant, *Grounding for the Metaphysics of Morals* (Indianapolis, IN: Hackett, 1981), 394.
2. I. Kant, "On a Supposed Right to Lie from Altruistic Motives," in Joram Graf Haber ed., *Moral Absolutism* (Lanham, MD: Rowman & Littlefield, 1994), 15～19.
3. T. Nagel, "Moral Luck," in Russ Shafer-Landau ed., *Ethical Theory: An Anthology* (Oxford: Blackwell, 2007), 356.
4. Nagel, "Moral Luck," 357.

第 8 章　情感與德性

1. C. Gilligan, *In a Different Voice: Psychological Theory and Women's Development* (Cambridge, MA: Harvard University Press, 1982).
2. A. McIntrye, *After Virtue*, 52.
3. D. Goleman, *Emotional Intelligence* (New York: Bantan Dell, 2005), xiv.
4. Goleman, *Emotional Intelligence*, ix.

第 9 章　常理與日常生活

1. M. Foucault, *The Archaeology of Knowledge* (New York: Pantheon, 1972), 224ff.
2. Foucault, *The Archaeology of Knowledge*, 107.
3. Foucault, *The Archaeology of Knowledge*, 117.
4. L. Wittgenstein, *Philosophical Investigation* (Oxford: Blackwell, 1958), section 242.

第 10 章　妥協與堅持

1. H. H. Gerth and C. W. Mills, *From Max Weber: Essays in Sociology* (London: Routledge and Kegan Paul, 1948), 125 ~ 126.
2. Gerth and Mills, *From Max Weber*, 155.
3. John Kane, *The Politics of Moral Capital* (Cambridge: Cambridge University Press, 2001), 10.
4. M. Weber, *Economy and Society* (New York: Bedminster, 1968), 242 ~ 245.
5. Regina Birner and Heidi Wittmer, "Using Social Capital to Create Political Capital: How do Local Communities Gain Political influence? A Theoretical Approach and Empirical Evidence from Thailand," in Nives Dolsak and Elinor Ostrom eds., *The Commons in the New Millennium* (Cambridge, MA: MIT, 2003), 291 ~ 334.
6. Pierre Bourdieu, *Practical Reason: On the Theory of Action* (Cambridge:

Polity Press, 1998), 16.

7. 陳憶寧、羅文輝：〈媒介使用與政治資本〉，《新聞學研究》第八十八期（2006 年 7 月），頁 83 ~ 134。
8. J. Keane, *Civil Society* (Cambridge: Polity, 1998) .
9. J. Kane, *The Politics of Moral Capital* (Cambridge: Cambridge University Press, 2001) .
10 有興趣者可參考陳健民、伍瑞瑜等編：《眾聲喧嘩》（香港：上書局，2008），頁 139 ~ 169。
11. 龔立人：《糾纏的靈性：倫理、宗教與社會》（香港：香港基督徒學會，2006），頁 148。
12. 龔立人：《糾纏的靈性：倫理、宗教與社會》，頁 26。

第 11 章　在公共中的基督教倫理

1. Luther, " Whether soldiers, too, can be saved, " *Luther's Works*, v. 39.
2. Luther, " On war against the Turk, " *Luther's Works*, v. 88.
3. Johannes Baptist Metz, *Faith in History and Society* (London: Burns and Oates, 1980) , 34 ~ 36.
4. M. Weber, *The Protestant Ethic and the Spirit of Capitalism* (London: Unwin Hyman, 1989, printing 1930) .
5. J. Habermas, " Ein Bewusstein von dem, was fehlt, Uber Glauben und Wissen und den Defaitismus der modernen Vernunft, " *Neue Zürcher Zeitung* (10 Feb 2007).
6. Doris Buss and Didi Herman, *Globalizing Family Values: The Christian Right in International Politics* (Minnespolis, MN: University of Minnesota Press, 2003) ; Jennifer S. Butler, *Born Again: The Christian Right Globalized* (Ann Arbor, MI: Pluto, 2006) , 1 ~ 49.
7. 陳士齊：〈香港基督教右派的意識形態〉，載《衝突與融合：後九七的香港教會與社會》，陳慎慶等著（香港：香港基督徒學會，2008），頁 31 ~ 41。
8. Duncan B. Forrester, " The Scope of Public Theology, " *Studies in Christian Ethics* 17:2 (2004) :16.

9. S. Hauerwas, *Against the Nation* (Winston: Seabury, 1985) , 71 ～ 73, 76 ～ 77.
10. S. Hauerwas, *With the Grain of the Universe: The Church's Witness and Natural Theology* (Grand Rapids, MI: Brazos, 2001) , 31.
11. S. Hauerwas, *A Better Hope: Resources for a Church Confronting Capitalism, Democracy and Postmodernity* (Grand Rapids, MI: Brazos, 2000) , 25ff.
12. S. Hauerwas, *A Community of Character: Toward a Constructive Christian Social Ethic* (Notre Dame, IN: Unirersity of Notre Dame Press, 1981) , 84.
13. S. Hauerwas, *After Christendom?* (Nashville, TN: Abingdon, 1991) , 45.
14. S. Hauerwas, *The State of the University: Academic Knowledges and the Knowledge of God* (Oxford: Blackwell, 2007) , 165ff.
15. 托克維爾：《論美國的民主》，董果良譯（北京：商務印書館，1996），頁 524 ～ 525。
16. S. Hauerwas, *After Christendom?*, 45 ～ 46.
17. N. Boyle, *Who are We Now? Christian Humanism and the Global Market from Hegel to Heaney* (Notre Dame, IN: University of Notre Dame Press, 1998) , 59.
18. S. Hauerwas, *A Better Hope*, 51.
19. M. Bakhtin, *Art and Answerability* (Austin, TX: Texas University Press, 1990) , 51.
20. Ken Hirschkop, " Justice and Drama: on Bakhtin as a Complement to Habermas, " in Crossley, Nick and J. M. Roberts ed., *After Habermas* (Blackwell: Oxford, 2004) , 54.

第 12 章　看守我的兄弟姊妹

1. 關啟文：《基督教倫理與自由世俗社會》(香港：天道，2007)，頁 274 ～ 307。
2. Paul G. Lauren, *The Evolution of International Human Rights* (Philadelphia, PA: University of Pennsylvania Press, 2003) .

3. Hugh C. White, *Narration and Discourse in the Book of Genesis* (Cambridge: Cambridge University Press, 1991) , 162.
4. George Newlands, *Christ and Human Rights* (Aldershot: Ashgate, 2006) .
5. 引自 Robert Traer, *Faith in Human Rights* (Washington, D.C.: Georgetown University Press, 1991) , 187。
6. C. Douzinas, *The End of Human Rights: Critical Legal Thought at the Turn of the Century* (Oxford: Hart, 2000) , 350ff.
7. Kana Mitra, " Human Rights in Hinduism, " in Arlene Swidler ed., *Human Rights in Religious Traditions* (New York: Pilgrim, 1982) , 77 ~ 84.
8. E. Levinas, *Otherwise Than Being: Or Beyond Essence* (Dordrecht: Kluwer Academic Publisher, 1991) , 117.
9. B. Lonergan, *Insight: A Study of Human Understanding*, vol. 3 (Toronto: University of Toronto Press, 1992) .
10 M. Ishay, *The Human Rights Reader* (New York: Routledge, 1997) .
11. Maurice Cranston, *What are Human Rights?* (London: Bodley Head, 1973) .
12. I. Kant, *Grounding for the Metaphysics of Morals* (Indianapolis, IN: HacKett, 1993) , 40 ~ 41.
13. Kant, *Grounding for the Metaphysics of Morals*, 9.
14. J. S. Mill, " On Liberty, " in Mary Warnack ed., John S. Mill, *Utilitarianism and On Liberty: Essay on Bentham* (London: Fontana, 1985) , 138.
15. K. Marx, *Karl Marx, Collected Works, vol. III* (New York: International, 1975) , 162.
16. L. Strauss, *Natural Right and History* (Chicago, IL: Chicago University Press, 1953) , 248.
17. 參關啟文：《基督教倫理與自由世俗社會》。
18. J. Donnelly, *The Concept of Human Rights* (London: Croom Helm, 1985) , 31.
19. L. Strauss, *Natural Rights and History* (Chicago, IL: University of Chicago Press, 1953) , 164ff; F. A. Olafson, " Two Views on Pluralism: Liberal and Catholic, " *Yale Review* 51 (1962) : 531ff.

20. Joyce Baldwin, *1 and 2 Samuel* (Leicester: IVP, 1988) , 82 ～ 83.
21. M. Ignatieff, *Human Rights as Politics and Idolatry* (Princeton, MA: Princeton University Press, 2001) , 56.
22. Ignatieff, *Human Rights as Politics and Idolatry*, 95.
23. A. MacIntyre, *After Virtue* (Notre Dame, IN: University of Notre Dame, 1981) , 286.

第 13 章　正義是對他者的虧欠

1. J. Rawls, *A Theory of Justice* (Oxford: Oxford University Press, 1999) .（中譯本：羅爾斯：《正義論》，李少軍等譯〔台北：桂冠，2003〕。）
2. Rawls, *A Theory of Justice*, 54 ～ 56.
3. J. Rawls, *Political Liberalism* (New York: Columbia University Press, 1993) , 134 ～ 135
4. J. Rawls, *A Theory of Justice*, 3.
5. Rawls, *A Theory of Justice*, 79.
6. Rawls, *A Theory of Justice*, 53.
7. Rawls, *A Theory of Justice*, 61.
8. M. Walzer, " Spheres of Justice, " in Michael J.Sandel ed., *Justice: A Reader* (Oxford: Oxford University Press, 2007) , 342.
9. Eoin G. Cassidy, ed., *The Common Good in an Unequal World* (Dublin: Veritas, 2007) , 48 ～ 52.
10. D. Hollenbach, *The Common Good and Christian Ethics* (Cambridge: Cambridge University Press, 2002) , 138.
11. Hollenbach, *The Common Good and Christian Ethics*, 145.
12. D. Hollenbach, *The Global Face of Public Faith* (Washington, DC: Georgetown University, 2003) , 44 ～ 50.
13. J. Rawls, " The Idea of Overlapping Consensus, " *Oxford Journal of Legal Studies* 7 (1987) : 12 ～ 13.
14. Hollenbach, *The Global Face of Public Faith*, 162 ～ 163.
15. Hollenbach, *The Common Good and Christian Ethics*, 143.
16. Hollenbach, *The Common Good and Christian Ethics*, 6.

17. Hollenbach, *The Global Face of Public Faith*, 10～16.
18. Hollenbach, *The Common Good and Christian Ethics*, 158.
19. 梁燕城：〈從羅爾斯正義論看功能組別〉，《信報》，2010 年 4 月 26 日。

第 14 章　在國際關係中的和平使者

1. D. Held and A. McGrew, *Globalization and Anti-globalization* (Oxford: Polity, 2002), 1.（中譯本：赫爾德、麥可魯：《全球化與反全球化》，林祐聖、葉欣怡譯〔台北：弘智文化事業，2005〕）。
2. 引至 Samuel S. Kim, *East Asia and Globalization* (Lanham: Rowman & Littlefield, 2000), 1。
3. Joseph Nye, "Soft Power," *Foreign Policy* 80 (1990): 160～164；約瑟夫．奈伊：《柔性權力》，吳家恆、方祖芳譯（台北：遠流，2006）。
4. Michael Nicholson, *International Relations* (New York: New York University Press, 2002), 2.
5. Barry Buzan, Charles Jones and Richard Little, *The Logic of Anarchy: Neorealism to Structural Realism* (New York: Columbia University Press, 1993).
6. John Vasquez, *The Power of Power Politics: A Critique* (Cambridge: CUP, 1999); Kenneth Waltz, *Theory of International Politics* (Reading, MA: Addison-Wesley, 1979).
7. 有關建立全球倫理建議的書有 Gene Outka and John Reeder, eds., *Prospect for a Common Morality* (Princeton, MA: Princeton University Press, 1993)；Sumner B. Twiss and Bruce Grelle, eds., *Explorations in Global Ethics: Comparative Religious Ethics and Interreligious Dialogue* (Boulder, CO: Westview Press, 1998)；Karl-Josef Kuschel and Dietmar Meith, eds., *In Search of Universal Values. Concilium*, 2001/4 (London: SCM, 2001)。
8. 《京都條約》在二○○五年正式執行。它要求發達國在二○○八至二○一二年間，將二氧化碳、甲烷、氧化亞氮、氫氟氯碳化物、全氟碳化物、六氟化硫等六種溫室氣體的總排放量大幅削減，要比一九九○

年時的水平再低百分之五點二。

9. S. Huntington, *The Clash of Civilizations and the Remaking of World Order* (New York: Simon & Schuster, 1996) .
10. Huntington, *The Clash of Civilizations and the Remaking of World Order*, 183 ~ 184.
11. M. Ignatieff, *Human Rights as Politics and Idolatry* (Princeton, MA: Princeton University Press, 2001) , 58 ~ 77.
12. Nancy Murphy, Mary Ann Glendon and Mark Thiessen Nation, eds. *Virtues and Practices in the Christian Tradition: Christian Ethics After MacIntyre* (Harrisburg, PA: Trinity Press, 1997) .
13. Gary Watson, " On The Primacy of Character, " in Daniel Statman ed., *Virtue Ethics* (Washington, D.C.: Georgetown University Press, 1997) , 56 ~ 81.
14. A. McIntyre, *After Virtue* (London: Duckworth, 1985) , 92.
15. J. Cottingham, " Religion, Virtue and Ethical Culture, " *Philosophy* 69 (1994) : 177.
16. R. Robertson, *Globalization: Social Theory and Global Culture* (London: Sage, 1992) , 75.
17. B. S. Turner and Chris Rojek, *Society and Culture* (London: Sage, 1992) , 213.
18. Justin Oakley and Dean Cocking, *Virtue Ethics and Professional Roles* (Cambridge: Cambridge University Press, 2001) , 25 ~ 31.
19. D. Lewis, ed., *International Perspectives on Voluntary Action: Reshaping the Third Sector* (London: Earthscan, 1998)。事實上，有學者以一種全球性的「社團革命」來描述第三部門的發展。
20. B. Gidron, R. Kramer and L. Salamon, " Government and the Third Sector in Comparative Perspective: Allies or Adversaries? " in R. Gidron, R. Kramer and L. Salamon eds., *Government and the Third Sector: Emerging Relationships in Welfare States* (San Francisco, CA: Jossey-Bass, 1992) , 3.
21. *Common Cause: Relationships and Reforms in Community Service* (Australian Council of Social Service, 1999) .
22. Oakley et al., *Virtue Ethics and Professional Roles*, 9 ~ 25.

23. Mark R. Amstutz, "Faith-based NGOs and U.S. Foreign Policy," in Elliot Abrams ed., *The Influence of Faith: Religious Groups and U.S. Foreign Policy* (New York: Rowan & Littlefield, 2001), 175 ~ 187.
24. Reinhold Niebuhr, *Moral Man and Immoral Society* (New York: Scribner, 1952), 2.
25. Richard Dagger, *Civic Virtues* (New York: Oxford University Press, 1997).
26. S. M. Thomas, *The Global Resurgence of Religion and the Transformation of International Relations* (New York: Palgrave Macmillan, 2005), 121 ~ 148.
27. Douglas Johnston and Cynthia Sampson, eds., *Religion, the Missing Dimension of Statecraft* (New York: Oxford University Press, 1994).
28. Jürgen Moltmann, *The Spirit of Life* (London: SCM, 1992), 83ff.

第 15 章　和平即共存

1. W. Brueggemann, *The Land: Place as Gift, Promise and Challenge in Biblical Faith* (London: SPCK, 1978), 5.
2. 參考 http://www.un.org/Depts/dpi/palestine

第 16 章　愛你的仇敵

1. John Kane, *The Politics of Moral Capital* (Cambridge: Cambridge University Press, 2001), 147 ~ 177; Josef Silverstein, "The Idea of Freedom in Burma and the Political Thought of Daw Aung San Suu Kyi," in David Kelly and Anthony Reid eds., *Asia Freedom: The Idea of Freedom in East and Southeast Asia* (Cambridge: Cambridge University Press, 1998), 187 ~ 203.
2. Christina Fink, *Living Silence: Burma Under Military Rule* (London: Zed Books, 2001), 213 ~ 218.
3. Richard A. Horsley, "Ethics and Exegesis: Love Your Enemies and the Doctrine of Nonviolence," in William M. Swartley ed., *The Love of Enemy*

and Nonretaliation in the New Testament (Louisville, KY: Westminster, 1992) , 72 ~ 103.

4. U. Luz, *Matthew 1 ~ 7* (Minneapolis, MN: Fortress, 1985) , 343.
5. Warren Carter, *Matthew and Empire: Initial Explorations* (Harrisburg, PA: Trinity Press International, 2001) , 19.
6. Lian H. Sakhong, *In Search of Chin Identity: A Study of Religion, Politics and Ethnic Identity in Burma* (Copenhagen: Nordic Institute of Asian Studies, 2003) , 19.
7. D. I. Steinberg, *Burma: The State of Mynamar* (Washington: Georgetown University Press, 2001) , 191.
8. Sakhong, *In Search of Chin Identity*, 207.
9. Fink, *Living Silence*, 13ff.
10. Sakong, *In Search of Chin Identity*, 209 ~ 210.
11. 見 Justin Watkins, "Burma/ Myanmar," in Andrew Simpson ed., *Language and National Identity in Asia* (Oxford: Oxford University Press, 2007) , 263 ~ 287。
12. Larry Jagan, " Burma's Military: Purges and Coups Prevent Progress Towards Democracy, " Trevor Wilson ed., *Myanmar's Long Road to National Reconciliation* (Singapore: Institute of Southeast Asian Studies, 2006) , 29 ~ 37.
13. 引自 Sakhong, *In Search of Chin Identity*, 223。
14. Steinberg, *Burma*, 190.
15. Salai Za Uk Ling and Salai Bawi Lian Mang, *Religious Persecution: A Campaign of Ethnocide Againist Chin Christians in Burma* (Ottawa: Chin Human Rights Organization, 2004) .
16. *Critical Point: Food Scarcity and Hunger in Burma's Chin State* (Ottawa: Chin Human Rights Organization, 2008) 。見 *Threat to the Peace: A Call for the UN Security to Act in Burma* (20 September, 2005) 及 *Burma Human Right Yearbook 2006* (www.ncgub.net/BHRY/2006) 。
17. Laurie Johnston, " Love Your Enemies- Even in the Age of Terrorism, " *Political Theology*, 6:1 (2005) : 87 ~ 96.
18. Sakhong, *In Search of Chin Identity*, 237.

19. F. K. Lehman, ed., *Military Rule in Burma Since 1962* (Singapore: Maruzer Asia, 1981), 5.
20. D. Steinberg, " Myanmar, Minorities and Military, " *Foreign Policy in Focus* (10 October, 2007).
21. 見 www.chinland.org/cnf/index.html；瀏覽於 2008 年 8 月 7 日。
22. Sakhong, *In Search of Chin Identity*, 221 ~ 223.
23. Leo Strauss, *Liberalism Ancient and Modern* (New York: Basic Books, 1968), 13.
24. Kane, *The Politics of Moral Capital*, 24.
25. Kane, *The Politics of Moral Capital*, 20 ~ 21.
26. Aung San Suu Kyi, *Freedom from Fear* (London: Penguins Books, 1995), 180.
27. 引自 Kane, *The Politics of Moral Capital*, 147。
28. Walter Wink, " Counterresponse to Richard Horsley, " in William M. Swartley ed., *The Love of Enemy and Nonretaliation in the New Testament*, 130.
29. Joseph Nye, " Soft Power, " *Foreign Policy*, 80 (1990): 160 ~ 164.